문재인 정부

부동산
트렌드
대전망

문재인 정부 부동산 트렌드 대전망

서정흠 지음

좋은땅

많은 사람들이 부동산을 통해 돈을 벌고 싶어 한다. 주변의 투자 성공 사례를 접하거나, 언론 매체를 통해 얻은 정보를 바탕으로 필자를 찾아와 돈 되는 정보를 구하는 일이 부지기수이다. 물론 좋은 정보를 가지고 부동산 투자를 통해 수익을 올릴 수 있는 방법은 무궁무진하다. 부동산에 대하여 관심과 애정을 가지고 공부를 하다보면 부동산만큼 돈 벌기 쉬운 투자 수단이 없는 것도 사실이다.

하지만 필자는 오히려 부동산을 처음 접하고, 이제 막 투자에 나서려는 사람일수록 돌아가는 자세를 가질 것을 충고하고 싶다. 충분한 준비와 공부 없는 투자는 투기에 가깝다. 처음부터 돈 되는 정보만 쫓아다니다 보면 바람직한 안목과 투자기법을 익히기가 어렵고, 그런 경우 지금 당장은 수익을 올릴 수 있을지 몰라도 장기적으로는 손해를 볼 가능성이 크다. 제대로 된 공부 없이 수익만을 쫓아 투자를 하다보면, 언제 투자를 하고 언제 철수를 해야 할지 스스로 판단하기가 어렵기 때문이다. 실제로도 필자가 접한 많은 투자자들이 초기의 성공에 고무되어 과도한 투자를 진행한 나머지 큰 손해를 보기도 하였다. 이와는 달리 처음에는 여러 가지 상황이 좋지 않더라도, 오랜 시간을 가지고 필자와 꾸준히 만나면서 착실히 투자에 나선 투자자들이 결국에는 큰 수익을 올리는 경우가 많았다.

필자는 대학교 강단에서 학생들을 가르치면서, 그리고 현업에서 실제로 부동산 투자를 하고 투자자를 만나면서 오랜 시간 부동산 시장을 누벼

왔다. 이러한 오랜 경험 끝에 필자가 얻은 명제는 부동산도 결국은 노력을 배신하지 않는다는 것이다. 부동산으로 돈을 버는 것은 어렵지 않은 일이라고 필자는 단언한다. 하지만 거기에 왕도는 없다는 것 역시도 분명하다. 고급정보를 구하고, 부동산 전문가를 만나 조언을 구하면서 부동산 투자를 한다면 실패의 확률을 낮추고 성공에 다가설 수 있을 것이다. 하지만 성공적인 투자를 하기 위해서는 적어도 투자자 스스로 큰 그림은 그려낼 수 있어야 한다. 자신이 하는 부동산 투자에 대해서 정확히 파악하고, 대강의 로드맵은 구상해야 한다는 의미이다. 그렇지 않으면 종국적으로는 방향을 잃고 난관에 봉착할 가능성이 크다. 부동산 시장에는 고급정보도 많지만 실제로 부동산 투자자를 현혹하는 잘못된 정보도 매우 많기 때문이다.

따라서 필자는 투자자들에게 스스로 공부하고 노력할 것을 주문하는 바이다. 사실 그리 대단치 않은 노력으로도 부동산에 대한 감을 꾸준히 쌓아갈 수 있다. 많은 경제 뉴스를 접하고, 자신이 살고 있는 지역을 중심으로 하여 주변의 부동산 시장상황에 대해 주목하다 보면 자신만의 부동산 투자요령을 익히는데 긴 시간이 필요하지 않을 것이다. 그리고 이러한 투자자 본인의 좋은 토양 아래 고급 정보와 부동산 전문가의 조언이라는 씨앗이 뿌려지면, 성공은 더 이상 남의 이야기가 아니다. 아무쪼록 이 책이 투자자들이 좋은 토양을 가꾸는데 밑거름의 역할을 하길 바란다. 이 책을 통해 문재인 정부 하의 향후 몇 년 동안의 부동산 시장을 큰 틀에서 전망해 볼 수 있을 것이다. 그리고 그러한 시각을 바탕으로 세부적인 부동산 종목별로 어떠한 접근방법이 필요한지를 익힌다면, 부동산 투자를 위한 최소한의 준비는 끝났다고 할 수 있다.

 마지막으로 지나치게 성급해하지 말 것을 조언하고 싶다. 투자자들마다 모두 처한 상황과 조건이 다르다. 그리고 기대되는 수익도 제각기 다를 수밖에 없다. 따라서 지나치게 다른 사람과 비교하기 보다는 묵묵히 공부하며 나아갈 것을 권한다. 귀는 항상 열어두되, 엉덩이는 무겁게 하는 편이 바람직하다. 부동산은 다른 투자 상품에 비해서 기다림의 미덕이 더욱 크게 요구되기 때문이다. 마음의 준비가 되었는가? 그렇다면 이 책을 바탕으로 여러분의 부동산 지식을 넓히는 기회를 가져보도록 하자.

CONTENTS

I. 대한민국 대내외 경제전망

1. 2018년 국내외 경제 전망   13
2. 글로벌 경제의 위험요인   19
3. 2018년 한국 경제 전망   21
4. 대내외 경제상황과 부동산 시장, 과연 지금 부동산에 투자해도 될까?   25

II. 문재인 정부 부동산 정책, 어디로 갈 것인가?

1. 문재인 정부의 경제정책 개관   29
2. 문재인 정부 부동산 정책의 특징은 무엇인가?   34
3. 문재인 정부의 부동산 규제 정책, 어떤 모습인가?   37
4. 문재인 정부의 과감한 시도, 8·2 부동산 대책   40
5. 8·2 부동산 대책 이후, 과연 어떻게 접근해야 할까?   56

III. 문재인 정부 부동산 시장 대전망

1. 역대 정부의 부동산 정책 이해하기   67
2. 문재인 정부의 부동산 정책, 그 방향은 어떻게 될까?   75
3. 대한민국 부동산 시장, 어떻게 될 것인가?   82
4. 그래도 아직은 부동산이다   93

IV. 부동산 투자전략 엿보기, 아파트 시장

1. 대한민국 아파트 시장 대전망   99
2. 아파트 시장, 어떻게 접근할 것인가?   109
3. 어떤 아파트가 좋은 아파트인가?   117
4. 아파트 투자 실전 전략   128
5. 고령화 시대의 투자수단, 재건축·재개발 투자요령   144
6. 대한민국 아파트, 유망한 투자처는 어디인가?   149

V. 부동산 투자전략 엿보기, 수익형 부동산 시장

1. 수익형 부동산 파헤치기   157
2. 수익형 부동산의 꽃, 오피스텔   165
3. 실속 있는 투자수단, 다세대 주택과 다가구 주택   174
4. 각광 받는 수익형 부동산, 고시텔   187
5. 기타 수익형 부동산   193
6. 수익형 부동산의 투자의 핵심, 수익률과 공실률 관리   201

VI. 부동산 투자전략 엿보기, 상가 시장

1. 상가의 종류, 어떤 것들이 있나?   215
2. 전통의 강자, 근린상가   226
3. 안정적인 투자 수단, 단지 내 상가   233
4. 탄탄한 고정수요, 주상복합상가   240
5. 상가투자, 돌다리도 두드려보고 건너자   246

VII. 부동산 투자전략 엿보기, 꼬마빌딩 및 토지 시장

1. 꼬마빌딩이란 무엇인가?   257
2. 꼬마빌딩의 꽃, 상가주택   265
3. 이것만 조심하면 꼬마빌딩 투자, 성공이 보인다   272
4. 알고 보면 쉬운 토지 투자   278

VIII. 투자 관련 부동산 세제와 부동산 투자의 팁

1. 부동산 세제, 이것만은 알고 투자하자   291
2. 부동산 거래 과정에서 절세하는 요령   310
3. 초보 부동산 투자자가 알아야 할 여러 가지 부동산 투자의 팁   320

I

대한민국 대내외
경제전망

예전만 하더라도 부동산이라는 말을 들으면 투기를 먼저 떠올리는 경우가 적지 않았다. 이는 바람직한 부동산 투자방법에 대한 인식이 미진했던 데에 기인한다. 또한 소위 '복부인'으로 일컬어지는 부동산 투기세력에 대한 부정적 시각이 컸던 것 역시 부인하기 어렵다. 하지만 부동산 역시 어엿한 실물자산으로서 투자를 진행함에 있어서는 다양한 분야의 공부가 선행되어야 함은 당연하다. 여기에는 다양한 부동산 상품에 대한 분석과 연구가 물론 포함되어야 하겠으나 보다 거시적인 차원에서 경제 전반에 대한 이해 역시 필수적이라고 생각한다. 부동산이 경제적 가치를 가지는 실물자산이며, 많은 투자자들 역시도 경제논리에 따라 움직이는 경제주체임을 고려하면 이는 당연한 일이라 하겠다. 필자 역시도 매일 다양한 경제신문과 인터넷 자료를 탐독하면서 투자의 방향을 설정하고 있다. 국내외의 경제동향과 무관하게 부동산 시장이 흘러갈 수는 없으며, 따라서 이를 도외시한 투자는 투기에 가깝기 때문이다. 그럼 2018년을 중심으로 국내외 경제전망을 개략적으로 분석하면서, 이러한 대내외 환경이 우리 부동산 시장에 어떠한 영향을 줄지를 전망해보자.

1. 2018년 국내외 경제 전망

　우선 세계경제는 어떠한 양상을 띠게 될까? 2018년 글로벌 경제는 전반적인 신흥 개발도상국들의 경기 회복세가 둔화되는 추세에도 불구하고 미국을 필두로 한 선진국 경기의 긍정적인 전망을 바탕으로 근래의 경기상승 흐름을 유지할 것으로 보인다. 한편 대한민국 경제는 경기회복의 중추가 되는 민간부문의 설비 및 건설투자 분야의 동반부진으로 인하여 성장세가 주춤할 것이라는 예측이다.

　미국 연방준비제도 이사회의 금리 인상 기조와 더불어 우리 한국은행 역시도 정책적인 금리 인상에 나설 것으로 예상되고는 있으나 그 시기와 정도에 대해서는 의견이 분분한 상황이다. 이에 따라 원-달러 환율은 지속적인 하락국면을 보일 것으로 예상되고 있다.

주요국 성장 전망

	2014년	2015년	2016년	2017년	2018년
세계경제	3.3	3.1	2.9	3.3	3.6
미국	2.4	2.6	1.5	2.3	3
유로	1.2	1.5	1.7	1.6	1.7
일본	0	0.6	0.8	1	0.8
독일	1.6	1.5	1.7	1.7	1.7
프랑스	0.7	1.2	1.2	1.3	1.6
영국	3.1	2.2	2	1.2	1

한국	3.3	2.6	2.7	2.6	3
그리스	0.4	△0.3	0	1.3	1.9
스페인	1.4	3.2	3.2	2.3	2.2
이탈리아	0.2	0.6	0.8	0.9	1
호주	2.7	2.4	2.7	2.6	3.1
뉴질랜드	3	3	3.5	3.4	2.6
OECD	1.9	2.1	1.7	2	2.3

자료: 한국은행

미국, 유로존 경제의 회복세 지속

2018년의 글로벌 경제는 큰 틀에서는 근래의 경기 흐름과 유사한 양상을 보일 것으로 예상되고 있다. 미국과 유로존을 필두로 하여 선진국의 경기 개선이 지속될 것으로 전망되고 있으나, 신흥 개발도상국들의 경제 성장은 주춤할 것으로 보인다. 미국, 유로존 등 선진국 경기는 설비투자 확대 등에 힘입어 개선되는 흐름을 보일 것으로 예상되지만, 신흥 개발도상국들은 중남미 일부 국가의 경기 회복에도 불구하고 중국 경제의 구조조정 착수 및 각종 원자재 품목의 가격 상승세 둔화 등으로 인해 경기 회복이 더뎌질 것으로 보인다.

큰 틀에서 2018년 이후 글로벌 경제의 불확실성을 더해주는 리스크 요인으로는 미국 트럼프 행정부의 통화 및 재정정책의 모호성, 시진핑 체제에서 가속화되고 있는 중국 경제의 구조개혁, 미국 등을 위시한 글로벌 보호무역의 확산을 들 수 있으며, 이에 더하여 평창 올림픽 이후로 전개될 한반도의 지정학적 리스크도 고려해야 한다.

그럼에도 불구하고 미국 경제가 주식 시장의 활황을 기반으로 가계소비가 증가하는 추세를 보이고 있으며, IT 분야를 필두로 기업들의 실적이 개선되어 설비투자가 이어지면서 양호한 성장세를 지속할 것으로 예측되는 것은 긍정적인 요소이다. 또한 연방준비제도 이사회의 금리 인상 공언과는 달리 임금과 물가상승률이 비교적 낮게 유지되어 긴급한 통화긴축의 필요성은 크지 않다는 점도 긍정적이다.

유로존 경제 역시도 브렉시트 협상의 순조로운 진행 등 정치적 불확실성의 감소와 전반적인 실업률이 하락하는 등으로 고용시장이 개선되는 호조로 인해 내수와 수출이 함께 회복될 것으로 보인다.

한편 일본경제는 청년층을 대상으로 한 일자리 창출정책이 성과를 보이면서 고용시장이 개선되고, 국내 고정투자가 확대됨에 따라 양호한 모습을 이어갈 전망이다. 또한 장기적으로 일본 경제가 직면해야 할 노동력의 부족 현상을 맞이하여 이를 대체할 자동화시스템에 대한 투자가 꾸준히 증가할 것으로 보인다.

이와 같은 주요 선진국 경제의 투자확대와 지속적인 생산성 개선은 글로벌 경제에 긍정적인 전망을 부여하고 있다.

중국 경제의 불확실성

한편 최근 대한민국 경제에 크나큰 영향을 주고 있는 중국의 2018년 경제는 불확실한 요소가 많아 전망이 밝지 않아 보인다.

앞서 언급한 전반적인 구조 개혁 기조와 더불어 고정 자산 투자의 불확실성이 눈에 띈다. 기본적인 인프라 건설 투자와 부동산 개발투자, 제조업 투자가 중국의 전체 고정자산 투자의 75% 이상을 점유하고 있는데, 현재 부동산 개발 투자는 3년째 조정 중이다. 또한 부동산 투자의 증가 속도 역시 감소하는 추세이다. 인프라 건설 투자도 중앙 정부에서 지방 정부의 채무를 통제하여 투자를 위한 재원 조달이 어려워지고 있다.

더불어 중국 당국이 취하고 있는 현재의 안정적이고 중립적인 통화정책이 시장금리에 어떤 작용을 할지도 불확실하다. 현재의 통화정책은 시장금리를 상승시키지는 않을 것이다. 그러나 화폐 수요가 통화긴축보다 더 빨리 둔화한다면 금리가 오르지 않겠지만, 중국 정부의 부동산 통제정책과 대출 규제로 화폐 수요의 증가는 어려운 상황이다.

또한 2017년 수입 농산물 가격이 지속적으로 하락하면서 식품과 관련한 소비자물가 총지수가 동반 하락한 바 있는데, 2018년에는 국제 곡물 가격이 중국의 농산물 가격과 연동되는 비중이 증가할 것이고, 중앙 정부가 결정한 곡물 수매제도가 중국의 국내 농산물 가격을 상승시킬 가능성이 있다. 이러한 식품 분야의 소비자물가 총지수의 불확실성은 중국 경제 전체의 인플레이션에 대한 불확실성을 가중시킬 것으로 평가된다.

이밖에 보다 거시적인 관점에서도 중국 경제에는 공급 과잉과 수요 부족 현상이 나타나고 있으며, 레버리지 효과로 인한 기업위험이 증가하고 있는 상황이다. 그리고 부동산 거품 및 지방 정부의 과도한 부채 문제 등도 해결되지 않고 있다. 이에 따라 민간기업의 투자도 줄어드는 동반 위축 현상이 나타날 수 있을 것으로 예측된다. 경제를 수시로 인위적으로 통제하는 중국 정치의 취약성이 시장경제의 흐름을 왜곡시키고 있는 것이다. 이 같은 경제 정책은, 중국 경제의 불확실성을 증대시키고 있다.

2% 성장률의 늪에 빠진 한국 경제

우리나라 잠재성장률 전망

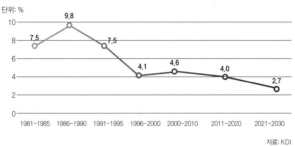

자료: KDI

2018년의 대한민국 경제는 민간 부문 소비의 개선 및 순수출의 호조 등의 긍정적인 요인에도 불구하고, 설비 및 건설투자의 동반 침체로 인하여 성장세가 둔화될 것으로 전망되고 있다. 이 같은 환경에서 기업들의 투자가 둔화되고 민간 분야의 소비회복도 제한되는 등 민간 부문의 부진이 나타날 수 있기 때문에, 정부 부문의 역할확대를 기대해야 할 것이다.

최저임금 인상, 공공부문의 고용확대, 복지예산의 확충 등 문재인 정부의 전반적인 소득확대 정책에 대한 기대가 경제 분야 전반에 반영되어, 국민들의 소비심리는 다소 개선될 것으로 보인다. 이에 따라 민간 소비의 증가세는 확대될 전망이다. 그러나 고령화 현상의 지속과 가계부채 문제 등 구조적인 요인으로 인해 부정적인 전망 역시 존재한다. 그러나 여전히 기업들의 투자여력이 제한적인 상황이며 다각도의 부동산 규제정책이 제시되고 있기 때문에 설비 및 건설투자는 크게 둔화할 것으로 예상되고 있다.

한편 대한민국 경제의 한축인 설비투자는 4차 산업과 관련된 수요의 확대와 관련 업종에서의 실적 호조 등으로 반도체, 디스플레이 및 석유화학 분야의 설비투자가 꾸준할 것으로 전망되지만, 다른 제조업 분야 및 내수기업의 투자가 제한되면서 전년도에 비해 큰 폭으로 둔화될 전망이다. 특히 자동차, 철강, 조선 등은 수요부진과 과잉설비 지속 등으로 인해 신규 투자가 여의치 않은 상황이며 수출여건 개선의 호재를 맞아 왕성한 설비확장 투자를 보였던 정유 부문도 국제유가의 상승세가 둔화됨에 따라 투자가 축소될 것으로 예상된다.

건설투자 역시 주거용 건물에 대한 투자가 공급과잉에 대한 우려로 인해 신규수주가 급감할 것으로 전망되면서 감소할 것으로 예측된다. 특히 문재인 정부의 8·2 부동산 대책 등 공격적인 부동산 정책으로 인하여 부동산 가격의 상승세가 둔화되고 주택매매가 위축되면서 이와 같은 추세는 한동안 지속될 것이다. 더불어 미국 연방준비제도 이사회의 금리인상 등의 외부요인으로 인해 금리가 상승 전망을 나타내는 것 역시도 건설경기에 부정적인 신호를 주고 있다. 수출 분야에서도 근년의 높은 증가율에 따른 역기 저효과 및 반도체·석유제품 등에서의 단가상승률 둔화, 자동차 분야의 판매부진과 중국 경제의 구조조정 등으로 증가율은 둔화될 전망이다. 특히 미국 트럼프 행정부가 지속적으로 한·미 FTA 재협상을 요구하고 보호무역주의가 강화되는 등 미국의 통상압력이 거세지는 가운데 미국으로부터의 수입이 증가하면서 무역흑자 규모가 큰 폭으로 축소될 것으로 보인다.

한편 2018년에는 한국은행의 기준금리 인상 가능성이 높게 관측되는 상황이다. 다만 금리인상 여부는 경제전반의 경기흐름, 미국의 금리인상으로 대표되는 대외 금리상승 압력, 주택시장 불균형 완화 여부 등에 좌우될 전망이다. 또한 북핵 리스크 확대 등의 한반도의 지정학적 요인과 주택경기 급랭 및 건설경기 둔화 등의 요인이 부각될 경우에는 한국은행이 금리 인상폭을 최소화할 가능성도 상존하고 있다.

2. 글로벌 경제의 위험요인

2018년 글로벌 경제의 위험요인으로는 미국의 빠른 금리인상 속도와 주요 선진국의 통화정책기조 변화 가능성, 신용팽창에 의존한 중국경제의 부작용, 자국이익 우선의 보호무역주의 기조 강화, 국제원유 및 원자재가격의 하락세 전환 등이 대표적으로 꼽힌다.

트럼프 정부 하에서 미국의 금리인상 속도가 가속화되고 연준의 보유자산 축소과정이 예상보다 빠르게 진행될 경우, 금융시장시스템이 취약한 신흥개도국을 중심으로 급격한 자본유출, 자국통화 가치하락 등으로 세계금융시장 변동성이 확대되면서 전세계적으로 실물경제 위축을 초래할 수 있다.

또한 유럽과 일본 등 주요 선진국 중앙은행의 통화정책기조에 변화가 발생할 경우에도 글로벌 유동성의 급격한 이동을 유발하여 세계금융시장 혼란을 불러올 가능성이 존재한다.

한편, 중국정부가 과도한 신용팽창에 의존하여 성장 기조를 유지하는 동시에 기업 및 금융권에 잠재된 부실문제를 적절히 해결해 나가지 못할 경우 중국경제의 급격한 성장 둔화 가능성을 배제할 수 없는 상황이다. 이는 세계경제에도 무역·원자재가격·신뢰 경로를 통해 막대한 부정적 파급효과를 미칠 위험성이 높다고 평가된다. 특히 만일 중국의 기업부채 문제가 금융권의 부실과 중국 금융시스템 붕괴로 연결될 경우, 이는 엄청난 파급효과를 불러와 글로벌 금융위기의 재발과 세계경제의 침체를 초래할 것이다.

더불어 시장경제의 대원칙보다도 자국의 이익을 최우선시 하는 보호무역주의 경향의 전세계적인 강화는 글로벌 공급사슬의 약화를 통해 세계적인 무역 생산성의 하락과 교역량 감소를 유발하며 세계 경제성장을 훼손시킬 우려가 있다.

그리고 현재 회복중인 국제원유 및 원자재 가격이 다시 하락세로 전환될 경우 이는 자원수출국을 중심으로 신흥개도국 경기를 다시 침체에 빠져들게 할 수 있으며, 이에 따라 세계경제가 위축될 가능성이 잔존한다. 특히 자원수출에 대한 의존도가 높은 국가일수록 재정상황 악화와 경기침체가 깊어질 것으로 전망된다.

정치적인 요인으로서 영국과 EU 간의 브렉시트 협상 과정에서 상호간의 무역관계 재정립 등 산적한 문제에 대한 결과 예측이 어렵다는 점 역시도 세계경제에 정책 불확실성을 야기하고 있으며, 이는 상당한 기간 동안 잠재적 불안요인으로 작용할 여지가 있다.

이와 함께 유럽, 중동·아프리카, 러시아, 북한 등 전 세계적으로 퍼져있는 정치·지정학적 난제들은 세계경제성장의 하방위험요인으로 상존하고 있어 고려를 해봐야 한다. 특히 유럽 국가들의 난민문제, IS 등 테러 확산의 위험성, 중동·아프리카 지역의 거듭되고 있는 정정불안, 우크라이나와 크림반도를 둘러싼 서방과 러시아 간 분쟁의 지속, 북한의 핵·미사일과 관련한 한반도의 위기상황 등은 세계경제질서를 교란하고 성장의 걸림돌로 작용할 우려가 있다.

3. 2018년 한국 경제 전망

  거시적인 관점에서 2018년 한국 경제는 2017년에 비해 다소 둔화될 전망이다. 우선 경제성장률은 하락세를 지속할 것으로 관측된다. 성장률 자체로 본 경기 흐름은 기저효과로 인해 상반기보다는 하반기가 개선되는 양상을 보일 것으로 예상된다.

  민간소비 부문의 증가세는 다소간 개선될 것으로 예상된다. 일반 가계의 소비심리가 개선될 것으로 보이며, 최저임금 인상 및 고용여건 개선 등 현 정부의 일자리 중심 정책 기조 등이 민간소비에 긍정적인 영향을 줄 것으로 보인다. 또한 설비투자와 수출 증가세가 유지되고 정부가 주도하는 복지제도의 확충 등이 가계의 고용 및 소득 개선으로 이어진다면 민간소비의 개선 추세는 확대될 전망이다. 그러나 가계부채 원리금 상환부담의 확대, 부동산 경기 냉각으로 인한 자산효과의 축소 등은 민간소비의 확대를 제한하는 요인으로 작용할 수 있다.

  건설경기는 찬바람을 맞을 것으로 예상되며, 건설투자 증가율은 0%대에 진입할 것으로 보인다. 특히나 2014년 이후에 건설수주를 견인한 민간 건축수주의 증가세가 2017년 이후 둔화되고 있으며, 건축허가 및 착공 면적이 2016년 하반기부터 감소세를 지속하는 등 건설 경기는 향후 하강 국면에 진입할 것으로 관측된다. 이에 더하여 정부의 부동산 시장 안정화 의지, SOC 예산 감소, 금리 인상 전망 등의 정책 요인 역시 신규 건설 수요를 제약할 전망이다.

설비투자 부문의 증가세도 둔화될 것으로 보인다. 세계 경기가 개선되고 수출 회복세가 지속되면서 2018년에도 설비 투자에 대한 확대는 지속될 것이나, 기저 효과로 인하여 2017년보다는 증가세가 둔화될 전망이다. 자본재의 수입 증가, 국내 기계의 수주 증가세 지속 등은 설비 투자 확대에 긍정적 요인이 될 것이나, 설비 증설이 IT 산업에 집중되고 제조업 전반으로의 확산이 제한적인 것은 설비 투자 증가세의 제약 요인으로 작용할 수 있다.

수출입 부문의 경기 확장세는 약화될 것으로 보인다. 우선 수출 부문은 세계경기의 전반적인 회복세로 인한 글로벌 수입 수요 확대, 국제 유가 상승 등의 요인에 힘입어 증가세가 유지될 것으로 전망된다. 그러나 미국, 유럽 등 선진국들의 통화긴축 기조와 대 중국 교역여건 악화 등의 불확실성은 2018년 수출 증대의 제약요인으로 작용하여 증가폭은 축소될 것으로 보인다. 한편 수입 부문은 원자재 가격의 상승과 생산능력 확충을 위한 자본재 수요의 증가, 민간소비 회복 등의 영향으로 증가세가 이어질 전망이다. 이에 따라 무역수지는 유가 상승의 영향으로 수출보다 수입이 더 크게 증가함에 따라 2017년보다 감소할 것으로 보인다. 경상수지 역시도 운송부문 및 여행수지 등의 악화로 서비스수지 적자가 확대되면서 2017년보다 감소될 것으로 보인다.

물가 상승폭은 둔화될 것으로 전망되는데, 최저임금 인상 등에 따른 소득 증가와 소비 심리 개선으로 소비가 확대되며 수요 측 물가 상승 압력이 증가할 것으로 예상된다. 또한 미국의 기준금리 추가 인상 및 자산축소 등으로 수입물가의 상승 압력이 커질 수 있다. 한편으로는 농축수산물 및 국제 원자재 가격 상승으로 2017년 물가 상승폭은 확대되었으나 2018년에는 원자재 가격 및 농축산물 가격 안정세로 공급 측 물가 상승 압력이 다소 낮아질 전망이다.

2018년 고용시장은 전년도 수준에서 크게 벗어나지 않을 것으로 예상되어 정부의 '일자리 추경' 집행에 따른 공공부문 일자리 확대 등이 고용시장을 개선하며 실업률 하락 압력으로 작용할 전망이다. 하지만 2018년 경제성장률이 전년대비 소폭 둔화됨에 따라 고용시장이 악화되어 실업률이 상승할 가능성도 존재한다. 특히나 건설 경기 둔화로 건설업 부문 취업자가 감소하는 것은 실업률 상승 압력으로 작용할 전망이다.

결론적으로 2018년도 한국 경제는 성장률 자체로는 2017년보다 낮아질 것으로 전망되며, 세계 경기의 완만한 회복세에도 불구하고 국내 경제는 건설투자의 하방 리스크 확대 등으로 2% 중반 수준의 경제 성장률이 나타날 가능성이 존재한다. 소비는 소비심리의 개선과 정부의 일자리 중심 정책 등으로 2017년에 비해 소폭 개선될 것으로 예상되나, 하강 국면에 접어든 건설경기 사이클, 부동산 시장 냉각, SOC 예산 감소 등으로 건설투자 증가세는 큰 폭의 하락세를 보일 전망이다. 한편, 세계 경기 회복세로 수출 증가세는 유지되지만 사드 영향 등 수출 증대의 제약요인이 상존하는 점을 무시할 수 없으며, 수출 증가세 유지로 인하여 설비투자도 증가세는 유지할 것으로 보이나 기저효과로 인하여 증가폭은 다소 둔화될 전망이다.

국내경제 성장률 전망 (%)

	2016	2017			2018		
	연간	상반기	하반기	연간	상반기	하반기	연간
경제성장률(GDP)	2.8	2.8	3.5	3.2	2.9	2.7	2.8
(민간소비)	2.5	2.1	2.7	2.4	2.9	2.8	2.8
(건설투자)	10.7	9.4	5.7	7.4	1.3	-1.5	-0.2
(설비투자)	-2.3	15.9	12.5	14.2	5.7	3.0	4.4
통관수출 증가율(%)	-5.9	15.7	15.9	15.8	7.8	5.8	6.8
통관수입 증가율(%)	-6.9	21.3	13.4	17.1	9.6	7.0	8.3
경상수지(억달러)	992	357	443	799	319	410	728
소비자물가상승률(%)	1.0	2.0	1.9	1.9	1.5	1.7	1.6
실업률(%)	3.7	4.1	3.3	3.7	4.0	3.2	3.6
취업지수증가(만명)	30	36	28	32	26	28	27
원/달러(평균)	1,161	1,142	1,120	1,131	1,085	1,075	1,080
원/유로(평균)	1,283	1,236	1,317	1,277	1,286	1,295	1,291
원/엔(평균)	1,068	1,016	1,001	1,009	960	968	964
원/위안(평균)	178	166	169	168	164	165	165
국고채수익률(%, 평균)	1.4	1.7	1.9	1.8	2.2	2.4	2.3
회사채수익률(%, 평균)	1.9	2.2	2.5	2.3	2.8	3.0	2.9

주: 증가율은 전년 동기비 기준
국고채 수익률과 회사채(AA- 등급) 수익률은 3년 만기 기준

자료 : LG 경제연구원

4. 대내외 경제상황과 부동산 시장, 과연 지금 부동산에 투자해도 될까?

　이처럼 향후 대한민국 경제는 매우 완만한 성장세를 나타낼 것으로 보인다. 종래 누려왔던 급격한 경제 성장의 동력은 상당 부분 상실한 상황이며, 대내외적인 리스크도 여전히 존재한다. 이는 한 마디로 이야기하면 투자자들이 돈 벌기가 쉽지 않은 환경이 되었다는 말이다. 특히나 주식시장이나 채권시장 등은 대내외 경제 흐름과 매우 밀접하게 관련되어 있기 때문에, 일시적인 변동은 기대할 수 있겠으나 전반적으로는 고전을 면치 못할 것이다. 그렇다면 부동산 시장은 어떠할까? 상당수 전문가들이 갈 곳 잃은 투자자금이 부동산 시장으로 흘러들 것으로 전망하고 있다. 물론 부동산 시장 역시 세부적인 요소들을 보면 낙관적인 상황에 놓인 것으로 볼 수만은 없다. 하지만 부동산 자체가 비교적 안전한 투자수단이고, 기본적인 수요가 뒷받침되기 때문에 자금유입은 끊이지 않을 것으로 보인다. 따라서 구체적인 상품 선택에 유의하여 지나치게 과열된 지역만 피할 수 있다면, 대한민국 경제의 전반적인 침체에도 불구하고 부동산 시장은 여전히 유망한 투자처라고 할 수 있다.

II

문재인 정부 부동산 정책,
어디로 갈 것인가?

부동산은 여러 투자 상품 중에서도 특히 정부 정책의 영향을 많이 받는 상품이다. 물론 주식이나 채권, 외환 등 여러 투자 상품들 모두 정부의 경제 정책 방향에서 자유로울 수는 없다. 그렇지만 정부의 정책이 부동산만큼 파괴적인 영향력을 가지고 있지는 않다. 그럼 그 이유는 과연 무엇일까? 바로 부동산은 의·식·주라는 인간의 가장 기본적인 수요를 충족시키는 재화에 해당하기 때문이다. 과거와는 달리 주거의 개념이 많이 변화되었고, 오늘날의 부동산은 단순히 주거의 목적에 머무르지 않는 것 역시 자명한 사실이다. 하지만 우리의 헌법이 토지의 공개념을 언급할 만큼 한정된 토지라는 자원과 그에 기반하고 있는 건물 등의 부동산이 가지는 위치는 특별할 수밖에 없다. 따라서 부동산에 관한 정부의 정책은 단순히 효율성, 합리성의 차원을 넘어서서 당파적 접근이 이뤄지는 일이 빈번하다. 이는 결국 같은 상황일지라도 정부의 성향에 따라서 전혀 다른 방법론이 정책화될 수 있다는 말이다. 여기서 우리가 정부의 부동산 정책에 주목해야 할 필요성이 도출되는 것이다. 정부의 부동산 정책에 대한 정확한 분석과 합리적인 예측은 부동산 투자에 있어서 꼭 필요한 선행단계이다.

1. 문재인 정부의 경제정책 개관

앞서 밝힌 바와 같이 집권 행정부의 부동산 정책을 이해하는 것은 매우 중요한 일이다. 그렇다면 현재 문재인 정부의 부동산 정책은 어떠한 양상을 보이고 있으며, 또한 어떻게 흘러갈까? 예기치 않았던 국가적 난국 끝에 '장미대선'을 통하여 집권한 문재인 정부는 부동산 정책에 있어 큰 고민에 빠져있는 것으로 보인다. 서민주거 안정과 경기 부양을 위한 규제완화라는 틀에서 부동산 대책을 내놓았던 박근혜 정부의 정책은 큰 실효를 내놓지 못하고 좌초한 바 있다. 이에 문재인 정부는 대체적으로 대규모 개발보다는 주로 서민들을 위한 주거복지 정책에 초점을 맞추고 있는 것으로 보이며, 일부 지역의 집값 상승에 대하여 매우 민감하게 반응하고 있다. 하지만 이는 실효성 있는 대책으로 평가받지 못하고 있는 상황이며, 정책 실패로 귀결되었던 "노무현 정부 시즌 2"라는 비판에 직면하고 있는 현실이다. 그렇다면 문재인 정부 부동산 정책의 구체적인 내용과 앞으로의 방향에 대하여 거시적인 경제정책에 대한 접근을 시작으로 알아보자.

문재인 정부 경제민주화 관련 공약

구분	세부공약
불공정 갑질 근절	- 범정부 차원의 을지로위원회 구성 등
재벌의 불법경영승계, 부당특혜 등 근절	- 다중대표소송제 및 다중장부열람권 도입, 대표소송제도 개선 - 전자투표제·서면투표제 도입 - 집중투표제 또는 감사위원 분리 선출제도 도입 - 횡령, 배임 등 부채비율 및 자회사·손자회사 지분율 요건 등 강화 - 계열공익법인, 자사주, 우회출자 악용한 대주주 일가의 지배력 강화 차단 - 기존 순환출자 단계적 해소 - 금융계열사의 타 계열사 의결권 행사 제한, 금융그룹 통합 감독 시스템 도입
자본시장 교란행위 처벌 강화	- 증권선물위원회 제재의결서 공개 등 내부통제시스템 구축 - 주가조작 등 시장교란 행위에 대한 형량·양형 강화 및 사면권 제한 - 시세조종 등 손해배상소송 소멸시효 확대 - 지정감사제 확대, 기업 회계 규율 정비
국민연금 기금운용 개혁	- 스튜어드십 코드 실효성 개선(주주권 행사 강화) - 기금운용위원회 상시화, 의결권행사 전문위원회 법제화
소비자 피해구제	- 동일한 불법행위로 다수 소비자 피해가 발생한 영역에 집단소송제도 도입, 정부 차원에서 집단소송 지원 확대 - 금융소비자보호법 제정, 금융소비자전담기구 설치 - 금융수수료 적정심사제 도입, 금융기간의 약탈적 대출금지 추진

소득 중심 성장의 강조

국정운영 5개년 계획과 신정부 경제 정책 방향 등을 통하여 구체화된 문재인 정부의 경제정책의 주된 기조는 저성장과 양극화 극복 및 가계 소득 중심의 성장을 통한 경제의 선순환 고리 복원이라고 할 수 있다. 이는 국가경제 전체의 잠재 성장률 저하로 나타나고 있는 저성장의 문제와 양극화의 심화라는 분배 구조의 악화를 동시에 잡겠다는 것이다. 결국 소위 낙수효과를 통한 물적 자본과 기업 투자를 통한 성장이 아니라 기초적인 인적 자원의 육성과 개개의 가계 소득 증대를 동력으로 하여 고용을 통한 분배를 중시하고 이 과정에서 궁극적인 성장을 이루겠다는 의도이다.

이는 기존에 되풀이 되어왔던 기업 및 물적 자본에 대한 투자를 기반으로 한 양적인 성장 전략이 그 한계에 부딪혔다는 평가에 근거한다. 현재 대한민국이 직면하고 있는 저성장, 양극화라는 구조적인 문제가 잘못된 성장전략의 탓이라는 것이다.

한계에 부딪힌 대한민국의 양적 성장

그간 고도 성장기에서 대한민국의 경제 성장을 견인했던 공식은 수출산업을 육성하여 제조업을 활성화시키고 이를 통하여 고용을 촉진한다는 것이었다. 그러나 세계화의 물결에 대한민국 경제 역시 편승하면서, 자본의 국가 간 이동이 잦아졌고, 국내 제조업의 해외 이전 역시 활발해졌다. 이는 곧 수출의 증가만으로 대한민국의 제조업 활성화를 담보할 수 없는 상황을 초래하였고, 자연스레 고용 없는 성장으로 이어졌다. 그리고 이는 가계 소득의 정체와 민간소비의 위축이라는 결과로 나타났다.

또한 물적 자본의 투자에 중점을 둔 양적 성장 중심의 경제정책은 양극화를 심화시키는 결과를 낳았다. 가계와 기업 간 불균형이 초래되었으며, 기업과 기업 간의 양극화도 심화되었고, 가계소득의 양극화라는 문제를 낳고 말았다. 소득 최상위와 최하위 계층 간의 소득 차이가 확대된 것은 이를 반증한다. 반면 이 같은 구조적 문제를 시정하기 위한 사회적 안전망의 구축은 미비하여, 세금부과나 정책 지원 등의 사후적 소득 격차 축소방안도 미진한 상황이다.

패러다임의 대전환, 사람 중심의 지속 성장 경제의 강조

이와 같은 문제의식은 대체로 당파적 경향성을 불문하고 우리 사회 전반이 공감하고 있는 내용이다. 구체적인 해결방안에는 서로 차이를 보이되 현재의 대한민국 경제의 구조적 문제에 대한 문제의식에 대해서는 사회적 공감대가 형성된 것이다. 이러한 인식을 바탕으로 문재인 정부는 일자리 중심 경제, 소득 주도 성장, 공정 경제, 혁신 성장이라는 네 가지의 거시적 정책 방향을 통해 사람 중심의 지속 성장 경제를 구현하고자 하고 있다. 고용과 주택, 세제, 산업, 경제 시스템 등의 분야를 망라하여 전면적인 정책 전환을 시도하는 것이다.

문재인 정부의 주택정책 :
실수요자 보호 및 시장 안정화를 통한 서민 주거안정

이러한 기조를 바탕으로 하여 문재인 정부의 주택정책은 실수요자의 보호를 추구하되, 이와 동시에 시장의 안정화를 달성하여 서민 주거의 안정을 도모하는 것을 목표로 한다. 부동산 정책을 경기 부양 수단의 하나로 간주하여 직접적인 가격 결정에 개입하지는 않겠다는 입장이다. 이 같은 입장에서 투기 수요는 억제하고 서민 및 실수요자를 위한 공급확대에 주력하고자 하는데, 이는 6 · 19 부동산 대책과 8 · 2 부동산 대책에서도 구체

화 된 바 있다

보다 구체적으로는 투기과열지역에 투기수요의 유입을 차단하기 위해 투기과열 및 투기지역을 지정하였으며, 분양가상한제의 적용 요건을 강화하였다. 또한 투기수요를 배제하고 실수요 중심으로 주택수요를 관리하기 위해 다주택자에 대한 양도소득세를 높였다. 더불어 투기지역 내 주택담보대출 건수를 세대 당 1건으로 제한하는 한편 LTV와 DTI 등도 종전보다 강화하였다.

더불어 서민주거의 안정을 위한 대책으로 공적임대주택을 연간 17만호씩 5년간 총 85만호 공급하기로 결정했다. 이와 같은 공급 수량 중에는 수요가 집중되는 수도권이 전체 물량의 60% 가량을 차지하여 실효성을 높이려 하였다. 한편 별도로 신혼부부를 대상으로 한 분양형 공공주택을 연간 5만호씩 5년간 공급할 계획을 수립하였다.

2. 문재인 정부 부동산 정책의 특징은 무엇인가?

    이처럼 문재인 정부의 부동산 정책은 투기수요를 억제하여 부동산 시장의 과열을 막고 이를 통해 시장안정화를 우선적으로 추구한다. 그리고 이같은 여건 하에서 서민주거안정을 확보하고 실수요자를 중심으로 주택을 공급하는 것이 그 핵심이다. 결론적으로 문재인 정부의 부동산 정책은 기존에 남발되었던 대규모의 개발사업보다는 주로 서민들을 위한 주거복지에 정책적 지향점을 설정한 것이 특징이다. 이러한 과정에서 공동화된 낡은 구도심과 노후 주거지역을 살리는 '도시재생 뉴딜 사업'을 시행하고 대규모 공적재원을 투입할 예정에 있는 것도 주목할 만하다. 이외에도 문재인 정부의 부동산 정책에서 특징적인 사항은 다음과 같다.

문재인 대통령의 부동산 공약

공공임대주택포함 주택공급	공적임대주택 매년 17만가구 공급(13만가구는 공공기관 공급)
	월세 30만원 이하 셰어하우스 청년주택 5만가구 공급
	역세권 청년주택 20만가구 공급
	대학기숙사 입주 인원 5만명 확대
서민주거 지원	신혼부부, 공공임대주택 중 30%(4만가구) 우선공급
	결혼 후 2년간 월 10만원 주거정착금 지원
	출산 후 임대 기간 연장
	영구임대, 매입임대주택 사회취약계층 우선공급
	홀몸어르신 및 맞춤형 공동 홈 매년 1만가구 공급

부동산 세제	부동산 보유세 GDP 대비 0.79%에서 1.0% 상향(장기과제)
가계부채	가계부채 총량관리제 도입
	총부채원리금 상환비율(DSR) 활용
	주택 안심전환대출 제2금융권 확대
	(단기 변동금리 일시상환 -> 장기 고정금리 분할상환)
도시재생	공공재원 50조원 -> 500곳
	소규모 정비사업 위주 노후주거지 개선
주택시장 선진화	전월세상한제 · 계약갱신청구권 단계적 도입

공공임대주택 공급의 확대

문재인 정부의 부동산 정책은 서민 주거 안정을 중시하여 공공임대주택
의 확대를 추진하고 있다. 근래 공공임대주택의 공급이 연간 10만 가구 수
준이던 것이 대폭 상향되어 연간 17만 가구가 공급되게 된다. 국가가 직접
땅을 매입하여 집을 짓는 건설형과 이미 지어진 집을 매입하여 공공임대
주택으로 공급하는 매입형을 동시에 진행하여 17만호를 공급하겠다는 것
이다. 그렇지만 구체적인 실현 과정에서 시간이 소요될 수 있으며, 지역에
따른 공급 불균형이 발생할 수 있다는 것은 위험요소이다. 이외에도 청년
임대주택 30만호의 공급을 공언하고 있으며, 사회취약계층을 우선 대상
으로 한 저렴한 임대료의 공공임대주택을 공급할 계획이다.

전월세 상한제 및 계약갱신청구권제도

기존 세입자에게 혜택을 부여하고 이를 통한 서민층의 주거안정을 도
모할 목적으로 전월세 상한제와 계약갱신청구권제도의 도입을 추진한다.
우선 재계약 시의 전월세금액 상승폭을 일정 수준이하로 제한하는 전월세

상한제를 통하여 경제적 약자의 지위에 있는 임차인을 보호하고자 한다. 또한 임차인이 원하는 경우 기존의 임대차 계약을 추가 연장할 수 있도록 계약갱신청구권제도를 도입하여 임차인의 주거안정을 추진하고 있다.

하지만 이러한 제도의 도입으로 인하여 잠재적인 신규 세입자의 주거안정은 오히려 악화된다는 지적이 제기되고 있다. 특히 계약갱신청구권을 통하여 기존 세입자의 임차기간이 연장되는 경우, 신규 세입자가 입주할 수 있는 임차주택이 부족하게 되고 이는 결국 주택 수급의 불균형으로 인한 전월세 대란을 초래할 수 있다는 것이다.

재건축 초과이익 환수제

두 차례의 유예를 거쳐 시행을 앞두고 있는 재건축 초과이익 환수제는 부동산 시장에 매우 큰 파장을 줄 수 있을 것으로 예상된다. 재건축 초과이익 환수제란 부동산 시장의 안정을 위하여 재건축 사업 과정에서 발생하는 부가이익을 환수하고, 이를 통해 주택가격의 안정성 및 형평성을 추구하는 제도이다. 이러한 제도에 따른 부담금의 다소에 따라서 재건축 사업의 지속 및 추후 부동산 가격 결정에 매우 큰 영향을 미치게 된다. 최근 정부가 강남권 재건축 아파트를 대상으로 수 억 원에 달하는 부담금의 부과를 고려하고 있다는 발표를 함에 따라 부동산 시장이 요동치고 있는 상황이다. 다만 재건축 초과이익 환수제를 통하여 부담하는 금액이 지나치게 과다할 경우에는 국민의 기본권인 재산권의 침해라는 논란이 필연적으로 불거질 수밖에 없기 때문에, 재건축 초과이익 환수제의 구체적인 내용에 대하여는 지속적인 검토가 뒤따라야 할 것이다.

3. 문재인 정부의 부동산 규제 정책, 어떤 모습인가?

　　문재인 정부는 이처럼 서민층을 위한 주거복지 정책이라는 모토 하에 부동산 정책을 구상하여왔다. 그리고 문재인 정부가 정권 초기부터 준비하고 야심차게 내놓은 부동산 정책 중 가장 대표적인 것이라고 할 수 있는 6·19 부동산 대책과 8·2 부동산 대책은 전례 없이 강경한 수준의 종합적 고강도 정책으로 평가받고 있다. 새 정부가 탄생한 지 갓 100일이 되기도 전에 잇달아 내놓은 이러한 고강도 정책의 배경은 무엇일까? 여기에 대한민국 부동산 시장을 바라보는 문재인 정부의 문제의식이 녹아있으며, 우리도 이것을 주목해야만 한다.

새정부의 문제의식 - 최근 부동산 시장의 양상

　　새로이 자리한 문재인 정부는 최근 특정지역을 중심으로 하여 대한민국의 부동산 시장, 특히 주택 분양시장이 과열되어 있는 상황이며 이러한 현상이 서울 전역은 물론이거니와 경기도 과천시, 세종시 등으로 확산되고 있는 것으로 판단하고 있는 것으로 보인다. 그 중에서도 재건축사업이 진행단계에 있거나 예정되어 있는 아파트 단지가 밀집한 서울특별시 강남 4구(서초구, 강남구, 송파구, 강동구)와 목동, 여의도, 노원구와 현재 재개발 사업이 활발히 이뤄지고 있는 용산구, 성동구, 마포구 등지에서 지속적으로 과열현상이 나타나고 있는 것으로 분석하고 있는 것이다. 그리고 이러한 지역을 중심으로 일어난 과열현상이 풍선효과를 유발하여 대규모의 투기수요가 주택시장에 유입되고 전반적인 주택가격을 상승시키고 있다는 것이다.

더불어 실수요 목적으로 보기 어려운 주택 수요가 늘어나는 것 역시 주목해야 할 현상이다. 기존에 주택을 여러 채 보유하고 있는 다주택자의 추가 주택구매가 증가하였다. 또한 소위 갭 투자라고 불리는 단기수요가 폭발적으로 증가하면서 수도권 소재 아파트의 전세가율이 지속적으로 증가하여 2017년 7월 기준으로 74.2%에 달한 것 역시 주목해야 할 상황이다.

박근혜 정부 부동산 정책의 폐기

이러한 상황은 이명박 정부에 뒤이어 매매거래 활성화를 추진한 박근혜 정부의 부동산 정책에 대한 전면 재검토를 불러온 것으로 평가된다. 박근혜 정부 역시도 초기부터 경기 활성화뿐만 아니라 주거 안정화를 동시에 달성할 것을 공언한 바 있지만, 박근혜 정부가 내놓은 부동산 대책은 주로 공급에 주안점을 두었고, 이는 행복주택이나 뉴스테이와 같은 임대주택정책에서도 마찬가지였다. 또한 초저금리 대출을 통하여 경기부양을 시도하였는데, 저성장기에 들어선 한국 경제에 일종의 양적 완화의 차원에서 부동산 정책을 내놓았던 것이다.

그러나 이는 주택담보대출, 특히나 집단담보대출의 증가로 천문학적인 가계부채의 증가를 불러왔다. 또한 거래 활성화 대책과는 별개로 전월세

난은 해결되지 못하는 양상을 보였다. 다수의 서민층을 비롯한 저소득 무주택자의 대부분이 정부의 부동산 정책에서 소외되어 있었던 것이다.

또한 부동산 시장 활성화 과정에서 과대 공급된 주택들은 공급과잉의 우려를 낳고 말았다. 하향되고 있는 시장의 흐름을 도외시한 정부의 지속적인 부동산시장 부양책으로 과대공급이 계속되었으며, 이는 정부의 인위적 수요 진작 정책을 통해 간신히 지지되었다. 분양가 상한제의 철폐와 초저금리 기조 유지 및 대출규제의 완화, 청약 1순위 및 전매제한의 완화 등은 이 과정에서 나타난 대표적인 정부 정책이라고 할 수 있다.

그리고 이 같은 부동산 정책의 결과로서 부동산의 양극화가 심화되었다. 국민 전체의 소득격차보다 부동산격차가 더욱 커진 것이 이를 반증하는데, 이것은 곧 주택을 통한 불평등이 소득을 통한 불평등 보다 더욱 심화되는 것을 의미한다. 그리고 대한민국 전체 가구의 절반이 무주택자이며, 토지의 소유도 소수에 집중되어 있는 현실을 고려할 때, 부동산 소득은 대한민국 사회의 경제적 불평등을 심화시키는 핵심적인 요인으로 자리매김하게 되었다.

이에 문재인 대통령의 신정부는 부동산 규제 정책의 일환으로 6·19 대책과 더불어 8·2 부동산 대책을 내놓으면서 박근혜 정부의 부동산 정책 기조를 전면적으로 재검토하기에 이른다. 이와 같은 8·2 부동산 대책의 주된 목표는 투기과열지구 및 투기지역을 지정하여 부동산 시장의 불안을 조기 진화하고, 다주택자에 대한 양도차익의 과세로 단기적인 투자유인을 억제하며, 서민층의 주거안정을 위하여 임대 및 분양주택의 공급을 확대하는 한편, 실수요자를 우선적으로 고려하는 방향으로 청약제도를 개편하는 것이었다.

4. 문재인 정부의 과감한 시도, 8·2 부동산 대책

　문재인 정부는 2017년 6월 19일 새로운 부동산 대책을 내놓았다. 이러한 6·19 부동산 대책을 통하여 우선 조정대상지역을 추가적으로 선정하였다. 여기에는 기존에 이미 선정되었던 37개 지역에 더하여 경기도 광명시와 부산광역시 부산진구 및 기장군 등 3개 지역을 추가로 선정하였다.

　또한 조정대상지역에 대한 규제의 실효성을 제고하는 차원에서 특히 서울시 지역에서 전매제한기한을 강화하여, 전 지역에서 소유권이전등기시까지로 강화하는 조치를 취하였다. 또한 LTV, DTI 규제를 맞춤형으로 조정하여 조정대상지역에 대한 규제비율을 강화하였다. 그리고 재건축조합원에 대한 주택 공급수량을 제한하여 원칙적으로 1주택까지 허용하기로 하였다.

　한편 주택시장의 질서를 확립한다는 기치 하에 관계기관의 합동 불법 거래행위에 대한 현장점검 방침 등을 발표하였으며, 추가적인 대응수단으로 투기과열지구 지정, 지방 민간택지에 대한 전매제한기간의 신규 설정 등을 검토한다고 밝혔다.

　이러한 일련의 6·19 부동산 대책에 대하여 부동산 시장은 비교적 차분한 반응을 나타냈고 주택매매시장의 소비심리지수 역시 큰 동요를 보이지는 않는 것으로 분석되었다. 이에 문재인 정부는 보다 전방위적인 부동산 규제 대책을 포함하는 고강도의 8·2 부동산 대책을 이어서 내놓기에 이른다.

실수요 보호와 단기 투기수요 억제를 통한 주택시장 안정화			

투기수요 차단 및 실수요 중심의 시장 유도		실수요·서민을 위한 공급 확대	
과열지역에 투기수요 유입 차단	실수요 중심 수요관리 및 투기수요 조사 강화	서민을 위한 주택공급 확대	실수요자를 위한 청약제도 등 정비
◈ **투기과열지구 지정** -서울 전역, 경기 과천, 세종 ◈ **투기지역 지정** -서울 11개구, 세종 ◈ **분양가 상한제 적용요건 개선** ◈ **재건축·재개발 규제 정비** -재건축 초과이익환수제 시행 -재개발 분양권 전매 제한 -재개발 임대 주택 의무비율 상향 -재건축 등 재당첨 제한 강화	◈ **양도소득세 강화** -다주택자 중과 및 장특배제 -비과세 실거주 요건 강화 -분양권 양도세율 인상 ◈ **다주택자 금융규제 강화** -투기지역 내 주담대 제한 강화 -LTV·DTI 강화(다주택자) -중도금 대출요건 강화(인별->세대) ◈ **다주택자 임대등록 유도** ◈ **자금조달계획 등 신고 의무화, 특별사법경찰제도 도입 등**	◈ **수도권 내 다양한 유형의 주택공급 확대를 위한 공공택지 확보** ◈ **공적임대주택 연간 17만 호 공급** -수도권 연간 10만호 ◈ **신혼희망타운 공급** -5만호(수도권 3만호)	◈ **청약제도 개편** -1순위 요건강화, 가점제 확대 등 ◈ **지방 전매제한 도입** -광역시 6개월 / 조정대상지역 1년 6개월 또는 소유권이전등기시 ◈ **오피스텔 공급·관리 개선**

8·2 부동산 대책의 목적

　문재인 정부는 주택 정책을 경기조절수단으로 삼지 않을 것이며, 서민 주거안정 및 실수요자 보호를 최우선의 가치로 삼아 추진할 것을 다시 한 번 공언하였다. 이에 따르면 집은 투자가 아닌 거주의 대상으로 투기수요는 철저히 차단하여야 하며, 지역별·주택유형별 분석을 바탕으로 투기수요가 다수 유입되는 곳은 투기과열지구·투기지역으로 지정하여 시장불안을 조기 진화하는 것을 우선과제로 삼고 있다. 이를 통해 집값 급등으로 인한 서민 가계와 경제 전반의 부담이 커지지 않도록 선제적으로 관리한다는 것이다. 또한 다주택자의 양도차익에 대한 과세체계를 정비하고, 주택 담보대출의 레버리지효과를 활용한 단기 투자유인을 억제하고자 하였다.

더불어 임대주택에 대한 등록을 적극적으로 유도하여 다주택자의 사회적 역할을 강조하는 한편 주택시장의 거래질서도 투명하고 엄정하게 관리할 것을 천명하였다. 그리고 서민층의 주거안정을 위해 도심지 내부 및 도심 인근에 청년, 신혼부부 등의 실수요자를 위한 임대·분양주택 공급 확대하는 방안을 밝혔으며, 공급되는 주택이 실수요자에게 우선적으로 돌아갈 수 있도록 청약제도 등을 개편하는 것을 내용으로 하였다.

이는 결국 정부가 적극적으로 시장에 개입하여 실수요자를 보호하고, 단기적인 투기수요 억제를 가하여 주택시장을 안정화시키겠다는 것이다. 그렇다면 8·2 부동산 대책의 내용에 대하여 보다 구체적으로 살펴봄으로써 문재인 정부가 추구하고, 시행할 것으로 예측되는 부동산 정책에 대하여 보다 다가가보도록 하자.

과열지역으로의 투기수요 유입 차단

① 투기과열지구 및 투기지역 지정

가장 먼저 주목해봐야 할 것은 매우 넓은 범위의 투기과열지구 및 투기지역을 지정하였다는 것이다. 이 중 투기과열지구는 재건축 및 재개발 등의 정비 사업이 예정되어 있는 지역을 중심으로 과열이 심화되고 있는 서

울특별시 전역(25개구)과 경기도 과천시, 세종시를 지정하였다. 또한 일반
주택시장으로 과열이 확산되고 있는 서울특별시 강남 4개구(강남, 서초,
송파, 강동) 및 기타 7개구(용산, 성동, 노원, 마포, 양천, 영등포, 강서)와
세종시를 투기지역으로 지정하였다. 다만 세종시의 경우에는 투기과열지
구 및 투기지역 모두 행정중심복합도시 건설예정지역으로 한정하였다.

② 민간택지 분양가상한제 적용요건 개선

또한 민간택지에 대한 분양가상한제의 적용요건을 개선하였다. 더불어
고분양가로 인한 주택시장의 불안이 우려되는 지역은 필요시 분양가상한
제 적용지역으로 선정하기로 하였다. 이 같은 방침에 따라서 공공택지는
의무적으로 분양가상한제를 적용하고, 민간택지에 대해서는 주택법 시행
령 상 정량요건을 충족하는 지역 중 주거정책심의위를 통해 선정된 지역
에 적용하기로 했다. 이에 따라 분양가를 적정한 수준으로 관리할 수 있도
록 분양가상한제의 적용요건으로서 주택가격 상승률, 청약경쟁률 등 정량
요건을 개선하기로 하였다.

③ 재건축·재개발 규제 정비

재건축·재개발에 대한 규제의 정비도 발표하여, 시장의 관심이 집중된
바 있는 재건축 초과이익 환수제를 시행하기로 하여, 재건축부담금의 부
과에 대한 기존의 유예를 추가로 연장하지 않고 2018년부터 예정대로 시
행할 것을 공표하였다. 또한 투기과열지구 내에서의 재건축 조합원의 지

위에 대한 양도제한을 강화하였다. 기존제도 상으로는 투기과열지구 지정 시 재건축 조합원의 지위양도가 제한되나, 사업이 지연될 경우 예외적으로 지위양도를 허용하고 있었다. 그러나 이러한 예외사유를 엄격히 하여 투기과열지구의 실효성을 강화하기로 하였다. 이에 따라 조합설립 후 3년 내 사업시행인가 신청이 없고 3년 이상 소유하여야 하며, 사업시행인가 후 3년 내 착공하지 못하고 3년 이상 소유하여야 하는 것으로 변동되었다. 다만 투기과열지구 지정에 따른 재건축 조합원의 지위 양도제한과 관련한 선의의 피해를 방지하고 혼란을 최소화하기 위해, 투기과열지구 지정 이전에 재건축 예정주택의 매매계약을 체결한 경우에는 조합원 지위의 양수를 허용할 계획을 밝혔다.

앞서 언급한 바와 같이 투기과열지구 내에서의 재개발 등 조합원의 분양권 전매제한이 시행되는 것도 주목해야 할 것이다. 기존 제도 하에서는 투기과열지구로 지정시 재개발 및 도시환경정비사업의 조합원 분양권은 전매제한이 적용되지 않았다. 이는 재건축 사업에 대해서는 투기과열지구 지정시 조합설립 시점부터 조합원 지위양도가 제한되는 것과 차이를 보이는 부분이었다. 이에 따라 재개발 등 조합원의 분양권 전매를 통한 시세차익을 목적으로 하는 투기수요가 재개발 등 정비사업 예정지역에 지속적으로 유입되는 현상이 나타났고, 이에 8·2 부동산 대책은 투기과열지구에서는 관리처분계획인가 후부터 소유권이전등기 시까지 재개발·도시환경정비사업의 조합원 분양권 전매를 금지하여 분양권 전매를 목적으로 하는 투기수요 유입을 차단할 것을 천명하였다.

한편 재개발 사업 시의 임대주택 공급 의무비율이 전국적으로 강화되었다. 기존 제도 상 재개발 사업 시 전체 세대수의 15%(수도권) 또는 12%(지방) 범위 내에서 하한에 대한 규정 없이 임대주택을 공급하도록 규정되어 있던 것이 임대주택의 공급 의무비율 하한을 5%(서울시는 10%)로 설정하여, 임대주택 공급을 촉진하고 원주민의 재정착을 제고하고자 하였다.

투기과열지구 내 정비사업 분양분, 즉 조합원과 일반분양분에 대한 재당첨도 제한되었다. 기존 제도가 투기과열지구 내의 정비사업 일반분양을 받은 경우에는 5년간 다른 정비사업의 일반분양은 당첨을 받을 수 없는 것으로 규정하는 데에 비해서, 조합원 분양분 등에 대해서는 재당첨 제한이 없어 조합을 다르게 하여 복수의 정비사업 예정주택 등을 취득하는 투기 수요가 존재하는 것을 규제하려는 것이다. 이에 따라 투기과열지구 내 정비사업의 일반분양 또는 조합원 분양에 당첨된 세대에 속한 자는 5년간 투기과열지구 내의 정비사업 일반분양 또는 조합원 분양의 재당첨을 제한하기로 하였다. 이는 법 개정 이후 정비사업 예정주택을 취득하여 조합원 분양을 받거나, 정비사업 일반분양에 당첨된 세대에 속한 자에게 적용된다. 다만 법 시행 전에 투기과열지구 내 주택을 소유하고 있더라도 법 개정 후 투기과열지구 내 정비사업 일반분양을 먼저 받은 경우, 또는 법 개정 후 투기과열지구 내에서 추가로 정비사업 예정주택을 취득하여 조합원 분양을 먼저 받은 경우에는 예외가 된다.

④ 기타 : 과열지역은 도시재생 뉴딜에서 선정 제외 등

더하여 투기과열지구 또는 투기지역으로 지정된 지역은 도시재생 뉴딜 선정대상에서 제외하는 등으로 부동산 시장과열을 초래하지 않도록 사업물량을 적극 관리하기로 하였다. 투기과열지구 또는 투기지역의 경우

2018년 이후에 집값이 안정되면 부동산시장에 미치는 영향을 종합적으로 분석한 후 선정여부를 검토하겠다는 것이다. 또한 각 지방자치단체는 도시재생 사업계획 수립 시에 투기방지대책을 반드시 포함하도록 하여 부동산 시장의 과열과 투기수요 급증을 관리할 수 있도록 했다.

실수요자 중심의 주택수요 관리 강화

① 양도소득세 강화

먼저 기존보다 양도소득세가 강화되어 조정대상지역에 적용되게 되었다. 세대 기준으로 다주택 기준을 산정하고 조합원 입주권 역시 포함하여 다주택자로 분류된 경우, 양도소득세가 중과되며 장기보유특별공제에서 배제된다. 이에 따라 2주택 이상 다주택자(조합원 입주권 포함)가 조정대상지역 내에서 주택을 양도하는 경우 양도소득세가 중과되는 한편, 기존 3년 이상 보유 시 보유기간에 따라 양도차익의 10~30%를 공제하는 장기보유특별공제의 적용이 배제된다. 이는 2018년 4월 1일 이후 양도하는 주택부터 적용된다.

1세대 1주택 양도세의 비과세 요건도 강화되었다. 이는 조정대상지역 내 1세대 1주택의 비과세 요건에 거주요건을 추가하는 것으로서 2년 이상 보유, 양도가액 9억 원 이하라는 기존의 조건에 더하여 2년 이상 거주라는 거주요건이 추가적으로 요구된다. 다만 등록한 임대주택 및 현행 보유기간 요건의 예외 주택(수용·협의매수, 1년 이상 거주 후 직장이전 등으로 양도 등)은 비과세 요건 강화대상에서 제외되게끔 하였다.

또한 분양권 전매시의 양도소득세가 강화되어 분양권 거래에 대한 투기수요 유입을 차단하고자 하였다. 조정대상지역에서 분양권을 전매하는 경우 보유기간과 관계없이 양도소득세율 50%가 적용된다. 무주택자로서 연령, 전매사유 등에 있어 일정한 요건에 해당하는 경우에만 예외를 인정하게 되는 것이다.

② 다주택자 등에 대한 금융규제 강화

먼저 투기지역 내에서의 주택담보대출 건수에 대한 제한이 강화된다. 기존에 투기지역 내에서는 주택담보대출이 차주 당 1건으로 제한되어, 동일 세대 내 다른 세대원은 추가대출이 가능했던 것이 투기지역 내에서는 주택담보대출을 세대 당 1건으로 제한하였다.

LTV·DTI 역시 강화되어 투기과열지구 및 투기지역은 기본 LTV·DTI 40%가 적용되게 되었다. 이에 따르면 주택유형이나 대출만기, 대출금액 등에 관계없이 투기과열지구 및 투기지역은 LTV·DTI를 일괄적으로 각각 40%로 적용되게 되는 것이다. 또한 주택담보대출을 1건 이상 보유한 세대에 속한 자가 추가로 주택담보대출을 받을 경우에는 LTV·DTI 비율이 10%씩 강화되었다. 다만 서민층을 중심으로 한 실수요자의 내 집 마련 지원을 위해 서민층, 실수요자는 LTV·DTI를 10% 씩 완화하여 적용토록 하였다.

중도금 대출보증의 건수도 제한되어 HUG·주금공 등의 중도금 대출보증(9억 원 이하 주택)은 1인당 통합 2건 이하에서 세대당 통합 2건 이하로 제한되었다. 그리고 투기지역, 투기과열지구, 조정대상지역은 세대당 1건으로 강화되었다.

③ 다주택자의 임대주택 등록 유도

주택 임대인들의 자발적인 임대주택 등록을 유도하여, 등록 임대주택의 확충 및 공정 과세의 기반을 마련하고 다주택자의 사회적 책임을 강화한다는 취지를 밝히기도 하였다. 세제·기금·사회보험 등의 인센티브를 강화하여 임대주택 등록을 유도하고, 필요한 경우에는 등록 의무화 여부를 검토하게끔 하였다. 이에 따라서 등록 임대주택은 다주택자에 대한 양도소득세 중과 및 장기보유특별공제의 배제가 적용되지 않게 된다. 다만 이러한 다양한 인센티브의 확대에도 불구하고 자발적 등록이 저조할 경우, 일정 수 이상의 주택을 보유한 다주택자의 임대주택 등록 의무화 방안을 검토하기로 하여 시장 상황을 지켜보기로 하였다.

투기적 주택수요에 대한 조사 강화

① 자금조달계획 등 신고의 의무화

기존 제도에서는 모든 부동산 거래는 「부동산 거래신고 등에 관한 법률」에 따라 계약 당사자, 계약일, 거래가액 등을 신고하도록 의무화하는 한편, 투기가 발생할 우려가 있는 지역은 주택거래신고지역으로 지정하여 자금조달계획 등을 신고하도록 하였으나, 2015년을 기하여 동 제도가 폐지된 바 있다. 8·2 부동산 대책에서는 투기과열지구 내에서 주택을 거래하는 경우 자금조달계획 및 입주계획 등의 신고를 의무화하였으며 이는 민간택지, 공공택지 모두에 대하여 적용된다. 신고 대상은 분양권과 입주권을 포함하여 투기과열지구 내 거래가액이 3억 원 이상인 주택이다. 그리고 신고내용은 기존「부동산 거래신고 등에 관한 법률」에 따른 계약당사자, 계약일, 거래가액 이외에도 자금조달계획 및 입주계획이 추가적으로 요구된다. 그리고 이는 자금출처 확인 등을 통해 증여세 등 세금의 탈루여부를 조사하고 전입신고 등과 대조하여 위장전입, 실거주 여부 확인 등에 활용하게 된다. 이러한 규정을 위반한 미신고자, 허위신고자 등에 대해서는 과태료가 부과될 예정이다.

② 주택시장의 질서 확립을 위한 특별사법경찰제도의 도입

기존에는 관계기관 합동으로 부동산 시장에 대한 현장점검을 실시 중이었다. 그러나 국토부나 지자체의 소속 공무원은 수사권이 없는 관계로 부동산 불법행위 단속에 한계가 있었고 이에 부동산 불법행위 단속 강화를 위해 국토부, 지자체 등의 담당 공무원에게 특별사법경찰 직위를 부여하도록 하였다. 이에 따라 담당 공무원이 수사권을 가지고 상시적 점검을 할 수 있어 주택시장에 만연한 불법행위 단속의 실효성이 강화되게 된다.

③ 국세청 등 관계기관 공조 강화 및 불법전매에 대한 처벌규정 강화

그리고 국토부, 국세청, 경찰청, 지자체 등으로 구성된 합동 점검반을 구성하여 과열 발생지역에 대한 현장점검을 강화하여 실시하도록 하였다. 이에 따라 다주택자 또는 미성년자 등의 주택거래 내역 중 의심사례에 대해서는 국세청에서 탈루혐의를 검증하여 엄중하게 과세조치 할 예정에

있으며, 적발된 위법사항에 대해서는 예외 없이 행정처분이나 국세청 통보 및 형사고발 등의 조치를 취하여 엄정하게 처분한다는 방침이다.

한편 분양권 불법 전매시 분양권을 불법 매도하거나 알선한 자에 대한 처벌이 강화되어 현행 3년 이하의 징역 또는 3천만 원 이하의 벌금에 해당하던 것이 3년 이하의 징역 또는 1억 원 이하의 벌금에 해당하게 되었다.

서민층을 대상으로 한 주택공급의 확대

최근 계속되고 있는 주택시장의 과열로 인한 서민층의 주거불안 해소를 위해 수도권 내 공적 임대주택의 확충 등으로 공공의 역할을 강화하겠다는 것이 그 핵심이다. 이에 따라 도심 내 임대주택이 공급되고, 공공택지 개발 및 신혼부부를 위한 분양형 공공주택(가칭 신혼희망타운)의 신규 건설 등을 추진하게 된다.

① 향후 주택 수급전망 및 택지 확보 계획

근래의 수도권 입주물량은 2017년 29만호, 2018년 31만호 등 최근 10년 평균(19.5만호) 및 주택 추정수요(약 21.6만호)를 크게 상회하는 수준으로 평가되고 있다. 수요가 가장 많은 서울시와 수도권의 경우에도 상황은 크게 다르지 않다. 2017년과 2018년의 서울 입주물량은 각 7.5만호 내외로 평가되어 역시 최근 10년 평균(6.2만호)을 상회하는 수준이며, 강남 4개구 역시도 각 1.9만호 및 2.4만호로 충분한 수준이다. 또한 수년 간 지속적인 주택의 공급으로 수도권의 주택보급률은 2017년 말을 기준으로

100%를 넘을 것으로 전망(약 100.1%)되었으며, 서울시도 약 97.8%를 기록할 것으로 전망되었다. 더하여 수도권 지역을 중심으로 1, 2인 가구를 대상으로 한 오피스텔의 인허가도 지속적으로 증가하는 추세이다.

이러한 추세를 바탕으로 추후에도 공공택지, 민간택지 모두에서 실수요에 상응하는 수준의 주택공급이 지속될 수 있도록 신규택지 발굴 등을 추진할 계획이다. 먼저 공공택지에 있어서는 지속적인 주택공급을 위해 그린벨트 해제 등을 통해 '신규 공공주택지구'를 개발하여 교통이 편리한 곳을 중심으로 신규택지를 확보한다는 방안이다. 민간택지 역시 수도권에서의 근래 인허가 실적이 양호한 상황으로 충분한 주택공급이 가능할 것으로 관측하고 이러한 추세를 유지하는 데 역점을 두는 한편, 향후 도심내 주택이 충분히 공급될 수 있도록 가로주택정비사업 등의 소규모 정비사업 활성화도 지속적으로 추진한다는 계획이다.

② 주택 공급에서의 공공의 역할 강화

먼저 공공임대주택 연간 13만호, 공공지원주택 연간 4만호 등으로 공적임대주택을 연간 17만호 씩 공급하여 향후 5년간 총 85만호를 공급한다는 야심찬 계획을 수립하였다. 정부 또는 지자체가 소유·관리하면서 서민들에게 공급하는 공공임대주택을 연간 13만호 공급한다는 복안이다. 또한 기존 기업형 임대주택의 공공성을 강화하고, 집주인 임대주택을 활성화하는 등의 방안을 통해 연간 4만호의 공공지원주택을 공급하기로 하였다. 그리고 이러한 공적임대주택의 약 60%인 연간 10만호를 수요가 집중되는 수도권에 공급하며, 공적임대주택이 원활히 공급될 수 있도록 그린벨트의 개발, 노후한 공공청사의 복합개발 및 도심 내 유휴부지 개발 등도 적극 추진한다는 계획이다.

③ 신혼부부를 위한 분양형 공공주택의 신규 건설

가칭 신혼희망타운을 공급하여 신혼부부에게 공공임대주택 연간 4만 호, 향후 5년간 총 20만호를 공급하는 한편, 이와는 별도로 신혼부부를 위한 분양형 공공주택을 총 5만호, 연평균 1만호 씩 추가 공급하되, 주택 시장의 수요 증감에 따라 향후 물량 확대도 추진하기로 하였다. 이를 위하여 그린벨트 해제지역을 활용하거나, 기존 공공보유 택지를 활용한다는 계획이며, 특히 입지가 양호한 부지를 적극 활용하여 수도권에 우선적으로 3만호를 공급한다는 방안이다. 이에 따라 기존 지구 중 입지조건이 양호한 과천 지식정보타운, 과천 주암, 위례신도시, 화성 동탄2 신도시 등에 신혼희망타운 사업을 우선 추진한다는 계획이다. 이러한 신혼희망타운의 공급대상은 평균소득 이하의 신혼부부로서 저소득 신혼부부 등에게 최우선 공급하고, 잔여 물량이 발생할 경우에는 저소득 일반 청약자에게 공급한다는 방안이다. 그리고 금융지원방안도 마련하여 저소득 신혼부부를 위해 신혼희망타운과 연계한 주택기금 대출상품을 준비한다고 한다.

실수요자 중심의 청약제도 등 정비

① 청약제도 개편

먼저 투기과열지구 및 조정대상지역에 대해서는 1순위 자격 요건을 강화하고, 가점제의 적용 확대 등을 도입하기로 하였다. 이밖에 전국적으로는 가점제 당첨자의 재당첨 제한, 예비입주 선정시 가점제의 우선 적용 등을 도입하였다.

투기과열지구와 조정대상지역에서의 강화된 1순위 자격요건에 따르면, 1순위 자격은 청약통장 가입 후 2년, 납입횟수 24회(국민주택에 한해 적용) 이상으로 강화되었다. 또한 민영주택 공급시 일반 공급 주택 수의 일정비율(40~100%)에 대하여 무주택기간, 부양가족 수, 청약저축 가입기간 등에 따라서 가점제를 적용하여 무주택 실수요자에게 우선 공급하던 제도를 보다 비율을 상향하여 적용하게 된다. 이에 따르면 투기과열지구의 경우 85㎡이하 주택의 경우, 75%에서 100%로 상향된다. 그리고 조정대상지역의 경우에는 85㎡이하 주택의 경우, 40%에서 75%로 상향되며 85㎡를 초과하는 주택의 경우에는 0%에서 30%로 상향된다.

전국적인 차원에서는 가점제 당첨자의 재당첨 제한이 도입된다. 기존에는 투기과열지구 또는 조정대상지역이 아닌 지역은 재당첨 제한이 적용되지 않아 1순위 자격 획득 이후에 1순위 청약을 신청하거나 당첨되는 것이 가능하였다. 이에 따라 가점이 높은 일부 무주택자가 순회하여 지방의 인기 있는 민영주택을 6개월마다 당첨 후 분양권 전매를 반복하는 행위가 나타나곤 하였다. 이에 가점제로 당첨된 자와 당첨된 세대에 속한 자는 2

년간 가점제 적용을 배제하는 방향으로 재당첨 제한이 도입되었다. 또한 민영주택의 예비입주자 선정 시에도 가점제가 우선 적용되게 된다. 또한 기존에는 청약 당첨자가 계약을 포기하여 미계약분이 발생하는 경우 일반 공급 주택수의 20% 이상의 예비입주자를 추첨제로 선정하는 것과는 달리, 제도 시행 이후에는 예비입주자 선정 시에도 추첨제가 아닌 가점제를 우선 적용하여 무주택 세대의 당첨기회를 확대하도록 하였다.

② 지방 민간택지의 전매제한기간 설정

8·2 부동산 대책 시행 이전에는 주택법상 수도권 민간택지에 전매제한 기간을 설정할 수 있는 근거는 있었으나, 지방 민간택지에 대해서는 근거가 없는 맹점이 존재하였다. 그 결과 지방광역시 등에 분양권 전매를 통해 시세차익을 목적으로 하는 투기수요가 다수 유입되어, 청약경쟁률도 높게 형성되었고 분양권의 거래량도 빠르게 증가한 바 있다. 이에 따라 지방 중에서도 청약시장이 과열되거나 과열될 우려가 있는 지역의 민간택지는 전매제한기간을 설정하기로 하여, 지방 광역시 소재 민간택지의 전매제한기간을 6개월로 신규 설정하였다. 그리고 지방 중에서도 조정대상지역으로 선정된 부산 7개구(해운대, 연제, 수영, 동래, 남, 부산진, 기장)의 전매제한 기간은 수도권과 같이 1년 6개월 또는 소유권이전등기시로 설정하였다.

③ 오피스텔의 분양 및 관리 개선

8·2 부동산 대책 이전에는 법령상 조정대상지역 지정에도 불구하고 오

피스텔의 경우 전매제한 규정이 없어 일부 지역에서 풍선효과로 인한 청약과열이 발생하였다. 또한 현장에서 직접 청약 신청을 하도록 한 바, 청약 신청자의 불편이 가중되고, 일부 과장광고로 인한 피해도 발생하는 현상이 존재하였다. 이에 조정대상지역 내에 소재한 오피스텔의 전매제한 기간을 강화하고, 청약자 보호를 위한 제도 개선을 추진하였다. 이에 따라 투기과열지구 및 조정대상지역에 대하여 현행 수도권 투기과열지구와 동일한 수준의 전매 제한기간을 설정하고, 거주자 우선분양을 적용하도록 하였다.

또한 일정 세대 이상의 오피스텔 분양을 실시할 경우, 인터넷 청약을 실시할 수 있게끔 근거규정을 마련하였다. 그리고 사업자가 오피스텔이나 상가 등의 광고를 할 경우 분양수익률의 산출근거 등을 명시하도록 하는 한편, 허위·과장광고에 대한 과태료 등 벌칙규정을 신설하였다.

5. 8·2 부동산 대책 이후, 과연 어떻게 접근해야 할까?

이러한 8·2 부동산 대책은 결국 주택에 대한 실수요를 보호하는 한편, 단기적인 투기수요를 억제하는 데에 그 방점이 있다고 하겠다. 그리고 이 같은 문재인 정부의 의도는 투기지역 및 투기과열지구의 추가적인 선정을 통해 지난 6·19 부동산 대책에서 상대적으로 규제가 덜했던 재건축·재개발 물량 및 다주택 자에 대한 강도 높은 규제를 실시한 데에서 잘 나타난다. 투기 수요를 규제하겠다는 문재인 정부의 의지가 엿보이는 부분이다.

주택시장의 위축 가능성

이러한 8·2 부동산 대책은 최근 주택시장의 상승을 주도한 재개발·재건축 물량에 대한 직접적인 규제를 담고 있기 때문에, 주택거래의 둔화, 분양시장의 위축, 신축아파트 수요의 증가 등의 효과를 낳을 것으로 전망되고 있다.

먼저 주택거래가 크게 둔화될 수 있다. 전매 제한 등의 규제로 인한 분양권 거래의 감소는 분양권의 가격하락을 초래한다. 재건축 조합원 또는 매도자가 거래를 기피하게 될 가능성이 크기 때문이다. 물론 강남권의 일부 재건축 아파트의 경우 이 같은 상황에서 자유로울 수 있을지도 모른다.

하지만 그 같은 프리미엄을 갖추지 못한 대다수 매물의 경우에는 거래둔화를 피하기 어려울 것이다.

문재인정부 주요 부동산 대책 전후와 최근 서울 아파트값 변동률
(단위: %, 전주대비 상승률)

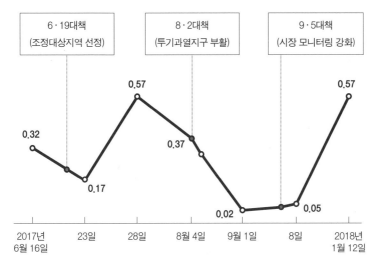

자료: 부동산 114

또한 분양시장의 위축 역시 전망해 볼 수 있다. 특히나 건설사 입장에서 전매제한 등의 외부적인 규제로 인하여 분양이 성공적으로 이루어지기 어렵다고 판단할 경우 분양을 적극적으로 추진하기가 어렵다. 또한 조합원 입장에서도 전매 제한으로 인하여 자유로운 재산권 행사가 최대 5년까지 제한될 수 있기에 재건축·재개발을 적극적으로 추진할 유인이 낮아진다. 여기에 재건축 초과이익 환수제의 시행에 따라 부담해야 할 부담금이 큰 폭으로 책정될 경우 시장의 반응은 더욱 더 싸늘할 것이다.

이와는 달리 신축 아파트는 오히려 반사이익을 받을 수도 있다. 기존에 수요가 몰렸던 재건축·재개발 아파트의 분양권과 입주권 거래가 각종 규제로 인하여 어려워질 경우, 신규 주택에 입주하기를 원하는 사람들의 수요가 이미 등기 완료된 신축 아파트로 집중될 수 있다. 이 경우 신축 아파트가 재건축·재개발이나 분양권 투자의 대안으로 주목 받을 가능성이 높다. 그러나 이 역시도 신축 아파트의 위치, 환경에 따라 크게 좌우될 가능성이 크다. 서울시의 핵심 요지에 위치한 신축 아파트나 주거환경이 양호한 수도권 2기 신도시의 아파트와 지방의 신축 아파트는 완전히 다른 차원에서 접근해야 한다.

8·2 부동산 대책 이후

문재인 정부의 8·2 부동산 대책 시행 이후 당장 서울을 비롯하여 과열지역으로 분류되었던 지역의 주택가격 상승률이 둔화되는 등 규제의 효과가 나타난 바 있다. 특히 서울의 경우 8·2 부동산 대책 시행 이후 5주 연속 역성장을 기록하였으며, 부산, 세종, 제주 등에서도 상승률이 둔화되는 양상을 보였다.

이러한 시장의 반응에 대하여 문재인 정부는 부동산 시장에 대한 규제 의지를 지속적으로 나타내고 있다. 분양가 상한제 및 집중 모니터링 지역 지정과 투기과열지구의 추가 선정(대구시 수성구, 성남시 분당구)을 주된 내용으로 한 후속 대책을 쏟아내고 있는 것이다. 일부 지역을 중심으로 한 과도하게 높은 분양가에 대한 우려로 시행이 어느 정도 예상되었던 분양가 상한제와는 다르게 투기과열지구의 추가적인 선정은 시장에 시사하는 바가 적지 않다. 8·2 부동산 대책을 통하여 투기과열지구로 지정된 지역에 대한 투자수요가 가져온 풍선효과에 의해 가파르게 상승한 대구 수성구와 성남 분당구를 본보기 격으로 규제한 측면이 있는 것이다. 또한 향후 유사한 시장상황이 발생할 경우 정부가 지속적으로 강력히 개입하겠다는 신호를 시장에 던져주었다.

향후 어떤 정책이 추가적으로 도입될까?

일단 8·2 부동산 대책 이후 시장은 단기적으로 직접적인 반응을 보여주었다. 그렇지만 그 후 이어진 후속 대책에도 불구하고 강남 재건축 시장을 필두로 한 부동산 시장의 과열 현상은 완전히 정리되지 못하고 있는 상황이다. 이에 정부도 연일 다양한 정책 카드를 언론을 통해 흘리면서 발 빠른 대응을 준비하고 있다. 이 중 당장 생각해 볼 수 있는 것들에는 신 DTI와 DSR의 도입, 보유세의 인상, 전월세 상한제와 계약갱신 청구권이 대표적으로 거론된다.

금융규제 - 새로운 총부채상환비율(DTI)

먼저 금융규제로서 당장 2018년부터 가계의 부채상환 능력 심사에 있어서 보다 정밀한 기준으로 새로운 총부채상환비율(DTI · Debt To Income)과 총체적 상환능력심사(DSR · Debt Service Ratio)가 도입되게 되었다. 문재인 정부는 이 같은 기준 강화를 통하여 과열된 시장을 억제하고, 1400조원에 이르는 가계부채 증가세를 완화시키겠다는 의도를 보이고 있다.

　기획재정부와 국토교통부, 금융위원회, 금융감독원, 한국은행에서 합동으로 발표한 '가계부채 종합대책'에 이와 같은 내용이 담겨 있는데, 먼저 2018년 1월부터 시행되는 신 DTI는 기존 총부채상환비율(DTI)의 산정 방식을 개선한 지표이다. 기존의 DTI는 주택대출의 연간 상환액에 새로 받을 주택담보대출의 원리금과 기존 대출의 이자 상환액을 고려하고 있었다. 이와는 달리 신DTI는 기존에 보유하고 있는 주택담보대출의 원금 상환액까지 합쳐서 고려하게 된다.

　이와 같은 신DTI를 적용하게 될 경우, 가령 현재 주택담보대출이 2건이라면 2건의 원금을, 3건이라면 3건의 원금을 모두 합산하여 계산하는 것이다. 이미 주택을 여러 채 보유하고 있는 다주택자로서는 추가 대출의 가능성이 사실상 사라지는 것이다. 이는 신DTI의 적용 하에서는 여러 건의 주택담보대출을 받을수록 대출한도가 줄어들기 때문이다.

　한편 이 같은 신DTI에서는 차주의 연간 소득을 현재 소득뿐만 아니라 장래 소득까지 감안해 산정한다. 만약 차주의 장래소득이 오를 것으로 예상되는 경우 그만큼 증액하여 연간 소득을 고려하게 되는 것이다.

　위와 같은 신DTI의 달라진 내용은 기존 차주의 보호를 위하여 제도 도입 이후에 이뤄지는 대출부터 적용된다. 또한 청년층과 신혼부부 등의 서민층 실수요자를 보호하는 내용도 이번 발표에 포함되어, 특히 청년층의 경우 장래 예상소득의 증액한도를 별도로 두지 않았다. 이러한 신DTI는 2018년 1월부터 기존 DTI 적용지역에 우선적으로 시행되게 된다. 정부는 향후 상황을 봐서 신DTI의 적용범위 확대 여부를 결정한다는 방안이다.

	DTI	DSR
명칭	총부채상환비율(Debt To Income ratio)	총체적상환능력비율(Debt Service Ratio)
산정 방식	(해당대출 원리금상환액 +기타대출 이자상환액) / 연간 소득	(해당대출 원리금상환액 +기타대출 원리금상환액) / 연간 소득
활용 방식	대출심사시 획일적인 규제비율(60%)로 활용	금융회사 여신관리 과정에서 다양한 활용방안 마련중

자료: 금융위

금융규제 - 총체적 상환능력심사(DSR)

한편 차주에 대한 총체적 상환능력에 대한 심사를 의미하는 DSR도 2018년 하반기부터 앞당겨 활용된다. DSR을 적용하는 경우, 주택담보대출뿐 아니라 기타 신용대출 등 차주가 보유한 모든 대출의 원리금을 합산하여 대출 상환액을 계산하게 된다. 이는 DTI와는 다르게 주택담보대출의 원리금 상환액에 다른 모든 부채까지 포함해 갚을 수 있는지를 평가하므로 돈을 빌리는 차주의 입장에서는 더 엄격한 기준이라고 할 수 있다. 이와 같은 DSR은 은행권에서 제2금융권으로 순차적으로 활용될 전망이다.

판도라의 상자를 열 것인가? - 보유세 인상

한편 강남권을 중심으로 하여 부동산 시장의 과열현상이 나타나면서 극약처방으로까지 표현되는 보유세의 인상 역시 정부는 고려하고 있는 것으로 보인다. 보유세의 인상방안으로는 크게 공시가격 현실화와 세율 조정의 방법이 있다. 우선 공시가격 현실화는 과세의 기준이 되는 공시가격을 시장에서 이뤄지는 시세와 최대한 가깝게 하여 실질적으로 보유세 인상의 효과를 얻는 방안이다. 한편 세율을 직접적으로 조정하는 방안 역시 제기되고 있으나 이는 비교적 빠른 효과를 도출할 수 있는 반면, 시장의 반발이 거셀 것으로 예상되고 따라서 사회적 합의가 선행되어야 현실화될 수 있을 것이다.

현실적으로 현재 실거래가의 66.5% 수준인 공시가격을 시장에서 실제로 거래되는 실거래가 수준으로 상향하고, 과세표준을 낮추는 역할을 해 왔던 공정 시장가액의 비율도 최대 100%로 높이는 방안이 제기되고 있다. 보유세의 부과대상인 부동산을 소유하고 있는 사람은 재산세와 종합부동산세의 두 가지 세금을 내게 된다. 이와 같은 두 세금의 과세표준은 정부가 매년 발표하는 공시가격으로서, 현재 아파트 공시가격은 실거래가의 65% 정도라고 할 수 있다. 또한 국세청과 지방자치단체는 위와 같은 공시가격에 공정 시장가액 비율을 곱하여 과세표준을 확정하게 된다. 공정 시장가액 비율은 현재 재산세가 60%, 종부세가 80% 정도이다.

만약에 현재 논의되고 있는 보유세 인상안이 현실화되어 실재로 공시가격을 실거래가 수준으로 상향하고 공정 시장가액 비율을 법정 최고 한도인 재산세 80%, 종부세 100%까지 올릴 경우 재산세와 종합부동산세, 두 보유세는 크게 늘어날 것이다.

하지만 이러한 보유세는 시장의 강한 반발을 불러올 것은 분명한 반면, 구체적인 효과에 대해서는 여전히 의문도 제기되는 상황이기에 정부가 실제로 꺼내들지는 확신하기 어렵다. 정부가 보유세를 강화한다고 해도 다주택자가 실제로 집을 파는 경우는 많지 않을 수 있다는 것이다. 보유세를 높여 시장에 팔게 하려면 거래세도 동시에 낮아져야 효과를 볼 수 있는데, 2017년 부동산 대책으로 다주택자의 양도세가 중과되었기 때문이다.

또한 임대시장에서 대부분의 물량을 다주택자가 공급하는 지금과 같은 현실에서 보유세를 인상할 경우, 다주택자들이 집을 사지 않고 결국 임대주택 공급물량이 줄어드는 효과가 발생할 여지도 있다. 이 경우 임대주택의 공급이 줄어들어 임대비용은 오르고 서민이 어려움을 겪는 일이 발생할 수 있다. 더하여 2017년 정부가 잇따라 발표한 여러 가지 부동산 대책에 포함된 규제로 인하여 건설·부동산 산업의 장기적인 침체가 우려되는 상황에서, 보유세의 상향까지 이뤄진다면 국가 경제 차원에서의 악영향도 무시할 수 없을 것이다.

전월세 상한제와 계약갱신 청구권

앞서 밝힌 바와 같이 문재인 정부는 서민 주거의 안정과 사회적 약자인 세입자 보호의 차원에서 전월세 상한제와 계약갱신 청구권의 도입을 추진하고 있다. 그렇지만 이들 제도의 구체적인 시행까지는 많은 시간이 필요할 것이다. 전월세 상한제와 계약갱신 청구권 제도가 효과를 보기 위해서는 임대사업자의 등록비율이 높아야 한다. 하지만 여러 가지 임대사업자의 등록을 장려하기 위한 인센티브가 제고되고 있음에도 불구하고, 여전히 임대사업자 등록비율은 턱없이 낮은 수준이다. 따라서 정부 차원에서 정책적인 접근을 통하여 임대사업자 등록부터 유도해야 할 것이다. 그 방법이 임대사업자에 대한 추가적인 인센티브 부여이든, 지난한 사회적 합의를 거친 후에 등록을 의무화하는 것이든 간에 이러한 문제를 우선적으로 풀어야 전월세 상한제와 계약갱신 청구권의 제도적 도입이 현실적으로 가능하다.

문재인 정부 부동산 시장
대전망

지금까지 2017년 집권한 이후 문재인 정부가 어떠한 시각을 가지고 거시적인 경제 정책 및 부동산 시장에 대한 정책에 접근해왔는지 살펴보았다. 특히 집권 직후인 2017년 문재인 정부가 내놓은 6·19 부동산 대책이나 8·2 부동산 대책을 분석함으로써 서민층의 주거 안정과 실수요자 중심의 정책이라는 목표 하에 부동산 시장에 적극적으로 개입하겠다는 정부의 의지를 확인할 수 있었다. 이러한 기조는 문재인 정부가 유지될 향후 4년여의 기간 동안에도 마찬가지일 것으로 예상된다. 그렇다면 이러한 분석을 통하여 앞으로의 문재인 정부의 부동산 대책과 그에 따른 시장동향도 예측할 수 있을 것이다. 분양권 등의 상품 같은 경우, 소위 단타 매매가 가능하기도 하지만 대부분의 부동산 상품은 장기적인 안목을 갖고 시장 상황을 분석하여 투자해야한다는 점에서 이와 같은 접근은 부동산 투자자들에게는 필수적이다. 그렇다면 역대 정부의 부동산 대책을 간략히 살펴봄으로써 향후 문재인 정부가 내놓을 부동산 대책의 개략적인 방향을 파악해보고 이를 통해 우리 부동산 시장이 가까운 미래에 어떻게 변화할지 살펴보자.

1. 역대 정부의 부동산 정책 이해하기

서두에서 밝힌 바와 같이 부동산 정책 역시도 정부의 전반적인 정책기조에 따라서 큰 영향을 받을 수밖에 없다. 부동산 정책은 큰 틀에서 국가경제를 관리, 운영하는 분야의 하나에 해당되며, 더군다나 대한민국의 역대 정부는 전통적으로 부동산 시장을 통하여 경기 부양이나 시장의 과열현상 방지를 이룩하려는 태도를 보여 왔기 때문이다.

따라서 역대 정부의 부동산 시장에 대한 정책은 해당 정부의 정치적 방향성이나 색채에 따라 크게 좌우되는 것이 당연하기는 하나, 대한민국에서는 이 같은 현상이 더욱 더 왜곡되어 나타나게 되었다. 이는 역대 정부가 부동산 정책을 독립적인 경제정책의 일환으로서 다루기보다는 정책적 일관성이 결여된 상황에서 그때그때 상황에 따라 접근하는 경향이 강했기 때문이다. 이러한 접근방향은 소위 '부동산 시장 불패론'이나 '부동산 10년 주기설'과 같은 잘못된 세간의 인식을 형성하게 하는 큰 원인이 되었다. 대한민국의 부동산 시장이 가진 구조를 분석하고 내재된 문제를 근본적으로 해결하기 보다는 당장 당면한 문제를 해결하기에 급급했던 것이다.

결국 역대 정부의 부동산 정책을 살펴보고, 이를 바탕으로 문재인 정부의 부동산 정책을 전망하는 데 있어서도 이 같은 평가가 바탕이 되어야 한다. 기본적인 방향성은 성장과 분배라는 두 가지 가치 중에서 당해 정부가 어디에 더 비중을 두고 있느냐에 따라 접근하되, 당시의 시대적 배경이라는 상황요인이 큰 영향을 끼치게 되는 것이다. 이하에서 정부가 가진 다양한 부동산 정책의 사례들을 살펴보고, 역대 정부들이 그 중에서 어떠한 정책적 접근을 시도했는지 알아보자.

정부의 부동산 정책, 어떻게 다뤄지는가?

정부가 내놓는 다양한 형태의 부동산 정책은 크게 시장의 과열을 막기 위한 투기억제 대책과 침체된 시장을 회복시키기 위한 부동산 경기활성화 대책으로 구분할 수 있다. 시장 환경의 변화에 대응하여 정부는 부동산의 과도한 하락 또는 급등을 방지하기 위해 부동산경기에 따라 투기억제 대책과 부동산 경기활성화 대책을 적절하게 펼치게 되는 것이다.

우선 부동산 시장의 과열을 억제하는 투기억제 대책은 수요 및 공급 측 대책으로 구분된다. 수요 측 대책으로 꼽히는 것들에는 조세 강화(거래세 강화, 보유세 강화 등), 거래규제 및 강화(투기지역의 지정, 청약자격의 제한, 분양권 전매의 제한 등), 금융규제의 강화(LTV, DTI 조정 등) 등이 있다. 한편 공급 측 대책으로는 공급확대(신도시 건설 등), 공급규제 강화(재건축관련 규제 강화 등), 분양가 상한제 등이 있다. 이 중에서 수요 측 대책은 단기적인 투기억제 효과를 가지며 공급 측 대책은 보다 중장기적인 효과를 가지는 특징을 가진다.

다음으로 경기부양을 위한 부동산 경기활성화 대책으로는 크게 수요 진작 정책과 공급 확대 정책이 있다. 먼저 수요 진작을 위한 정책에는 청약자격 완화, 분양권 전매 제한 완화와 같은 거래 활성화 정책이 있다. 또 부동산 구입자금 지원 및 전세 자금 지원 등의 자금지원 정책이 있다. 그리고 취·등록세 감면 및 면제와 같은 조세 감면 정책도 들 수 있다. 다음으로 공급확대 정책에는 토지이용 규제의 완화 및 주택공급규제의 완화와 같은 공급규제 완화 정책이 있다. 또한 개발계획을 발표하거나 신도시 개발계획을 발표하는 등 신규 개발 계획을 내놓는 것도 공급확대 정책의 일환이다.

노무현 정부의 부동산 정책 (2003년 - 2007년)

노무현 정부의 부동산 정책은 크게 각종 부동산에 대한 과세를 통한 투기수요의 규제와 적극적인 공급 확대라는 기조에서 이뤄졌다고 볼 수 있다.

먼저 집권 초기인 2003년에 전방위적인 부동산 규제 정책을 내놓아, 투기지역 내에서의 주상복합 및 조합아파트에 대한 분양권의 전매 금지를 발표하고, 재건축 아파트의 경우 80%이상 시공이 이뤄진 후 분양하도록 규제하였으며, 수도권 전역과 충청 지역의 일부로 투기과열지구 및 투기지역을 확대하였다. 또한 재건축의 경우 중소형의 의무비율을 60%로 확대하였으며, 투기광역지구에서의 재건축 조합원의 지분 전매를 금지하였다. 그리고 종합부동산세의 조기 도입을 발표하는 한편, 1세대 3주택자에 대한 양도세를 60% 중과하고, 투기지역의 주택담보인정 비율, 즉 LTV를 50%에서 40%로 하향 조정하였으며, 강북 뉴타운 및 광명·아산 역세권 개발을 시작하였다.

그러나 이 같은 규제책에 대한 시장의 반발이 이어지자 2004년에는 부산·대구·광주 등 투기과열 지구로 지정되어 있었던 지방 6개 도시의 아파트 분양권의 전매 제한이 일부 완화되었다.

이어서 2005년에는 판교 신도시의 분양일정을 조정하는 한편, 강남 지역의 초고층 재건축을 불허하고, 양주 목정·남양주 별내·고양 삼송 등의 신도시 개발을 추진하였다. 그리고 보유세를 2008년까지 연차적으로 강화하기로 하면서, 거래세는 인하하였고, 1세대 2주택자에 대한 양도세를 실거래가로 과세하기로 하였다. 또한 실거래가 신고를 의무화 하고 등기부에 기재하도록 하였으며, 종합부동산세의 세대별 과세 입장을 밝히고 그 대상을 6억 원으로 인하하는 한편, 1세대 2주택자에 대한 양도세를 50% 중과하고, 강북뉴타운의 광역개발을 지원하면서 판교신도시는 공영개발 하도록 하였다.

2006년 들어서는 재건축 초과이익 환수제 도입을 공표하는 한편, 투기지역의 6억 원 초과 주택을 구입할 경우 총부채상환비율, 즉 DTI를 40%로 적용하기로 하였으며, 재건축 과정에서의 안전진단을 강화하고 개발부담금제를 도입하였다. 또한 공공택지 주택 12만 5천 가구 추가 공급 방안을 발표하고, 신도시의 택지개발기간을 단축하였으며, 공공택지 주택의 분양가를 25% 인하하는 조치를 취하였다. 그리고 총부채상환비율(DTI)의 적용 대상을 수도권 투기과열지구로 확대하였다.

정권 말기인 2007년에는 수도권과 투기과열지구 내의 민간 택지에 원가 공개제를 도입하였고, 수도권 아파트의 전매 제한을 확대하는 한편, 청약 가점제를 앞당겨서 시행하는 등으로 청약제도를 개편하고, 투기지역 내의 주택담보대출을 1인당 1건으로 제한하였다. 그리고 장기임대주택의 비중을 선진국 수준으로 상향하기로 하고, 임대주택펀드조성 및 비축용 장기임대 건설재원의 조달과 관련한 입장을 발표하였다.

이명박 정부의 부동산 정책 (2008년 - 2012년)

이명박 정부는 강남 재건축 시장을 활성화하고, 사회적 문제로 대두되었던 미분양 아파트의 해소에 주력하는 방향으로 부동산 정책을 내놓았다.

우선 2008년에 집권하면서, 지방 미분양 아파트에 대한 LTV 요건을 60%에서 70%로 완화하는 동시에 1년간 취득 및 등록세를 50% 감면하는 조치를 취하였다. 더불어 수도권에서도 전매제한 기간을 완화하였고, 재건축 절차에 대한 규제 개선에 나서면서, 재건축의 의무 후 분양 제한을 폐지하였다. 또한 강남 3구를 제외하고는 투기지역, 투기과열지구를 해제하는 조치를 취하면서, 재건축의 용적률도 상향하였다.

이러한 각종 규제완화에 이어서 2009년에는 수도권의 입주 예정 단지에 대하여 조기 입주 및 분양 물량 조기 공급 등의 조치를 취한다.

2010년 들어서는 주택 보증의 환매 조건부 매입을 확대하는 한편, 무주택자 등에 대한 대출의 DTI를 한시적으로 자율화 하는 조치를 내놓았으며, 생애 최초 주택 구입 자금을 신설하였다.

그리고 2011년에도 주택 거래 시의 취득세를 연말까지 50% 감면하는 조치를 내리는 한편, 지방의 청약 가능 지역을 확대하고, 투기과열지구를 추가적으로 해제하면서 부동산 시장의 적극적인 부양에 나섰다.

이러한 기조는 2012년에도 이어져 강남 3구에 대한 투기지역 해제 조치가 취해졌으며, 분양권 전매의 제한 기간을 완화하고, 이에 더하여 취득, 등록세를 감면하면서, 미분양 주택에 대한 양도세를 면제하는 등의 부양책이 이어졌다.

박근혜 정부 부동산 정책 (2013년 - 2016년)

이명박 정부에 뒤이어 들어선 박근혜 정부 역시도 전 정부의 기조를 유지하는 태도를 취하였다. 보수정당이 재집권에 성공하면서 부동산 시장에 대하여도 부양 위주의 정책이 주를 이루었으며, 이는 전방위적인 부동산 규제의 완화, 주택시장의 활성화를 통한 경기 부양책의 도입 및 공급 규제라는 결과로 나타났다.

박근혜 정부가 집권에 성공한 2013년부터 파격적인 규제 완화 정책이 잇따라 선보였다. 먼저 미분양 및 신축 주택 이외에 기존 주택에 대하여도 양도세를 5년 간 면제하는 조치가 취해졌고, 분양가 상한제를 신축적으로 운영하는 한편, 리모델링의 수직증축 허용에 대한 고려가 진행되었다. 더불어 건설사를 대상으로 한 모기지 보증 및 전세보증금 반환 보증이 시행되었고, 민간부분의 주택공급조절 정책이 본격적으로 시행되었다. 뒤이어 취득세율을 영구적으로 인하하고, 연1% 대의 초저금리 수익 및 손익공유형 모기지의 도입을 지원하였다. 또한 행복주택의 규모를 축소하며 공급 규제책을 더하고, 공유형 모기지의 본 사업을 실시하였다.

2014년에는 서민 주거 안정을 목적으로 한 각종 정책이 쏟아져 나왔다. 먼저 임대주택의 지속가능한 공급체계의 구축에 나섰으며, 민간 임대공급의 활성화를 추진하는 한편, 국민의 거주유형별 주거비 균형을 도모하고, 주택 임대차시장의 인프라를 구축하기 위한 정책을 내놓았다. 규제완화책도 계속되어 각종 규제의 합리화에 나서고, 주택대출의 활성화 및 디딤돌 대출의 지원을 확대하였으며, 청약제도를 개선하였다. 이어서 재정비 규제를 합리화하고, 청약제도를 추가적으로 개편하였다. 또한 국민 및 기업의 과도한 부담을 완화하는 형태로 주택 공급방식의 개편에 나서고, 임대주택의 단기공급을 확대하였으며, 임대차시장에서의 민간 참여를 활성화하고, 무주택 서민층의 주거비 부담을 완화하고자 하였다. 그리고 시장의 단기적인 전월세 수급 불안 현상에 대응하는 한편, 시장 변화에 따른 다양한 임대주택 공급 방안을 내놓으면서 저소득층의 주거비 부담을 완화하고자 하였다. 연말에는 민간택지의 분양가 상한제를 탄력적으로 적용하기로 하고, 재건축 초과이익 환수제의 시행을 다시 3년간 유예하기로 하면서 부동산 시장의 경기 부양을 이어갔다.

2015년에도 규제 완화의 기조는 이어가면서 서민층의 주거안정을 위한 각종 대책을 마련하는 모습을 보여주었다. 연초부터 각종 규제개혁에 나서면서 택지지원, 자금지원 및 각종 세제지원을 발표했다. 또한 입주자선정 절차를 간소화하고, 기존 유주택자에 대한 감점 제도를 폐지하면서 청약자격의 요건을 완화하였다. 한편 서민층 주거안정 지원책으로서 임차보증금의 반환보증에 대한 지원을 강화하고, 임차보증금에 대한 금융지원을 강화하였다. 더불어 집주인 리모델링 제도를 도입하기로 하고, 뉴스테이를 활성화하는 한편, 정비사업에 대한 각종 규제를 합리화하는 정책을 내놓았다.

이와 같은 서민주거 안정과 경기 부양의 양면적인 정책 방향은 2016년에도 지속되었다. 이에 행복주택 및 뉴스테이의 공급물량을 2017년 30만 가구로 확대하기로 하면서, 동시에 저소득층을 대상으로 한 주택공급 방안을 발표하고, 생애주기별 특화형 임대주택의 공급 확대를 공언하였다. 이어서 LH의 택지공급을 조절하기로 하고, PF 대출에 대한 심사를 강화하기로 하였으며, 분양보증 예비심사 제도를 도입하는 한편, 중도금대출

보증 관련 제도를 개선하였다. 한편 연말에는 청약제도를 변경하여 강남 4개구와 과천시에서의 전매제한 기간을 기존 6개월에서 소유권이전 등기 시까지로 연장하였으며, 중도금 대출 보증이 발급 가능한 계약금의 요건 을 분양가격의 5%에서 10% 이상으로 변경하였다.

2. 문재인 정부의 부동산 정책, 그 방향은 어떻게 될까?

앞서 살펴본 바와 같이 이명박 정부 및 박근혜 정부로 이어진 보수 정당 집권 하의 10년간의 부동산 정책 및 부동산 시장 상황에 대하여 문재인 정부는 상당히 비판적인 인식을 하고 있다. 이를 바탕으로 서민층의 주거안정과 실수요자 보호라는 기치 하에 강력한 시장 개입을 천명하였고, 이는 실제로 2017년의 8·2 부동산 대책을 필두로 하는 연이은 부동산 대책으로 현실화되었다. 물론 사회적인 여론의 향방과 시장의 동향에 따라 이러한 대원칙이 변경될 수 있음은 앞서 밝힌 바와 같다. 그러나 여전히 큰 틀에서는 문재인 정부의 부동산 대책은 이명박 정부 및 박근혜 정부의 그것과는 크게 다를 것으로 예상된다.

그렇다면 우리가 문재인 정부 하에서의 대한민국의 부동산 정책을 전망하기 위해 고려해야 하는 것은 과연 무엇인가? 바로 같은 진보 성향의 정권이었던 노무현 정부의 부동산 대책이 되어야 할 것이다. 실제로 6·19 부동산 대책 및 8·2 부동산 대책이 발표된 이후, 가장 먼저 나온 시장의 볼멘소리는 '노무현 정부 시즌 2의 재림'이라는 것이었다. 성장 보다 분배를 우선시 하는 정부의 성향 상 두 정부의 경제정책은 상당히 유사하게 수렴할 것으로 예상된다. 또한 여러 가지 경제요소 중에서도 토지 및 부동산은 가장 이념지향성이 강한 분야이기 때문에, 문재인 정부도 서민층의 주

거안정과 국민의 주거복지의 확보라는 기치를 내걸고 보다 강한 드라이브
를 걸 가능성이 충분하다. 그렇다면 우리는 노무현 정부의 부동산 정책에
대하여 보다 자세히 살펴보면서 앞으로 펼쳐질 문재인 정부의 부동산 정
책을 예상해봐야만 할 것이다.

노무현 정부의 부동산 정책은 어떠했는가?

참여정부 당시 주요 부동산대책

		수요측면	공급측면
2003년	10 · 29 대책	- 종합부동산세 도입 - 다주택양도세 강화 - LTV규제 강화	- 강북 뉴타운 추가 건설 - 광명, 아산 등 고속철도 역세권 주택단지 개발
2005년	8 · 31 대책	- 양도소득세 강화 - 보유세 및 취등록세 강화 - 실거래가 신고 의무화	- 수도권 신규 주택 및 택지 공급 - 중대형 주택공급 확대
2006년	3 · 30 대책	- DTI 도입 - 재건축 개발부담금제 도입	- 수도권 공공택지 공급 확대 - 기존 도심 재정비
	11 · 15 대책	- LTV규제 강화	- 공공택지내 주택 조기공급 및 물량확대 - 민간택지내 주택공급물량 확대
2007년	1 · 11 대책	- 청약가점제 시행 - 민간택지 분양가 인하	- 서민주택공급 확대 - 수도권 전 · 월세 안정대책

노무현 대통령의 참여정부는 거의 매년 부동산 대책을 발표하였다. 이러
한 부동산 대책의 결과, 그 도입 초기에는 부동산 시장의 가격 상승세가 꺾
이는 것처럼 보였으나 일정 기간 이후 가격 불안정이 다시 나타고 말았다.

당시 노무현 정부는 부동산 시장이 과열되었다고 판단하였고 일련의 부
동산 과열 억제 대책을 펼쳤는데, 대표적인 부동산 대책으로는 2003년의

10 · 29 대책, 2005년의 8 · 31 대책, 2006년의 3 · 30 대책과 11 · 15 대책, 2007년의 1 · 11 대책 등을 들 수 있다.

참여정부 1년차인 2003년, 노무현 정부는 10 · 29 대책을 발표하였다. 당시 정부는 기존 대책으로는 부동산 가격을 안정시키기 어렵다고 판단하였고 이에 종합부동산세 도입, 다주택양도세 강화, LTV 규제 강화 등을 포함한 주택시장안정 종합대책을 내놓은 것이다. 이러한 10 · 29 대책이 발표된 이후 집값은 일시적으로 안정세를 보였다. 하지만 당시의 카드사태 등의 영향으로 국내 경기가 부진한 모습을 보였고 이에 부동산을 통해 침체된 경기를 부양할 필요성이 제기되었다.

이에 2004년 들어 부동산 가격이 전반적인 하락세를 보이자, 같은 해 7월 모기지론 확대 등을 포함한 건설경기에 대한 연착륙 방안이 발표되었고, 8월에는 투기지역이 일부 해제되었다.

한편 2005년 초부터 주택가격이 다시 오름세를 보이자, 같은 해 8 · 31 대책과 2006년의 3 · 30 대책을 연이어 발표하였다. 먼저 8 · 31 대책의 효과로 부동산 가격의 급격한 상승은 다소 둔화되었으나 여전히 시장은 불안한 양상을 보였다. 이후 2006년에 DTI의 도입과 재건축 개발부담금제의 도입, 수도권 공공택지의 공급확대 등을 내용으로 한 3 · 30 대책이 발표되었다.

그리고 2006년 하반기 들어 부동산 가격이 다시 급등세를 보이면서 2006년의 11 · 15 대책, 2007년의 1 · 11 대책 등 공급확대와 공급제도의 개선, 주거복지의 강화를 위한 대책이 연이어 발표되었다. 2006년의 11 · 15 대책에서는 적극적으로 부동산 공급계획을 늘리는 한편 과도한 분양가격의 인하를 추진하였다. 그리고 뒤이은 2007년의 1 · 11 대책을 통해서는 청약가점제의 시행, 민간택지의 분양가 인하, 서민주택 공급 확대 등 정책을 추진하였다. 이에 부동산 가격은 2007년 하반기를 기점으로 서서히 안정되는 모습을 보여주었다.

노무현 정부 부동산 정책, 그 한계는?

노무현 정부의 다양한 부동산 정책이 실패했다고 평가받는 가장 큰 원인은, 수급예측의 실패로 인하여 공급 대비 수요 과잉 현상이 상당기간 지속되었고, 정부의 초기 정책이 수요억제에만 집중되었다는 데에 있다.

IMF 외환위기 이후 대한민국 부동산 시장은 급랭되었고, 자연히 주택 공급이 부족해지는 현상이 나타났다. 하지만 이후 노무현 정부 당시에는 글로벌 경제 및 국내 경제가 호조를 보이고 있었고, 이에 주택에 대한 수요는 증가한 상황이었다. 2006년에 대한민국의 1인당 국민소득이 2만 달러를 돌파하는 등 소득 수준이 빠르게 상승하면서 거시경제 회복세의 효과를 톡톡히 누렸다. 그리고 가구 수 역시도 가파른 증가세를 보였다. 이러한 상황에서는 늘어나는 주택 수요에 대응하기 위하여 주택 공급을 늘려야 하지만 택지 확보에서 주택의 실제 공급까지는 상당한 시차가 존재한다는 것이 문제였다. 보통 인허가 및 착공에서 아파트 준공까지는 2~3년의 시간 차이가 발생하는 특성상 정확한 수요예측과 공급이 뒤따라야 했지만 이것에 실패한 것이다. 또한 노무현 정부 초기에 발표된 2003년 10·29 대책, 2005년 8·31 대책 등은 종합부동산세 도입, LTV·DTI 강화 등으로 수요 억제에 방점을 찍고 있었기 때문에 적절한 시기에 공급이 이뤄지지 못하였다.

이러한 상황에서 전세계적인 경기 회복을 바탕으로 국내에도 시중의 자본 유동성이 풍부하였고, 대체투자 수단은 부족하여 투기억제 대책에도 불구하고 자금이 부동산 시장으로 지속적으로 유입되는 현상이 발생했다. 시중 은행들이 풍부한 유동성을 바탕으로 경쟁적으로 주택 담보 위주의 가계 대출을 늘렸고, 이러한 자금들이 각종 부동산 규제에도 불구하고 부동산 시장으로 쏠렸던 것이다.

또한 당시 금융시장의 발달에 힘입어 부동산의 투자 상품화가 가속화되는 한편, 강남권 재건축 아파트에 대한 집중 규제를 틈타 일반 아파트 및 인근 지역 아파트의 가격 상승을 초래하는 풍선 효과가 발생하여 부동산 시장에 지속적인 투자처를 제공하였다.

반면 지방의 부동산 시장의 경우, 지역 균형발전과 부동산가격 안정화 정책 등 상충되는 목표가 추진되면서 수도권 지역과 지방간의 부동산 가격 양극화 현상이 발생하였다. 국토균형 발전을 명목으로 한 지역균형 발전 사업이 추진되며 지방의 주택공급은 늘어났으나, 반대로 지방의 부동산 수요는 규제가 강화되며 줄어들어 지방 미분양 주택의 수가 증가하였다. 이와는 달리 수도권 지역의 경우, 용지부족과 규제 강화로 인해 공급이 감소하면서 수도권 지역과 지방 간 부동산의 가격 차이가 커진 것이다.

그리고 부동산 경기에 대한 장기적인 예측의 실패로 인하여, 지속적이고 일관성 있는 정책이 추진되지 못했다는 근본적인 한계가 있었다. 일례로 2003년 당시 10·29 대책 이후 부동산 가격이 일시적 약세를 보이자, 정부는 건설 경기의 급격한 하락을 방지한다는 목적으로 건설경기 연착륙 방안을 발표하였다. 이 같은 단기적인 부동산 시장에 대한 접근은 시장의 불안감을 높이고 불확실성을 증대시켰으며, 결국 2005년과 2006년 들어 부동산 가격은 지속적인 투기억제 대책에도 불구하고 상승하면서 불안정한 상황이 계속되었다.

문재인 정부와 노무현 정부의 부동산 정책, 무엇이 같은가?

먼저 문재인 정부와 노무현 정부의 부동산 정책이 어떠한 점에서 공통되는가? 문재인 정부와 노무현 정부의 부동산 정책에서의 접점은 부동산 시장 활성화 정책을 버리고 부동산 시장에 대한 규제를 강화한 부분에서 찾을 수 있다. 두 정부 모두 투기과열지구의 지정을 확대하였고, 분양권의 전매제한 규정을 강화하였으며, 부동산의 양도소득세를 상향하였고, 재건축 초과이익 환수제의 시행을 검토하고 직접적인 시행을 준비하는 한편, 서민층의 주거안정을 위한 임대주택의 공급확대를 공언하였다.

문재인 정부와 노무현 정부의 부동산 정책, 어떻게 다른가?

노무현 정부는 위와 같은 정책기조에 더하여 당시 부동산 시장의 과열로 인한 주택가격 상승세에 따라서 수시로 단기적인 대책을 발표하였으며, 주택의 공급확대를 포기하고 수요억제 정책에 집중하였고, 보유세와 재산세, 취·등록세를 망라하는 각종 부동산 관련 세금을 전반적으로 강화하였다는 특징을 보인바 있다.

한편 문재인 정부는 정권 초기부터 8·2 부동산 대책으로 대표되는 종합적인 부동산 규제정책을 전면적으로 적용하여 부동산 시장의 과열을 잡겠다는 의지를 보여주고 있다. 노무현 정부는 부동산 시장에 대한 피상적인 관찰에 근거하여 많은 수의 즉흥적 대책들을 그때그때 내놓는 바람에 많은 부작용을 낳았다는 비판을 받은 바 있다. 일례로 노무현 정부 시기 고려되었던 보유세의 강화나 1가구 1주택을 추구하는 정책들은 단순한 논리 외에 별다른 근거가 없어 장기적으로 시장에 부정적인 영향을 주었다는 반발에 직면하였다. 또한 주택의 공급은 도외시한 채 기존 주택에 대한 수요의 억제에만 치우친 정책으로 인하여 시장의 불안과 과열을 더욱 부추겼다는 비판도 제기된다.

문재인 정부는 이러한 노무현 정부의 실패를 반면교사로 삼아 강력한 부동산 규제정책을 일시에 광범위하게 적용하겠다는 의지를 드러내고 있다. 더불어 수요억제 정책에 더하여 공급확대를 위한 여러 가지 방안도 제시하고 있다. 특히 공공임대주택의 공급을 확대하여 수도권을 중심으로 사회적 약자들을 대상으로 공급하고, 소규모 정비사업 및 도시재생사업을 확대하는 정책을 내놓고 있다. 또한 노무현 정부가 제시했던 각종 세금 강화에서 한 걸음 더 나아가서 분양가 상한제나 신DTI, DSR 등의 적용을 고려하고 있다.

더불어 문재인 정부가 처한 2018년 국내 경제의 흐름 역시 노무현 정부의 그것과는 큰 차이를 보이는 지점이다. 우선 오랫동안 지속되었던 초저금리 시대가 그 종언을 고할 조짐을 보이고 있다. 선진국을 중심으로 하여 글로벌 경제의 회복세가 뚜렷이 나타나면서 미국의 금리인상 가능성이 지속적으로 제기되고 있으며, 이에 국내 기준금리 역시 인상될 가능성이 크다. 또한 최근 지속된 사상 최대 규모의 주택공급에 뒤이어 2017년 하반기부터 신규아파트 입주가 본격화되고 있다는 점 역시 간과할 수 없다. 이러한 공급의 확대는 주택시장을 안정화시킬 요인으로 작용할 수 있다.

3. 대한민국 부동산 시장, 어떻게 될 것인가?

위와 같이 문재인 정부는 구체적인 시장의 양상과 주택가격의 동향에 따라서 강도 높은 개입을 지속할 가능성이 높다. 다양한 수요 억제책과 공공임대주택을 필두로 한 공급 확대 방안에 더하여 신DTI 및 DSR과 같은 제도적 접근과 실제로 모습을 드러내게 될 재건축 초과이익 환수제에 이르기까지 문재인 정부가 가지고 있는 카드는 그 어느 때보다도 다양한 상황이다. 이러한 기본적인 접근 방법을 갖고 정부는 시장의 상황에 따른 대책을 내놓게 될 것이다. 그러면 이제는 향후 대한민국 부동산 시장이 마주하게 될 다양한 배경요인들을 알아볼 차례이다.

최근 부동산 시장의 동향

지난 2017년은 여러 가지 시장요인과 더불어 예기치 않은 시기에 박근혜 정부에서 문재인 정부로 정권 이양이 이뤄지면서 부동산 시장이 혼돈에 빠진 양상을 보여주었다. 연초에는 주택 청약자격의 강화로 인하여 주택시장이 침체에 빠졌으며, 기존 아파트 시장도 대출규제의 강화와 입주물량 증가세, 금리인상에 대한 시장의 불안 등으로 인해 거래량의 감소와 매매가격 하락을 나타냈다.

한편 장미대선 이후 에는 새로운 정부의 부동산 정책에 대한 시장의 불안과 우려가 나타나면서 서울시를 중심으로 아파트 가격이 폭등하는 현상이 나타났다. 특히 재건축 초과이익 환수제에 따라 영향을 받게 될 강남권 재건축 단지를 중심으로 과열현상이 발생하였다.

또한 2017년 10월 24일을 기점으로 문재인 정부의 가계부채 종합대책이 발표되면서, 다주택자의 투기 자금을 억제하는 정부대책이 쏟아져 나왔다. 신DTI를 중심으로 대출한도의 제한이 현실화되었고, 2018년 하반기에는 DSR의 도입까지 예고되면서 정부가 수요억제에 본격적으로 나서는 모습을 보여주었다.

신규주택 입주 물량 증가 - 지방을 시작으로 주택가격 조정될 것

아파트 준공(입주) 추이 (만 가구)

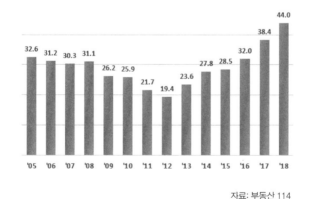

자료: 부동산 114

2017년을 기점으로 하여 전국의 신규 아파트 입주물량은 대폭 상승하게 된다. 2017년에 약 38만 가구가 공급되는 데에 이어서, 2018년에는 약 45만 가구가 공급되어 정점을 찍을 전망이며, 2019년 역시도 약 41만 가구가 공급되는 등 전례 없는 수준의 대규모 주택 공급이 이어질 것이다. 이러한 입주물량의 증가는 문재인 정부의 전방위적인 부동산 규제정책과 맞물려 주택 투자심리의 저하와 분양시장의 하락을 초래할 것으로 예상된다. 특히 입주물량이 집중된 지역과 미분양이 다수 발생하게 될 가능성이 있는 지방 일부 지역을 중심으로 가격 조정이 큰 폭으로 이뤄져 신규 주택과 기존 주택 모두 영향을 받을 가능성이 크다.

2018년 전국 신규 아파트 입주 예정 물량 (단위: 가구)

지역	가구수
서울	3만4703
경기	16만1992
부산	2만3193
대구	1만2743
인천	2만2189
광주	5961
대전	6358
세종	1만4002
울산	8590
강원	1만6674
경남	3만9815
경북	2만4639
전남	9601
전북	1만3229
충남	2만4363
충북	2만2762
제주	797

자료: 부동산 114

또한 미국의 금리인상 흐름과 맞물려 향후 한국은행의 기준금리 인상에 따라 주택담보대출 금리도 높아질 가능성이 큰 만큼 주택 대출이자의 부담도 커질 수 있다. 이는 추가적인 주택 거래량의 감소로 이어지고, 잠재적인 소비자들의 주택 구매심리도 약화시켜 부동산 시장은 장기적으로는 조정국면을 맞이할 것으로 보인다. 이러한 흐름은 투자 호재가 부족한 지방부터 시작되어, 종국적으로는 경기도와 서울 지역까지 가격 조정의 영향을 받을 것으로 전망된다.

한편 서민층과 실수요자 보호를 위한 정책은 추가적으로 도입될 것으로 예상된다. 지속적인 부동산 대책 끝에 대출규제 등으로 무주택자 및 실수요자의 주택구매가 현실적으로 곤란해진 바 이에 대한 후속대책은 끊임없이 쏟아져 나올 것이다. 한편 서민주거 안정을 도모하기 위해서 다주택자에 대한 양도세는 강화하는 한편, 임대주택사업자 등록을 유도하기 위한 인센티브로서 양도소득세 감면, 세금공제 등의 방안이 도입될 것이다.

재건축 아파트 시장 - 강남 재건축 시장의 강세 지속될까?

노무현 정부 이후 도입이 예고되었으나 그동안 시행이 유예되어 왔던 재건축 초과이익 환수제가 결국 시행된다. 이와 같은 재건축 초과이익 환수제의 시행은 재건축조합원의 분담금을 가중하는바 재건축 사업의 사업성을 악화시키게 된다. 그럼에도 불구하고 2017년 연말부터 2018년 연초까지 강남권 재건축 아파트의 가격은 지속적으로 과열 양상을 보이고 있다. 이에 최근 정부는 매우 강도 높은 수준의 부담금 부과 방침을 밝히면서 대응에 나서고 있다.

하지만 이와 같은 정부 대책이 강남권 재건축 시장을 안정시킬 수 있을지에 대해서는 의문이 제기된다. 소위 '똘똘한 아파트 한 채'의 위력이 그 어느 때보다 중요시되는 상황에서 어지간한 수준의 규제로는 시장이 열기를 잠재우기 어려울 것이다. 최근 강남권 재건축 시장에서는 물건의 희귀현상으로 인해 물건이 나오는 즉시 묻지마 거래가 이뤄지는 경우가 많을 정도로 강남권 재건축 아파트의 시장가치는 높아져 있는 상황이기 때문이다. 또한 정부의 부담금 부과 방침이 실제로 현실화되기까지는 시장의 반발과 각종 규제의 실효성 및 적법성 논란으로 인해 지난한 과정이 소요될 것으로 예상된다. 따라서 투자자로서는 시장 동향을 관망하면서 접근하되, 강남권 재건축 아파트의 투자가치는 여러 악재에도 불구하고 여전히 높은 만큼 지속적인 모니터링을 해야 할 것이다.

한편으로 근래에 재건축에 대한 기대감으로 주택가격이 급격히 상승한 아파트의 경우 2017년 말까지 '관리처분계획인가'가 승인 되는지에 따라 가격 변동 폭이 클 것으로 예상되며, 만약 승인 되지 않을 경우 가격이 급격히 하락할 가능성을 염두에 두어야 한다. 그리고 8·2 부동산 대책에 따라 이뤄진 투기과열지구 내의 재건축 조합원 지위의 양도 제한으로 인해서 조합설립인가를 받은 아파트는 사실상 거래를 할 수 없게 된다는 점도 고려해야 한다. 이와는 달리 조합이 아직 설립되지 않은 재건축 사업 초기의 아파트는 조합원 지위 양도제한을 받지 않아 거래가 비교적 자유로워 일정 수준의 가격 유지가 가능할 것이다.

마지막으로 최근 재건축 연한을 기존 30년에서 40년으로 연장하는 방안이 고려되고 있다. 이는 여러 가지 경제적 효율성이나 안전상의 문제 및 기존 입주민들에 대한 차별에 따른 문제점들로 인해 실질적인 시행가능성에는 여전히 큰 의문이 제기되고 있는 것은 사실이다. 그렇지만 이 같은 방안이 현실화 될 경우 기존 재건축 아파트 시장에 크나큰 후폭풍을 불러올 수 있는 만큼 수요자로서는 대상 물건의 재건축 연한도 꼼꼼히 살펴봐야 한다.

서울과 수도권 부동산 시장의 디커플링 현상 심화

서울을 중심으로 한 수도권 부동산 시장과 지방 부동산 시장의 디커플링 현상, 즉 양극화는 더욱 더 심해질 것으로 예상된다. 특히 양호한 주거 여건을 찾는 수요가 꾸준히 발생하면서 주택시장의 양극화는 더욱 부각될 것이다. 역대 정부의 각종 규제책에도 불구하고 서울 강남지역으로 이주하고자 하는 수요는 지속적으로 늘어나는 추세이며, 이에 따른 전세가격의 상승은 주택가격의 상승으로 이어지고 있다. 박근혜 정부 당시 시행된 각종 부동산 활성화 정책으로 강남 지역의 재건축 및 재개발사업이 빠르게 진행되면서 이러한 현상은 가속화되어 최근 5년 동안 서울의 전세가격은 50% 가까이 급등하는 추세를 보였다.

앞서 언급한 신규주택의 입주물량 증가로 인한 조정세는 지방에서 시작되어 수도권과 서울에도 영향을 미칠 것으로 보이나, 그 체감효과는 다르게 나타날 것으로 보인다. 특히나 각지의 혁신도시 등을 제외하면, 뚜렷한 개발호재가 없는 지방 지역 아파트의 조정국면은 신규주택 입주 물량의 증가로 장기화될 가능성이 크다. 그중에서도 입주물량이 급증하는 지역의 주택가격은 큰 영향을 받을 것으로 평가된다. 이에 따라 수도권 대비 하락폭이 확대되고 있는 지방의 부동산 가격은 약세를 지속할 전망이다.

한편 수도권 부동산 시장의 경우, 정부의 각종 규제책에도 불구하고 개발호재가 다양하게 발생하고 있기에 조정세는 지방의 경우보다 완만할 것으로 평가된다. 특히 최근 GTX(수도권광역급행철도) 등 교통 인프라의 확장으로 강남 등 서울 도심에 대한 접근성이 향상되는 분당 및 일산, 판교, 광교 등 지역은 긍정적인 신호를 보일 수 있다. 더불어 상대적으로 주택가격이 크게 오르지 않은 평촌, 산본, 중동 등 1기 신도시 일부 지역에서는 주택가격이 상승하는 풍선효과도 발생할 수 있을 것이다. 그리고 문재인 정부가 추진하고 있는 도시재생 뉴딜사업이 관심을 받는 가운데, 서울역 주변 및 노원구와 도봉구 등 강북 지역을 중심으로 재개발사업과 정부 주도형 공적임대 주택사업이 활성화 될 것으로 예상된다.

이러한 서로 다른 여건과 시장상황으로 인하여 서울 및 수도권과 지방의 지역별 주택가격 차별화 및 양극화 현상은 큰 변수가 없는 한 지속될 것이다. 따라서 지방의 주택에 대한 투자를 고려하는 투자자로서는 보다 분석적인 접근이 요구된다. 다만 지방 시장 중에서도 혁신도시 등 개발에 긍정적인 요소를 갖는 상품은 경쟁력을 가질 수 있으므로 이러한 점을 고려하여 옥석 고르기에 나서는 것이 중요하다.

초고령화 사회에 접어드는 대한민국

국내 65세 이상 고령인구 비율

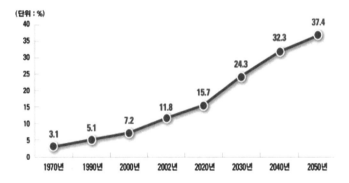

자료: 통계청

앞으로의 부동산 시장을 전망하는데 있어서 중요한 변수가 되는 것 중 하나가 바로 대한민국 사회의 고령화 문제이다. 우리나라는 아직까지 OECD 국가들 중에서는 상대적으로 인구구조에 있어 청년층의 비율이 높은 편이다. 하지만 고령화 속도는 세계적으로도 그 유례를 찾기 어려울 정도로 빠른 만큼, 곧 OECD 국가들의 평균 수준을 넘어설 것으로 전망된다. 이에 따라 2018년 즈음에는 65세 이상의 고령인구의 비율이 전체 인구의 14%를 넘는 고령화 사회로 진입할 것으로 보인다. 또한 2026년 즈음에는 고령인구가 전체 인구의 20%를 초과하여 초고령 사회에 접어들 것으로 예측된다.

이는 주택 매매에 있어서 주된 수요를 담당하는 청장년층 인구 비율의 감소를 초래한다는 점에서 부동산 시장에는 좋지 않은 요인으로 작용할 수 있다. 대한민국의 인구구성을 보면, 1955년생 이후의 1차 베이비붐 세대(1956년-1963년생)와 2차 베이비붐 세대(1968년-1976년생)의 인구수는 약 1,500만 명에 이르고 있다. 그리고 이들은 그동안 자산을 가장 많이 가지고 있으면서, 부동산 시장의 수요에 있어서 큰 비중을 담당해 왔다. 이러한 세대가 노년층에 진입하여 은퇴를 맞이하면서 부동산 시장에도 적지 않은 영향을 미치게 될 것이다. 실제로 핵심 수요층인 40대와 50대의 인구 비중은 이미 정점을 찍고 하향세를 그릴 것이라고 관측된다.

그러나 한편으로 1-2인 가구의 증가와 이에 따른 가구 수의 증가라는 요소 역시 고려하여야 한다. 향후 대한민국의 전체 인구수는 정체를 보이거나, 완만한 감소를 보일 것으로 관측되나, 1-2인 가구가 증가함에 따라 오히려 전체 가구 수는 늘어날 것으로 전망된다. 또한 여전히 1차 베이비붐 세대와 2차 베이비붐 세대의 자녀들이 결혼 적령기에 달하여 주택을 구매하는 수요층으로 등장할 여력은 충분하다.

하지만 그럼에도 불구하고 과거 경제 성장기에서 대한민국의 부동산 시장이 누렸던 폭발적인 신규 수요의 증가는 기대하기 어려울 것이다. 이는 결국 주택에 대한 신규 수요도 여전히 존재하기는 하겠지만, 그보다는 기존 주택을 대체할 거주지를 찾는 대체 수요를 보다 중시해야 한다는 것을 의미한다.

이는 앞서 언급한 부동산 시장의 양극화 현상으로 다시 한 번 귀결된다. 지역에 따라서 부동산 시장의 흐름은 전혀 다른 양상을 보이게 되는 것이다. 직장이나 자녀 교육, 생활환경 등의 문제로 지방보다는 수도권으로 수요가 몰리고, 수도권 중에서도 일부 인기지역으로 수요가 집중되면서 희소성 있는 지역 및 고가 주택에 대한 수요는 꾸준히 증가할 것이다. 이와는 달리 선호지역의 주택 공급은 여전히 제한적이므로 부동산의 양극화 추세는 거스를 수 없는 흐름이 될 것이다.

은퇴 후의 부동산 투자 접근 방법

2018년을 기점으로 대한민국의 부동산 시장은 베이비붐 세대의 은퇴를 맞이하면서 크게 변화할 것이다. 베이비붐 세대들은 2000년대 초반부터 대출을 받아 주택을 매입하는 경우가 많았기 때문에 가계 대출이 급증하였다. 따라서 베이비붐 세대들이 은퇴 이후 기존 보유 자산의 상당부분을 차지하는 부동산 관련 채무를 적절히 청산하지 못하는 경우, 노후 생활을 위하여 필요한 충분한 재원이 부족할 것으로 예측된다. 그러므로 은퇴 이후 필요한 자금의 부족분을 충당하기 위하여 기존 보유 주택을 매각하는 경우가 많을 것으로 생각된다. 물론 여기에는 최근 주목 받고 있는 주택연금 등의 변수를 고려해야하나, 전체 주택 시장의 안정화 기조는 분명할 것이다. 더불어 자녀를 양육하고 성장시키는 시기에는 중대형 주택의 수요가 많았으나, 은퇴한 이후에는 가족 구성원의 수가 줄기 때문에 중소형 주택의 수요가 늘어날 가능성이 있다.

최근 부동산 시장의 흐름을 보면 중대형 아파트 보다는 중소형 아파트의 가치가 주목받고 있는 추세이다. 전체 인구수는 정체기에 접어들었으나 1-2인 가구의 수는 증가하여 전체 가구 수는 증가하고 있기 때문이다. 자연히 중소형 아파트에 대한 수요가 증가할 수밖에 없으며, 실제로 최근 거래되는 아파트의 평당 매매 가격 역시 중소형 아파트가 중대형 아파트에 비해 높은 실정이다. 따라서 은퇴를 준비하는 경우에도 섣불리 기존에 보유하던 주택을 처분하기 보다는 전략적인 접근이 필요하다. 주택연금 상품에 대하여 철저히 분석하고, 기존 보유 아파트의 현재 및 미래가치를 평가할 필요성이 있을 것이다.

또한 최근 가속화되고 있는 노령화 시대에는 공격적인 자산운용보다는 보수적인 자산운용에 중점을 둘 필요가 있다. 특히 보유자산은 상대적으로 많지만 추가적인 근로소득을 기대하기는 어려운 은퇴 전후 세대의 경우에는 좀 더 보수적인 접근방법이 요구된다. 특히 보유세가 점차 강화되는 추세를 고려할 때, 토지나 주택보다는 안정적인 임대수익의 창출을 기대할 수 있는 상가와 건물에 대한 투자를 고려하는 것이 좋다.

더불어 포트폴리오 구성의 다양화도 필요하다. '달걀을 한 바구니에 담지 말라.'는 것은 동서고금을 막론하고 통용된 투자에 관한 격언이지만, 최근과 같은 저성장 시대에는 더욱 더 강조된다. 고도성장의 시대에는 그만큼 인플레이션에 대한 우려가 높기 때문에, 부동산이나 금 등의 실물자산을 보유하는 것이 화폐가치 하락에 따른 손실을 줄일 수 있는 가장 안전한 수단이었다. 그러나 저성장 시대에는 디플레이션으로 인한 자산가격의 급락도 고려해야 성공적으로 재테크를 할 수 있다.

보통의 경우, 개인의 자산 포트폴리오 구성에서 부동산 자산이 차지하는 비율은 전체 자산 중 50-60% 정도가 적당하다고 생각한다. 과거와는 달리 지금은 부동산을 보유했다고 무조건 수익을 기대할 수는 없는 상황이다. 부동산 상품의 종류에 따라, 부동산이 위치한 지역에 따라 투자 시에 기대할 수 있는 장래의 수익률이나 자산가치의 증가 폭에는 큰 차이가 있을 것이다. 따라서 은퇴 전후의 부동산 투자는 보다 보수적인 접근이 필요하며, 자신에게 익숙한 지역에 위치한 부동산 상품을 주된 대상으로 하여, 부동산 전문가의 객관적 조언을 바탕으로 투자해야 리스크를 줄이면서도 높은 수익성을 기대할 수 있다.

4. 그래도 아직은 부동산이다

　새로이 출범한 문재인 정부는 강경한 태도로 전방위적인 부동산 시장 규제에 나서고 있다. 새해 들어 신DTI를 비롯하여 DSR 및 재건축 초과이익 환수제 등 시장에 충격을 줄 수 있는 규제들이 연이어 시행을 앞두고 있다. 정부가 정책적으로 나서서 임대주택의 공급을 늘리고 있으며, 은행에서의 대출심사는 더욱 더 까다로워진다. 더불어 인구절벽으로 부동산 시장에 새로운 수요가 공급되기 어렵다는 이야기도 들려온다. 보다 거시적으로 국내 경제는 또 어떠한가? 서두에서 살펴본 바와 같이 대한민국 경제는 저성장의 늪에서 허덕이고 있으며, 앞으로 향후 몇 년간에도 이러한 기조는 여전할 것으로 예측된다. 또한 미국의 금리인상은 국내에도 영향을 미칠 것으로 관측되어, 저금리를 통한 레버리지 효과를 더 이상은 기대하기 어려울 것이다. 다른 경제 분야 역시 그리 긍정적인 신호를 보이지 못하고 있다. 주식시장은 한 때 상승하는 모습을 보였지만, 지루한 박스권 장세를 이어가고 있다. 실물경제 역시 수출과 수입에서 큰 호조를 기대하기는 어렵다.

　이러한 상황에서 과연 부동산 투자를 하는 것이 타당한 일일까? 대한민국 경제 전반이 위기에 빠져있고 부동산 시장에 대한 정부의 입장은 단호하기 이를 데 없다. 하지만 오히려 지금이 부동산 투자를 해야 할 적기라고 생각한다. 오히려 부동산 투자는 거의 언제나 타당하다고 봐야할 것이다. 물론 앞서 살펴 본 경제적 상황과 정부의 정책기조에 따라 보유 자산 및 투자 포트폴리오에서 부동산 상품에 얼마나 큰 비중을 둘지 결정하는 일은 반드시 필요한 일이다. 그러나 자산을 가지고 있고, 투자를 통해 재테크에 나선다면 부동산을 배제하는 것은 어리석은 일이라고 할 수 있다.

투자 상품으로서 부동산만의 가치

당신이 당장 투자할 여력이 있는 자산을 보유하고 있다고 가정해 보자. 과연 어디에 투자하는 것이 좋을까? 여러 가지 투자 상품들은 그 나름의 장점과 단점을 가지고 있다. 하지만 부동산이 갖고 있는 가치는 다른 투자 상품과 비교할 때 특별할 수밖에 없다. 주식이나 채권, 혹은 최근 끊임없이 여론의 관심을 받고 있는 가상화폐를 생각해 보자. 이들 상품에 대해서도 바람직하고 합리적인 투자를 진행하기 위해서는 철저한 공부가 선행되어야 함은 당연하다. 그러나 아무리 철저히 공부를 한다고 해도 결국 종국적인 투자 여부를 결정짓는 정보의 접근성에 있어서 당신은 취약할 수밖에 없다. 물론 다른 사람들보다 앞서서 정보를 얻게 되는 경우도 종종 있을 것이다. 그러나 그러한 경우에도 그 정보를 충분히 신뢰할 수 있는지에 대해서는 의문이 생길 수밖에 없다. 보통의 경우라면, 당신이 알고 있는 정보는 누구나 알고 있는 정보일 가능성이 높기 때문이다. 이러한 상황에서 투자를 진행하는 것은 불길에 뛰어드는 불나방과 같은 행동이다.

부동산은 어떠한가? 부동산 상품 역시도 다른 투자 상품과 마찬가지로 정보의 비대칭성은 존재한다. 하지만 그것은 당신의 노력 여하에 따라서 충분히 극복될 수 있는 성질의 것이다. 정부 및 지방자치단체가 공시하는 각종 개발계획을 꾸준히 살펴보고 자신이 거주하는 지역을 중심으로 발품을 팔아 투자할 곳을 찾다보면, 적어도 특정 지역에 대해서는 전문가 이상의 정보를 획득할 가능성이 충분하다.

필자 역시도 주로는 수도권을 중심으로 투자를 하고 있기는 하나, 각종 경제신문과 LH 등이 발표하는 사업계획 등에서 얻은 정보를 바탕으로 전국을 무대로 활동하고 있다. 충분한 선행 연구를 통해 상품을 분석하고 실제로 현장에 나가서 주변 상황을 알아보다 보면, 자연스레 투자의 방법과 노하우를 체득할 수 있게 된다. 그리고 여기에서 한 가지 분명히 깨달은 것은 각 지역별 투자 유망상품은 현지의 사람들이 가장 잘 파악하고 있다는 것이다. 실제로 현지에서 살면서 정보를 얻고, 주변 사람들과 공유하는 과정에서 그 지역의 부동산 시장을 잘 파악할 수 있다는 것이다. 그렇다면 당신도 충분히 부동산에 관한 정보를 확보할 수 있다. 이렇게 축적 시킨 정보와 노하우를 바탕으로 투자를 진행한다면, 다른 투자 상품에 비하여 실패의 확률을 줄일 수 있을 것이다.

더불어 계속되고 있는 주식 시장의 정체와 펀드시장 등의 부진을 보면 결국 믿을 것은 부동산뿐이라는 인식이 확고해진다. 각종 금융 상품의 초라한 성적표에 비하면 부동산 시장의 수익률은 여전히 견실하며, 특정 지역, 특정 상품에 따라서는 저금리 시대에 쉽게 기대하기 어려운 정도의 수익을 제공하고 있다. 투자 상품으로서의 가장 큰 가치인 수익률의 측면에서 부동산은 아직도 힘을 발휘하고 있는 것이다. 저성장 시대, 그리고 저금리 시대에 이미 주식이나 펀드에 안정적으로 오래 투자하면 언젠가 수익이 날 거라는 믿음은 깨진지 오래다. 오직 부동산만이 예외가 되어줄 수 있다. 최근 여러 가지 악재에도 불구하고 계속된 아파트 전세가의 상승과 이에 따른 매매가의 상승 및 강남 재건축 아파트시장을 중심으로 한 과열

양상은 부동산 시장의 가치를 잘 말해주고 있다.

　또한 실물자산으로서의 부동산 상품은 다른 투자 상품에 비하여 비교적 거품이 적고, 하락세를 맞이하여도 기본적인 자산 가치는 유지한다는 점을 고려해야 한다. 닷컴 버블 등을 위시로 하여 주식시장의 거품이 가지는 위험성은 누누이 강조된 바 있고, 최근 가상화폐 시장의 과열이 가져온 위험성 역시 몇 번을 강조해도 지나치지 않다. 하지만 부동산 상품의 경우, 지나치게 대출에 의존하여 레버리지 효과를 노린다거나 갭 투자 등 위험한 투자방식을 고집하지 않는다면 비교적 거품효과가 가져오는 폭락의 위험성에서 자유롭다. 애초에 일본의 부동산 버블 붕괴 시기 이전에 나타났던 수준의 가격 폭등이 대한민국 부동산 시장에서는 보고된 바 없기 때문이다. 현재 대한민국 부동산 시장은 지역별로 차등은 있으되 적절하게 평가되어 있거나, 혹은 강남권 일부 지역을 중심으로는 외국 대도시들의 도심지 집값에 비하여 오히려 저평가 되어 있다는 것이 시장의 중론이다.

　작금의 부동산 시장은 얼핏 이상하게 흘러가고 있는 것처럼 보인다. 전체 경기는 부진에 빠져있고, 정부는 부동산 시장을 그 어느 때보다도 강하게 규제하려 하고 있는데도 상승세는 여전하다. 따라서 지금과 같은 부동산 시장의 상승세가 이례적으로 여겨질 수 있으며, 가격 하락의 전조처럼 느껴질 수도 있다. 하지만 지금과 같은 시장 상황은 오히려 투자 상품으로서의 부동산이 가지는 가치를 잘 반영한 것이라고 생각한다. 마땅한 투자처를 찾지 못한 시장의 유동자금은 결국 꾸준히 부동산 시장으로 유입될 것이고, 이는 향후 문재인 정부 시대에도 여전할 것이다. 따라서 앞으로의 부동산 시장 역시 외부 요인에 따라 약간의 증감은 있겠지만, 지속적인 상승세를 유지할 가능성이 크다. 따라서 지금은 오히려 부동산 투자에 나서야 할 적기인 것이다.

부동산 투자전략 엿보기,
아파트 시장

예나 지금이나 주택 시장의 중심은 역시 아파트 시장이라고 할 수 있다. 근래에 투자자들을 만나 봐도 실수요자들은 물론이고 투자 목적을 가진 사람들도 주로 아파트에 관심을 가지고 있는 경우가 많다. 최근 단독 주택에 대한 리모델링이 주목을 받고 있고, 틈새상품으로서 다세대 주택이 주목을 받고 있기는 하지만, 아파트가 대한민국의 대표적인 주거 형태로 자리 잡은 것이 사실이고 이는 장래에도 마찬가지 일 것이다. 따라서 주택에 대한 투자를 진행함에 있어서 가장 먼저 고려해야 할 것은 아파트임이 당연하다. 하지만 아파트는 그만큼 유동적인 시장 환경에 직면해 있기도 하다. 수요와 공급이 가장 집중되어 있고, 정부의 부동산 정책도 아파트를 겨냥하고 있는 경우가 많기 때문이다.

그럼에도 불구하고 실수요자들에게나 투자자들에게나 아파트는 가장 기본적으로 고려해야 할 상품이다. 아파트가 가지는 정주공간으로서의 장점과 지역적인 이점은 실수요자들이 집을 살 때 꼭 필요한 부분이다. 또한 수요가 여전히 가장 많다는 점은 투자 상품으로서 아파트가 가지는 절대적인 강점이다. 따라서 바람직한 접근법을 통해 아파트에 대한 투자를 진행하는 것이 매우 중요하다.

1. 대한민국 아파트 시장 대전망

앞서 누누이 강조한 것처럼 2018년은 향후 대한민국 부동산 시장에 큰 분기점이 될 수 있으며 이는 아파트 시장에서도 마찬가지다. 주로 시장 활성화에 비중을 두었던 이명박, 박근혜 정부의 10년이 끝나고, 본격적으로 문재인 정부의 부동산 정책이 선보이게 되기 때문이다. 신 DTI와 DSR, 재건축 초과이익 환수제로 대표되는 정부의 부동산 정책 하에서는 아파트 시장에 대하여 보다 보수적인 접근이 필요하다. 보유세 역시 강화되는 기조 하에서 투자 목적으로 아파트 시장에 접근하는 사람들로서는 그 어느 때보다도 옥석을 가리는 것이 중요하다.

한편, 실제로 거주하려는 목적에서 아파트 시장에 접근하는 실수요자들로서는 자신의 필요에 적합한 아파트를 선택하되 신중하게 결정하여, 현재의 가치뿐만 아니라 자산으로서의 장래가치 역시 고려하는 자세가 요구된다. 그렇다면 이러한 원칙을 명심하고 아파트 시장을 분석해보도록 하자.

계속되는 아파트의 시대

2012년을 전후하여 서울시를 중심으로 아파트 시장의 경기가 무척이나 저조했던 시기가 있었다. 이때를 기점으로 아파트의 시대가 종언을 고한 것이 아닌가 하는 분위기가 조성되기도 했다. 실제로 당시 만났던 투자자들 중 일부는 아파트 시장의 하락에 대한 걱정을 강하게 한 나머지 보유한 아파트를 매각해야할지 문의해 오기도 했다. 그러한 우려에 대한 필자의 대답은 그때나 지금이나 한결 같다. 적어도 한 세대가 지나기 전에는 아파트 시장의 전반적인 강세는 끝나지 않는다는 것이다.

이는 기본적인 수요의 문제에 기인하고 있다. 1970년대에서 1980년대를 기점으로 국민 주거환경의 개선을 위한 목적으로 서울 강남과 수도권의 1기 신도시를 중심으로 대규모의 아파트가 공급되었다. 초기에는 새로운 주거형태에 대한 의구심 등으로 인해 열기가 적었던 것도 사실이나, 그 이후에는 대한민국 국민 다수의 주거형태는 아파트로 완전히 정착되었다. 그리고 주거의 편리성으로 인해 아파트에 대한 수요는 끊이지 않고 있다.

대한민국은 예나 지금이나 땅이 귀한 나라이다. 그리고 도시 지역은 수도권을 대표적인 예로 하여 대단히 밀집하여 입지하고 있는 형편이다. 이러한 사정에서 아파트를 대체할만한 주거형태가 새로이 등장하기란 매우 어렵다. 또한 건축된 지 오래되어 현재 가치가 떨어진 아파트의 경우에는 대규모의 재건축 사업이 성공적으로 시행되어 오고 있다. 그렇다면 잠재적으로도 아파트가 가지는 가치는 분명한 것이다. 특히나 서울과 서울 도심 지역에 대한 접근성이 좋은 수도권 신도시의 아파트는 그 희소성으로 인하여 더 높은 가치를 갖고 있다. 따라서 최소한 이러한 지역에 입지한 아파트를 다각도의 고려 없이 단순하게 시장의 환경에 일희일비하여 매각하는 것은 바람직하지 않다고 할 것이다.

더군다나 아파트의 가격은 많은 요소에 의하여 결정된다. 특히나 같은 기간의 신규 입주물량과 부동산 정책 등이 큰 변수가 되는데, 이러한 요인들은 장기적으로 접근하여 평가해야 한다. 우선 아파트의 입주 물량은 적어도 2-3년 전의 분양 물량에 의하여 결정되기 때문에 단기적으로 접근해서는 안 된다. 또한 정부 정책 역시도 장기적인 안목에서 결정되므로 그 효과는 시일이 지난 후에야 나타나게 된다. 또한 단기적으로는 아파트의 신규 공급이 증대되고, 정부 정책이 규제에 근간을 두더라도 장기적으로 아파트 시장은 하나의 사이클을 형성하기 마련이다. 조정기 및 하강기를 거친 부동산 시장은 반드시 상승기를 맞이하게 되고, 입지나 주거 환경 등 현재 및 잠재가치가 충분한 아파트는 시장에서 좋은 평가를 받게 될 수밖에 없다.

따라서 아파트 가격은 다양한 변수에 의하여 상승, 조정, 하락을 반복하게 되므로, 일시적으로 아파트 시장이 침체되었다고 하더라도 슬기롭게 대처하는 것이 필요하다. 가치 있는 매물은 반드시 그 힘을 발휘하기 때문이다. 오히려 성공적인 부동산 투자자들 중 일부는 이 같은 하강기에 보다 공격적으로 투자에 나서기도 한다. 실제로 2012년을 전후하여 가격이 조정기를 맞이한 잠실 주공아파트에 투자한 투자자는 다시 가격이 상승한 2016년 하반기에 매도하여 수억 원의 시세차익을 획득하기도 했다. 물론 이러한 공격적인 투자에는 반드시 리스크가 수반되기 마련이므로, 부동산 투자 경험이 적은 투자자들이 쉽게 시도할만한 방법으로 추천하지는 않는다. 다만 보다 거시적인 시각을 가지고 시장 환경의 변화에 주목하되, 시장 가격에 일희일비하지 말라는 주문을 하고 싶다.

아파트 시장, 새로운 수요에 주목하라

　최근 서울 아파트 시장에는 과거와 다른 흐름이 나타나고 있다. 예전에는 동조화 현상으로 인하여 서울 및 수도권의 부동산 시장과 지방의 부동산 시장의 흐름이 어느 정도 유사하게 나타나는 경향이 강했다. 서울 아파트 시장이 상승기를 맞이하면 지방 시장 역시 상승 곡선을 나타냈던 것이다. 그러나 최근에는 서울을 중심으로, 전국의 부동산 투자수요가 밀집하는 현상이 나타나고 있다. 서울 아파트 시장에 지방 투자자가 많이 출현하고 있는 것이다.

　지방의 투자자들은 아파트 시장의 조정기에 주로 활동을 활발히 하여 과감한 투자를 진행하고는 한다. 특히 서울 강남이나 수도권 1기 신도시의 소형 아파트 매물은 이들에게 좋은 투자처로 인식된다. 소형 아파트는 매매가격이 비교적 낮아 자금 유동성의 확보가 용이할 뿐만 아니라, 수요도 많은 편이라 환금성도 뛰어나기 때문이다. 아파트 시장의 상승을 위해서는 입주 물량 감소로 인한 공급 대비 수요의 증가와 부동산 규제 완화뿐만 아니라 시장의 분위기 역시 중요한 요소로 작용하는데 지방 투자자들이 그 같은 역할을 담당하고 있는 것이다. 이들은 서울 시내의 아파트라는 희소성 있는 투자 상품에 높은 가치를 매기고 투자를 진행하며, 또한 적지 않은 수익을 기록하는 것을 수차례 목격해왔다.

　반대로 서울권의 투자자들 역시 지방으로 진출하는 사례가 많이 나타나고 있다. 특히 강원도 원주시 등 서울과 접근성이 뛰어난 지역의 지방혁신도시들이 좋은 투자처로 인식되고 있는 것이다. 지방이라고는 하나 입지가 뛰어나고 향후 개발 호재가 예상되어 전망이 좋은 경우, 투자자들의 발

문재인 정부 부동산 트렌드 대전망

－ 102 －

길은 끊이지 않고 있다. 이처럼 높은 수익성이 예상되는 지역을 찾아 자금이 활발히 움직이고 있기 때문에, 아파트 시장에 대한 수요는 지속적으로 늘어나고 있는 상황이다.

또한 중국 투자자들 역시도 부동산 시장에 새로운 바람을 불어넣고 있다. 제주도의 토지와 서울 시내의 상업용 빌딩을 중심으로 유입되었던 중국 투자 자금이 지금은 전국적으로 그 범위를 확대하고 있는 상황이다. 제주도 부동산 시장의 가파른 상승은 이제는 일상이 되었으며, 서울 시내 상업용 빌딩의 가치 역시 큰 폭으로 상승하였다. 그리고 최근에는 부산시 해운대구나 인천시 송도신도시 등에도 중국 투자자들의 발길이 끊이지 않으며 가격 상승을 주도 하고 있는 상황이다.

중국의 경제발전으로 인하여 수많은 중산층과 부유층이 생겨났으며, 이들은 중국 내 대도시 등의 부동산 시장을 견인한데 이어 해외 부동산 시장에도 눈길을 돌리고 있는 것이다. 물론 중국 투자자들의 투자 마인드는 국내 투자자의 그것과는 조금 다른 양상을 보이고 있다. 이들은 실수요가 목적이라기보다는 장기적인 투자 관점에서 접근하고 있기 때문에, 고부가가치의 부동산 상품을 주된 투자 대상으로 삼고 있다. 따라서 이들은 조망이 좋은 한강변의 아파트나 해운대의 주상복합 건물을 대상으로 투자를 진행하고 있다.

이처럼 부동산 투자자의 저변은 넓어지고 있는 추세이며, 그 중에서도 아파트의 인기는 여전히 높다. 그렇기 때문에 자신이 이미 아파트를 보유하고 있다면, 시장 상황에 쉽게 흔들려 매각을 시도하기 보다는 철저한 가치분석을 선행하는 것이 필요하다고 여겨진다. 특히나 입지가 좋은 희소성 있는 매물은 시장에 쉽게 나오지 않는다는 점에서 보다 신중한 접근이 필요할 것이다.

주택보급률 100%? 걱정할 필요는 없다.

　대한민국은 주택수급상황을 보여주는 지표로서 주택보급률을 사용하고 있다. 그리고 주택보급률은 아파트 시장의 부정적인 전망을 뒷받침 하는 요인으로 자주 인용되곤 한다. 통계청의 주택보급률 발표에 따르면 2016년을 기준으로 전국 주택보급률은 102.6%를 보이고 있으며, 서울시 98.2%, 경기도 99.1%로 주택보급률 100% 시대에 진입한 것으로 나타난다. 그렇다면 주택보급률이 100%를 상회하고 있으니, 대한민국의 주택의 양은 이미 충분한 것이 아닌가? 그렇다면 아파트 시장도 하락할 일만 남은 것 아닌가?

연도별 신 주택보급률

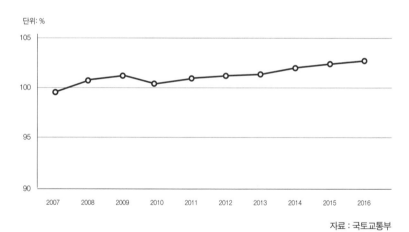

자료 : 국토교통부

　전혀 그렇지 않다. 우선 기존 주택의 멸실을 고려해야 한다. 서울 강남권을 중심으로 목동 등에 재건축 연한에 도달한 아파트 물량이 산적해 있으며, 또한 수도권 1기 신도시의 다수 아파트 역시도 곧 재건축 연한에 달하게 된다. 이들 대단지 아파트가 재건축 사업에 돌입하게 되면, 우선 단기간이나마 기존 거주자들의 입주 수요가 발생할 것이다. 이러한 수요를 감당하기에는 서울과 수도권의 주택보급률은 그리 넉넉한 형편이라고 할수 없다.

더불어 1-2인 가구의 증가로 인해 전체 가구 수가 증가하는 추세이므로, 주택에 대한 신규 수요는 계속해서 발생할 수밖에 없다. 그리고 이들 1-2인 가구는 기존의 주거형태 보다는 다양한 주거공간을 필요로 하므로, 입지가 좋은 소형 아파트에 대한 기존의 수요는 더욱 더 증가할 것이라고 봐야 한다.

또한 주택은 더 이상 양적인 보급의 대상이 아니라는 점이 더욱 중요하다. 국민의 가장 기초적인 의식주의 해결이라는 측면에서 주택에 접근한다면, 현재 대한민국의 주택 총량은 충분하다고 말할 수 있을지도 모른다. 하지만 현재 대한민국의 경제 수준, 사회 현실에서 주택의 양은 별로 중요한 요소가 아니다. 주택의 질적 수준이 더욱 중요한 요소가 된 것이다. 따라서 현재 대한민국이 겪고 있는 주택 부족 현상은 총량으로서 주택의 수가 부족한 데에 있기 보다는 가구의 구매력을 고려할 때 그에 걸 맞는 양질의 주택이 부족하다는 의미라고 할 수 있다.

서울 도심 지역에서는 대학생 및 사회초년생들이 적절한 주거공간을 찾지 못해 고생하고 전세난이 심화되는 반면, 지방에서는 미분양이 속출하는 원인이 바로 양질의 주택이 부족하기 때문이다. 따라서 질적인 수준이나 구매력을 고려할 때 대한민국의 주택보급은 여전히 부족한 상황이라고 할 수 있다.

부동산 양극화의 시대

IMF 외환위기 이전의 대한민국의 부동산 시장은 불패신화를 써내려가고 있었다. 일단 부동산을 사놓기만 하면 별다른 신경을 쓰지 않아도 알아서 오를 것이란 희망이 있었고 실제로 부동산 가격은 하락할 줄 몰랐다. 소위 묻지마 투자로 대변되는 부동산 복부인들의 시대였다. 그러던 것이 IMF 외환위기를 맞이하면서 완전히 다른 상황에 처하게 된다. 아파트 가격이 줄줄이 폭락하고 대규모 투자 손실이 발생하는 상황에서 부동산의 불패 신화는 깨지고 말았다. 이후 엄청난 규모의 부동산 규제 완화와 분양물량의 감소로 다시금 부동산 시장은 반등을 하게 되지만, 이전과는 다른 양상으로 흘러가게 된다. 묻지마 투자의 시대가 종언을 고한 것이다.

최근의 부동산 시장은 몇 번이나 강조했듯이 지역에 따라서, 그리고 한 지역 내에서도 구체적인 입지에 따라서 전혀 다른 방향성을 보이고 있다. 실제로 필자가 투자했던 경기도 안산시 일대의 송산그린시티의 경우만 해도 같은 구역 안에서도 구체적 위치에 따라서 가격이 천차만별로 형성되는 모습을 보였다. 가장 극단적으로는 행정구역 상 안산시에 속하느냐, 화성시에 속하느냐에 따라서 거의 유사한 입지조건의 아파트가 큰 폭의 가격 차이를 보이기도 했다.

이처럼 부동산 시장의 양극화는 모든 영역에서 뚜렷하게 나타나고 있다. 주택이 단순히 주거의 공간이었던 시대를 벗어나서, 외환위기 이후 주택의 질이 더욱 강조되며 나타난 현상이다. 이에 따라서 외환위기 이후 서울 강남구의 아파트 가격이 가장 먼저 상승세를 탔고, 이어서 학군과 교통에서 강점을 지닌 목동과 경기도 과천 및 분당의 부동산 가격이 가파르게 상승하였다. 이처럼 전국의 부동산 시장이 동시에 상승 및 하강을 반복하는 것이 아니라, 학군, 교통 및 편의시설 등 거주 환경과 입지에 따라서 부동산 시장의 상황이 완전히 다르게 나타난 것이다.

최근 불고 있는 '강남 똘똘한 집 한 채' 열풍은 이를 단적으로 표현해주는 말이다. 소득 수준의 상승에 따라서 주택의 질이 그 어느 때보다도 중요시되고 있고, 교통의 편의성 및 편의시설과의 접근성에 따라 아파트에 대한 선호도가 극명히 갈리고 있다. 또한 아파트의 브랜드 명이나, 조망권, 일조권, 층수와 같은 지엽적인 요소들까지 모두 아파트 가격의 결정에 빼놓을 수 없는 요소로 작용하고 있는 상황이다.

이처럼 주택의 질이 강조되면서 부동산, 그 중에서도 아파트 시장의 양극화는 앞으로도 더욱 심해질 것으로 예상된다. 아파트는 주거를 목적으로 하는 부동산이므로 다른 부동산 상품에 비해서 가격결정에 요구되는 요인이 많아질 수밖에 없기 때문이다. 당장 손님을 많이 유치하여 높은 수익만 올리면 되는 상가와 본인이 직접 입주하여 생활해야할 아파트의 고려조건은 다를 수밖에 없지 않은가?

이에 따라 아파트에 대한 선호도는 더욱 더 세분화될 것이다. 같은 서울이라도 소위 한강 조망권을 가진 아파트와 그렇지 않은 아파트의 격차는 클 수밖에 없다. 또한 같은 강남 지역에서도 집값의 추이는 극명하게 갈리는 것이다. 수도권 1기 신도시를 지나 수도권 2기 신도시의 시대에 접어들면 이 같은 추세는 더욱 분명해져서 서울과의 접근성에 따라서 판교 신도시, 광교 신도시, 동탄 신도시의 아파트 가격은 분명한 차이를 보이며 계층화되어 가고 있다. 이러한 추세는 앞으로 더욱 심화될 것으로 예상되므로, 이전과 같은 묻지마 투자는 요즘과 같은 현실에서는 너무나도 위험한 투자방법이라고 할 수 있다. 언급한 바와 같이 위치와 접근성이 가장 중요한 요소이기는 하나, 이것도 교통여건과 개발 요소에 따라서 크게 달라질 수 있기 때문이다. 단적으로 SRT(수서고속철도) 개통 이후 강남권의 새로운 명당으로 떠 오른 수서 지역의 사례만 봐도 잘 알 수 있지 않은가?

따라서 앞으로의 아파트 투자에 있어서는 부동산 시장이 상승기에 있는지 하강기에 있는지만 중요하게 생각해서는 안 될 것이다. 단순히 부동산 시장이 활황기라고 해서 아무 아파트나 덜컥 투자했다가는 낭패를 보기 쉽다. 부동산 시장의 분위기가 좋다고 해서 모든 지역의 모든 아파트가 함께 오르는 것이 아니라, 인기 지역의 아파트, 그 중에서도 제반 여건이 좋은 아파트가 더 큰 폭으로, 오래 상승할 것이므로 철저한 분석 하에 미래 가치를 파악하는 전략이 필요하다.

2. 아파트 시장, 어떻게 접근할 것인가?

아파트 시장에 접근하는 투자자는 크게 두 부류로 나뉜다. 실제 주거공간으로서 아파트를 구입하여 입주하려는 실수요자가 있을 것이고, 한편으로는 투자의 수단으로서 아파트를 구하려는 투자자가 있을 수 있다. 먼저 이러한 두 가지 경우에 있어서 전혀 다른 접근 방법이 필요함을 강조하고 싶다. 여러 가지 불안한 시장상황에도 불구하고 아파트가 중요한 부동산 상품이며, 충분한 현재가치와 장래성을 가지고 있다는 점은 앞서 말한 바와 같다. 하지만 오히려 이러한 점 때문에 아파트를 구하려는 사람들은 잘못된 의사결정을 내리기도 한다.

얼마 전 실제 거주 목적으로 입주할 아파트를 구하고 있는 30대 직장인과 상담을 진행한 적이 있었다. 서울 강남 지역에 위치한 직장에서 출퇴근이 가능한 아파트를 구하고 있었으며, 자금 여력은 충분한 편은 아니었으나 직장인 담보대출 등을 활용하여 아파트를 구매하려는 상황이었다. 본인이 한동안 열심히 정보를 수집한 결과 두 가지의 선택지를 가지고 고민 중이었는데, 하나는 서울시 관악구에 위치한 아파트였고, 다른 하나는 인천 송도신도시의 아파트였다. 직장 및 서울 도심에의 접근성의 측면에서는 당연히 관악구에 위치한 아파트가 우위에 있었지만, 향후 집값의 상승 가능성이나 주변 생활환경의 측면에서는 송도신도시도 고려해볼 수 있는 선택지였다. 이러한 경우 어떠한 결정을 내리는 것이 바람직할까?

우선 투자의 목적으로 아파트를 구하는 경우에는 송도신도시의 아파트를 보다 긍정적으로 검토하는 것이 좋을 것이다. 이미 송도신도시에 위치한 부동산의 가격은 아파트 등 주거시설 및 상업시설을 불문하고 많이 상승한 상황이기는 하나, 향후 아파트 공급이 계속될 것이며 상권도 활성화될 가능성이 많아 상승여력이 아직 충분히 남아있는 상황이다. 인천 국제공항 부근에 입지하여 앞으로도 개발 호재가 많이 존재하고, 최근에도 파라다이스 시티 등이 입주를 마쳐 단기적으로도 상승요인이 충분하다. 이에 반해서 관악구에 위치한 아파트의 경우, 구체적인 위치에 따라 상황은 충분히 달라질 수 있기는 하나 개통 예정에 있는 경전철 정도를 제외하면 뚜렷한 개발호재를 찾기 어렵고, 교통 등 주변 환경이 우수하다고 말하기는 어렵다. 따라서 투자의 목적으로 아파트를 구하는 경우라면, 일반적으로는 서울시 관악구 지역보다는 송도신도시 지역이 보다 우위에 있다고 말할 수 있겠다.

하지만 실제 거주를 목적으로 하는 실수요자의 입장이라면, 그리 간단하게 결정할 수 없는 문제라고 생각한다. 서울 도심으로의 송도신도시의 접근성이 많이 개선될 여지가 있다고는 하나, 통근거리를 고려해야 하는 실수요자로서는 도심 접근성은 가장 중요한 요소 중 하나이다. 또한 관악구 지역의 아파트 시장이 서울 시내에서는 비교적 덜 활성화된 지역이라고는 하나, 서울 시내라는 상징성이 가지는 프리미엄도 고려하지 않을 수는 없다.

결론적으로 단기간에 수익을 기대하는 투자 목적이 아니라면 통근거리가 가까운 관악구 지역의 아파트 구입이 좀 더 합리적인 의사결정이라고 할 수 있다. 물론 선택지가 되는 아파트의 구체적인 위치와 주변 환경, 교통 및 기타 문화시설 입지 등에 따라서 결정은 충분히 달라질 수 있을 것이다. 하지만 실수요자로서 가장 먼저 고려해야 할 요소는 부동산 상품으로서의 아파트의 가치라기보다는 주거 공간 본연의 목적으로서의 아파트의 여건이다. 따라서 이점을 십분 고려하여 아파트 시장에 접근하는 자세가 필요하다.

아파트를 구입하려는 실수요자에게 필요한 자세

실수요자에게 있어서 아파트 구입이란 결국 내 집 마련이라고 할 수 있다. 내 집을 마련함에 있어서는 그에 맞는 로드맵을 먼저 그려야 하고, 과도한 욕심을 부려서는 안 된다. 그리고 부동산 시장에 떠돌기 마련인 수많은 정보에 일희일비하기 보다는 확실한 목적을 가지고 접근해야만 아파트 구입에 있어서 부동산 투자의 성공확률을 높일 수 있을 것이다.

대한민국 주택시장의 중심은 아파트이고, 아파트에 관심을 가지고 있는 수요자들은 매우 많다. 그러나 실수요자들이 내 집을 마련하고 아파트를 구입한다는 것은 쉽지만은 않은 일이다. IMF 금융위기 이후 부동산 시장은 예측하기 어려운 흐름을 보여 왔고, 부동산 시장에 대한 투자자들의 심리적 부담감도 여전하다. 그리고 가격 상승폭이 너무 커서 대부분 투자자들의 자본 여력으로는 쉽사리 접근하기 어려운 아파트가 있는 한편, 일부 지역에는 과다하게 신규 물량이 공급되어 미분양 아파트가 폭증하면서 가격 하락의 위험이 도사리고 있기도 하다.

그렇지만 결국 실수요자들이 원하는 집과 아파트는 한정되어 있다. 결국 실수요자들이 몰려드는 지역의 아파트는 여전히 물량이 부족한 상태이고, 이에 따라 지역별로 아파트 가격의 양극화 현상이 뚜렷하게 나타날 것으로 예상된다. 종합부동산세 등 각종 세제의 완화로 한때 중대형 아파트에 대한 시장의 관심이 다시금 살아나는 듯 보였지만, 역시 실수요자들의 관심은 중소형 아파트에 집중되어 있다. 실제로 수요가 많은 만큼 중소형 아파트에 대한 공급은 비교적 많은 편이며, 따라서 실수요자들은 중소형 아파트를 계속 주목하는 편이 좋다. 지역에 따라 가격은 천차만별로 형성되어 있지만, 필요한 자본 여력도 부담이 적은 편이며 각종 정부 혜택도 기대할 수 있다. 또한 실수요자의 다수를 차지하는 청년층들에게는 환금성이 좋은 부동산 상품이라는 것도 중소형 아파트의 장점이다. 인기 있는 상품인 만큼 중소형 아파트 시장 형성은 지속적으로 기대할 수 있으며, 매각을 고려할 경우에도 보다 빨리 결정이 가능하다.

한편 실수요자들의 경우, 재건축이나 재개발 시장에 대한 접근은 재고하는 것이 좋다. 재건축 사업에 대한 정부의 정책이 오락가락하면서 상황이 급변할 가능성도 있지만, 문재인 정부 임기 내에 재건축 시장은 비교적 안정세를 보일 것이다. 하지만 특히 강남권과 1기 신도시 등지의 재건축 아파트의 경우, 그 가치가 분명히 인정되기 때문에 쉽사리 가격 안정을 기대하기는 어려우며 언제라도 반등할 가능성은 크다. 또한 재건축 아파트의 경우, 재건축 초과이익 환수제 등 각종 규제 정책의 시행에 있어서 자유롭지 않으며 실수요자에게 필요한 주거 안정성이 취약할 가능성이 존재한다. 실제로 재건축 사업이 진행되는 경우에도 당장 대체 주거공간을 마련해야 하므로 이 역시도 부담스러운 부분이다.

재개발 시장은 더욱 더 신중할 필요가 있다. 서울 각지의 재개발 시장은 부동산 상승기에도 각종 개발에 대한 호재에도 불구하고, 일부 지역을 제외하곤 투자자들의 발길이 뜸한 편이었다. 지금과 같은 부동산 시장 규제 기조 하에서는 이 같은 흐름이 더욱 고착화될 가능성이 높으며, 문재인 정부가 시도하는 각종 도심재개발 사업과 맞물려 그 경제적인 가치가 하락할 가능성도 있다. 더불어 주거 안정성의 측면에서도 재건축 시장의 경우와 마찬가지로 불안하기는 마찬가지다.

정확한 매수시점을 잡아라!

당장 입주해서 거주할 내 집을 마련하는 일은 실수요자들에게 매우 중요한 문제이다. 따라서 정확한 매수시점을 결정하는 것이 필요하다. 특히 매수시점을 결정함에 있어서는 시장 상황을 분석하는 것이 중요한데, 입주를 준비하고 있는 실수요자들에 더하여 투자대상 물건을 찾는 투자자들까지 맞물리게 되면 실수요자의 내 집 마련은 더욱 힘들어질 수 있기 때문이다. 이는 예전처럼 묻지마 투자가 통하지 않는다는 이야기가 되기도 하나, 반대로 실수요자의 입장에서는 매수시점 결정이 점점 어려워지고 있다는 이야기가 된다. 이는 그간 정부의 부동산 규제정책에도 불구하고 부동산 가격이 상승하는 것을 경험한 적이 있는 실수요자들이 매수시점을 결정함에 있어 서두르게 할 수도 있고, 심지어는 내 집 마련을 포기하게끔 만들기도 한다. 그러나 내 집을 마련하는 왕도는 없다. 시장상황을 주목하되 서두르지 말고 본인의 계획에 따라 차분히 결정하는 것이 중요하다.

거주 목적의 아파트 마련은 물론이거니와 부동산 투자에는 여러 가지 변수가 있으므로, 우선 장기적인 안목에서 계획을 세워야 할 것이다. 자신이 가지고 있는 여유자금의 정도와 고정수익 및 부가수익, 본인의 소득과 신용도를 고려한 대출 가능성, 그리고 본인이 누릴 수 있는 각종 정부 혜택을 모두 고려해서 거시적인 접근을 해야 한다. 실제로 오랜 경험을 통해서 만난 투자자들은 모두 제각기 다른 경제적 수준과 환경에 직면하여 있었다. 그러나 단순히 여유자금의 정도나 소득이 부동산 투자에 성공하는 충분조건이 되지는 못한다는 것을 누누이 확인할 수 있었다. 비록 조금 좋지 않은 경제적 여건에 처해 있더라도 미리미리 청약제도를 확인하는 등으로 분석하고 준비한다면, 충분히 내 집 마련에 성공하고 더 나아가서 장래의 수익까지 기대해 볼 수 있다.

두 마리 토끼를 모두 잡긴 어렵다.

묻지마 투자가 횡행했던 지난 시절에는 일단 분양만 받으면 실수요를 해결하면서도 장래 수익까지 바라볼 수 있었다. 따라서 여윳돈이 생기면 무조건 부동산에 투자하거나, 자신이 가진 경제력에 비해 과도한 수준의 아파트를 매입하는 것도 가능했다. 하지만 이제는 주거와 투자, 두 마리 토끼를 동시에 잡을 수 있는 기회는 많지 않다는 것을 명심해야 한다. 앞서 언급한 투자자의 사례에서도 볼 수 있듯이, 두 가지 조건을 모두 만족시키는 물건은 찾기 어렵다.

공격적인 투자를 통해서 많은 수익을 올린 경험이 있었던 투자자의 사례를 소개해보겠다. 서울시에 거주하는 40대 주부였는데, 한동안 경기도 외곽의 아파트 위주로 투자를 진행하였고 초기에는 제법 많은 이득을 보았다. 하지만 거주 목적이 아니다보니 지나치게 수익만 좇는 투자로 점점

변질되었고, 결국 여러 채의 아파트를 임차인도 구하지 못하고 비워두는 상황이 되고 말았다. 당장 수익이 나지 않는 것은 물론이거니와, 대출을 활용하여 투자를 한 경우에는 금융비용 역시 만만치 않게 발생하기 때문에 이러한 투자가 성공하는 시대는 지났다고 할 수 있다. 특히 향후 저금리 시대가 저물 것이 확실시되기 때문에 앞으로는 더욱 조심해야 한다. 새롭게 살 집을 구하는 실수요자들에게도 이 같은 조언이 필요하다고 생각한다. 물론 수도권 2기 신도시를 중심으로 서울 도심에의 접근성이 향상될 것으로 기대되는 지역이 있고, 이들 지역의 경우에는 비교적 합리적인 가격대로 주거수요와 장래 수익을 모두 기대할 수 있기는 하다. 하지만 대부분의 경우에는 당장의 수요와 장래의 수익 중 무엇에 비중을 더 둘 것인지 명확히 결정해야 한다. 과한 욕심을 부린다고 성공하는 것이 아니기 때문이다. 따라서 실수요자들에게는 통근거리 및 주변 거주환경을 비롯한 수요의 측면을 보다 우선하는 것도 합리적인 결정이 될 수 있음을 조언해 주고 싶다.

선택과 집중이 필요하다.

당장 인터넷을 돌아다니거나, 주변에 잠깐만 다녀보면 수많은 부동산 정보를 만날 수 있다. 그 중에는 물론 도움이 되는 정보가 많은 것도 사실이다. 하지만 대중없이 아무런 정보나 접하는 것은 올바른 부동산 투자에 아무런 도움이 되지 않는다는 것 또한 분명하다. 주식이나 채권, 외환시장이나 좀 더 가까이는 가상화폐 시장에 이르기까지 정말로 돈이 되는 고급 정보는 쉽게 얻을 수 없기 마련이다. 쉽게 얻은 정보는 그만큼 질도 낮을 수밖에 없다.

　따라서 본인이 살만한 집을 구함에 있어서는 착실하게 준비하되 선택과 집중의 전략이 동반되어야 할 것이다. 인터넷에서 많은 정보를 얻을 수 있기는 하지만, 역시 가장 도움이 되는 것은 발로 뛰는 것이라고 충고하고 싶다. 우선 본인의 직장 및 현재 주거위치 등을 고려하여 잠재적인 투자 후보군을 설정한 뒤, 해당 지역들에 대한 경제 신문 기사들을 접하는 것이 필요하다. 이러한 정보들을 통해서 거시적인 전략을 세웠다면, 실제로 현장에 나가보고 현지 부동산 등에 방문해 보는 것도 좋은 방법이다. 특히나 실제로 해당 지역에 가서 교통 및 생활 여건을 직접 확인하는 것은 몇 번이고 강조해도 지나치지 않다. 역세권과 얼마나 떨어져있는지, 지하철 이외에 버스 노선 등 대중교통 환경은 어떠한지는 직접 부딪혀보지 않고는 확인하기 어려운 부분이다. 실제로 살만한 집을 구함에 있어서 그 정도 시간 투자는 오히려 당연한 것이다.

3. 어떤 아파트가 좋은 아파트인가?

어떤 지역의 아파트를 구입할 것인지 결정하였다면, 이제 보다 구체적으로 해당 지역에서도 어떤 아파트를 선택해야하는지 정할 차례이다. 상기한 것과 같이 같은 지역의 아파트라고 하더라도 생활환경은 천차만별로 달라질 수 있고, 이는 당장 주거여건에 큰 영향을 미칠 수 있다. 그리고 장기적으로 장래의 수익성에는 더 큰 요인으로 작용하게 된다. 따라서 지역과 주거 환경, 자금 규모 등을 따져 적당한 아파트를 골랐다고 해도 옥석을 가리는 작업은 여전히 계속되어야 한다.

같은 아파트, 같은 면적이라도 층과 동을 결정해야하고, 선택권이 존재한다면 발코니 확장 여부 등 아파트의 주거조건 역시 고려해야 한다. 물론 개인의 성향에 따라 의사결정이 다를 수 있는 부분이며, 상식적으로 생각해 볼 수 있는 문제이기도 하지만 여전히 미리 알고 접근한다면 큰 도움이 될 것이다.

어떤 층이 로얄층인가?

아파트는 기본적으로 주거를 목적으로 하는 주택이다. 특히 아파트는 여러 세대가 결합된 5층 이상의 공동주택을 의미하고 있다. 같은 아파트라고 하더라도 그 규모에 따라서 소규모 아파트도 있지만, 천 세대 이상의 대단지 아파트까지 그 종류는 매우 다양하다. 또한 동일한 아파트 단지 내에서도 동, 층, 향, 라인 등의 입지 조건에 따라 사람들의 선호와 매매 가격은 천차만별로 달라진다.

아파트의 층은 이러한 여러 가지 조건 중에서도 비교적 오래전부터 중요시 되어왔다. 따라서 같은 아파트 단지 내에서도 가장 먼저 수요와 매매 가격 결정에 직결되는 요인이 바로 아파트의 층이라고 할 수 있다. 이는 아파트의 층이 아파트의 선호도와 가치를 결정하는 가장 기본적인 요소이기 때문인데, 어떤 층의 아파트인가에 따라 거주요건과 만족도가 극명히 갈릴 수 있는 것이다.

물론 어떤 층이 좋은 층, 곧 로얄층인지는 개인적인 선호와 취향에 따라 달라질 수 있는 문제이기는 하다. 아이들을 키우는 가정의 경우, 자유로운 놀이 활동과 아동의 안전에 대한 고려로 저층을 선호하는 사례가 있다. 또한 건강에 민감한 고객의 경우에는 지나치게 높은 탑층을 꺼려하는 사례도 많이 접해 보았다. 하지만 이 같은 개인적인 취향의 문제를 넘어서서 일반적으로 고려하면 저층이나 꼭대기인 탑층보다는 중간 로얄층이 아무래도 유리한 생활환경을 갖추고 있는 것이 사실이다. 저층은 습기가 차는 경우가 발생할 수 있고, 일조량도 부족하다. 또한 일부의 경우에는 하수도의 역류현상이 종종 발생하기도 한다. 더불어 지면과 가깝기 때문에 사생활이 침해될 우려가 있다는 점도 고려대상이다. 물론 최근에는 특히 1층 아파트의 경우에 발코니 전면부에 전용 테라스나 개인정원을 제공하는 아파트가 늘고 있다. 따라서 본인의 생활패턴이나 선호도에 따라서는 저층 역시 충분한 장점을 갖고 있는 경우도 있다. 하지만 기본적으로 사람들이 여전히 저층을 선호하지 않는 경향이 있기 때문에, 특히나 투자목적으로 아파트를 구매하는 경우에는 저층은 피하는 편이 안전하다고 할 수 있다.

아파트 층수별 입찰 경쟁률
(2014년, 전국 소재 15층 이하 아파트 기준)

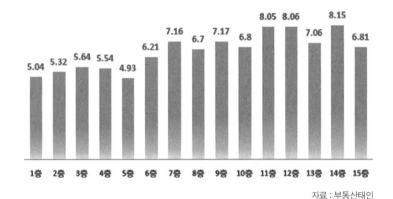

자료 : 부동산태인

한편 탑층은 어떠한가? 탑층은 일조권이나 조망권의 측면에서 다른 층보다 우위를 가진다. 그렇기에 해외에서도 펜트하우스 등의 형태로 비싸게 거래되는 사례가 적지 않다. 하지만 대한민국의 아파트 건축물에서는 상부 구조가 그리 두텁게 건축되지 않은 경우가 대부분이기 때문에 탑층은 여름철에는 덥고 겨울철에는 추운 환경이 만들어질 수 있다. 더불어 결로현상이 자주 나타난다는 점도 고려해야 하며, 최근에는 아파트 단지 내 승강기의 성능도 상향되는 추세이기는 하나 여러 가지 안전문제를 생각하면 아동이나 노약자 층에게는 불리한 점이 있다. 이 때문에 최근에는 탑층에도 높은 천장 높이를 제공하거나 별도의 다락방을 제공하는 아파트가 늘고 있다. 하지만 역시 이러한 조건을 고려하더라도 꼭대기 층 역시 안전한 선택이라고 하기는 어려울 것이다.

결국 사람들이 선호하는 아파트의 로얄층은 '중간보다 높은 층'이라고 할 수 있겠다. 특히 초고층 아파트를 중심으로 해서는 탑층을 제외하고는 층이 높을수록 로얄층 대접을 받고 있다. 일조권과 조망권의 측면에서 로얄층은 우위에 있으며 통풍이나 환기의 문제에서도 보다 자유로운 편이다. 이러한 로얄층의 경우, 매매가격이 높게 형성되기는 하나 그만큼 선호도가 높고 수요가 많기 때문에 매각 시에도 계약을 쉽게 체결할 수 있고 매매 타이밍을 선택하기에도 유리하다. 특히나 분양권 전매를 목적으로 하는 투자자의 입장에서는 투자목적이 가장 우선시 되어야하기 때문에, 향후 아파트의 가치와 선호도의 측면에서 로얄층 여부는 더욱 중요하게 생각할 요소이다.

하지만 실거주가 목적인 실수요자의 입장에서는 군이 로얄층을 고집하지 않는 것도 좋은 선택이 될 수 있다. 물론 매각 시점에 있어서의 가격대나 수요의 측면에서는 로얄층이 가지는 장점이 분명하기는 하나, 특히 저층의 경우에는 고유의 장점도 존재한다. 언급한 것처럼 층간 소음으로 인한 이웃 간 다툼이 갈수록 심해지는 가운데 한창 뛰어 놀만한 어린 자녀들이 있는 가정은 층간 소음에서 자유로운 1층을 선호한다. 군이 승강기를 기다릴 필요가 없다는 점도 큰 장점으로, 이는 등교나 출근을 하는 바쁜 아침시간에 특히나 유효하다. 일상적으로 자주 처리할 수밖에 없는 음식물 쓰레기나 분리수거를 하는 경우에도 이는 마찬가지다. 더불어 최근 신축되는 아파트들은 주차장을 지하화 하는 경우가 많고 지상을 차 없는 단지로 조성하는 사례가 많은 만큼, 넓은 녹지공간과 맞닿아 있다는 것 역시 저층이 갖고 있는 장점이다.

따라서 수요자로서의 로얄층의 개념을 우선 정확하게 숙지하고, 해당 아파트의 여러 가지 조건들을 고려하여 일반적인 로얄층의 사례로 접근할 수 있는지를 따져보아야 한다. 아파트 별로 환경은 언제나 달라질 수 있기 때문이다. 그리고 무엇보다도 자신의 구입목적에 따라서 자신에게 알맞은 층을 선택하는 것이 중요하다.

남향 여부를 직접 확인해라

아파트의 향은 일조량과 밀접한 관련을 맺고 있기 때문에 매우 중요하다. 일조량은 전력소비량 및 난방비와도 직결되는 요소로서 과거부터 중시되어 왔으며, 가장 선호되는 것은 역시 남향이다.

과거에 많이 건축되었던 판상형 아파트의 경우에는 대부분의 동이 수요자의 선호도를 따라 남향을 기준으로 지어졌기 때문에, 사실 아파트의 향을 확인하는 것이 그리 중요하지 않을 수도 있었다. 하지만 최근에는 대규모 주상복합 아파트를 비롯하여 소위 타워형 아파트가 다수 건축되는 추세이기 때문에 실제로 아파트의 향을 확인하는 것이 중요해졌다. 타워형 아파트는 판상형 아파트와는 달리 용적률을 효율적으로 사용하여 동간 배치를 하는 문제가 중요하기 때문에 단지 내의 모든 아파트가 남향인 경우는 오히려 드물다. 따라서 남동향, 또는 남서향의 아파트가 많이 나타나고 있으며, 더러 동향인 경우도 찾아볼 수 있다. 남동향의 경우에는 오전에 일조량이 많은 편이고 남서향은 오후에 일조량이 많은 편이다. 두 가지 경우에 있어서 절대적인 일조량은 크게 차이가 나지 않으므로 개인의 취향이나 생활패턴에 따라서 결정하면 충분할 것이다.

　다만 아파트가 동향이거나 혹은 북향인 경우에는 절대적인 일조량이 매우 부족한 경우도 발생한다. 또한 비록 남향 등 적절한 향을 취하고 있다고 하더라도 아파트 주변 건물의 배치라든지, 아파트의 주위 환경에 따라서 일조량은 극심하게 달라질 수 있다. 따라서 단순히 제공되는 설계도나 조감도에 의지하여 결정하기 보다는 직접 방문하여 정확한 향과 일조량의 정도를 꼼꼼히 확인하는 것이 중요하다. 또한 일조량은 하루 중에도 시간대별로 차이를 보이므로 여러 시간대에 걸쳐서 일조량을 확인하는 것 역시도 필요한 작업이다. 자신이 입주할 아파트의 일조량은 입주 이후의 생활환경의 측면뿐만 아니라, 향후 아파트의 잠재가치를 통해 매각을 시도할 때도 매우 중요한 문제이므로 몇 번이고 확인해서 정확하게 파악하는 것이 중요한 것이다.

넓은 전면 베란다, 발코니 확장은 좋은 아파트의 필수 조건

　최근 타워형 아파트가 큰 인기를 끌고 있다는 점은 앞서 밝힌 바와 같다. 하지만 타워형 아파트가 가진 단점이 뚜렷이 드러나면서, 판상형 아파트의 인기도 여전히 유지되고 있다. 무엇보다 타워형 아파트는 매우 고층으로 지어지는 경우가 많기 때문에 최근 불거진 몇몇 주상복합 아파트의 화재사건들에서도 드러나듯 안전사고의 발생 문제에 있어서 취약할 수 있다. 또한 환기와 통풍의 문제에서도 그리 자유롭지 못하다. 타워형 아파트는 구조적인 문제로 인해서 아파트의 전면과 후면에서 맞바람이 불지 못하는 경우가 많기 때문에, 환기와 통풍이 잘 되지 않고 따라서 답답함을 호소하는 일이 잦다. 특히나 어린 자녀를 두고 있는 경우에는 간과하기 어려운 문제이다.

판상형 구조의 4Bay 아파트 평면도

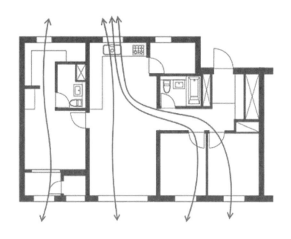

따라서 전통적인 형태의 판상형 아파트나 판상형 아파트와 유사한 평면도를 가진 아파트가 재조명되고 있는 현실이다. 판상형 아파트는 전면 베란다의 존재로 인해 환기와 통풍에서 유리하며, 때문에 먼지나 곰팡이 등 유해한 환경이 조성되는 경우도 비교적 적다. 때문에 쾌적한 주거환경을 우선적으로 고려해야 하는 실수요자들의 경우에는 이러한 아파트를 선택하는 것도 좋은 방법이다. 더불어 판상형 아파트가 가지는 이러한 생활편의성은 결국 넓은 전면 베란다에 의해 좌우되기 때문에, 최대한 많은 거실과 방이 전면 베란다에 접하고 있는 아파트가 좋은 생활환경을 가진 아파트라고 할 수 있다.

한편 최근에는 청약단계에서 이미 여러 가지의 유상·무상의 옵션을 선택하도록 하는 아파트가 많다. 특히 발코니 확장과 다용도실 전환의 경우에는 한 번 선택하면 되돌리기 어렵기 때문에 신중히 결정할 필요가 있다.

우선 발코니 확장이란 입주할 아파트에 서비스로 제공되는 발코니의 면적을 거실이나 방의 용도로 전환해 사용하는 것을 말한다. 아파트의 면적을 늘릴 수 있다는 것은 발코니 확장의 가장 큰 장점이다. 다만 발코니를 확장하는 경우 감수해야 할 문제들도 적은 것은 아니다. 먼저 발코니를 확장하지 않은 집에 비해서 냉난방비가 더 들어가는 문제가 발생한다. 발코니가 존재하지 않기 때문에 여름에 햇볕을 직접 받아 그만큼 실내온도가 높고, 반대로 겨울에는 외부와의 급격한 온도 차이로 결로현상에 취약할 수 있다. 말하자면 판상형 아파트가 가지는 쾌적한 생활환경이라는 장점의 상당 부분이 사라질 수 있는 것이다. 또한 장마철에도 창문을 닫아 놓아야 하는 결과 실내 습도가 높아지고, 창고 등 수납의 용도로 쓸 만한 공간이 줄어드는 것 역시도 단점이다.

하지만 이 같은 단점에도 불구하고 발코니 확장은 지난 2006년 합법화된 이래 많은 개선을 거쳤다는 점을 상기해야 한다. 처음부터 확장형 평면 설계로 지어진 아파트의 경우에는 단열 기술이 적용되었으며, 또한 별도의 수납공간을 제공하기 때문에 앞서 언급한 단점들이 많이 보완되었다. 그리고 발코니 확장에 대한 시장의 수요가 여전히 높다는 점이 가장 중요하다. 언급한 바와 같이 발코니의 경우 미리 확장을 하지 않으면, 나중에 별도로 확장공사를 하는 일은 매우 번거롭고 더 나아가서 하자가 발생하는 경우 많은 문제가 발생할 수 있다. 따라서 향후 아파트를 매매하는 경우 리모델링을 계획하는 매수인의 입장에서는 발코니 확장 여부가 매우 중요한 문제인 것이다. 실제로 이 때문에 발코니 확장이 되어있지 않은 아파트의 경우, 매매 시 우선순위에서 밀리는 경우가 많고 매매가격에 있어서도 불이익을 받는 경우가 많다.

따라서 별다른 특이사항이 없다면 신규 아파트 입주에 있어서 발코니 확장은 필수적인 옵션으로 검토해야 할 것이다. 그러나 이와 달리 기존에 지어진 아파트에 입주하는 경우에는 좀 다른 접근이 필요하다. 특히나 건축된 후 오랜 시간이 지난 아파트의 경우, 집주인이 개별적으로 발코니를 확장했다면 구조적으로 안전상의 문제가 발생할 수 있다. 또한 단열재 및 결로 방지를 위한 이중창이 제대로 설치되지 않은 경우도 많기 때문에 이때에는 발코니를 트지 않은 집을 선택하는 것이 더 낫다.

한편 최근에는 신규 아파트뿐만 아니라, 기존 아파트에 입주하는 경우에도 인테리어에 관심을 가지는 사람들이 많기 때문에 아파트의 구조와 내부 역시도 고려해야할 점이다. 이런 조건들에는 앞서 말한 발코니 확장 뿐만 아니라 시스템에어컨이나 빌트인 가전, 붙박이장, 바닥타일 등과 드레스 룸, 다용도실 등이 있을 수 있다. 이는 어디까지나 개인의 선호에 따라 달라질 수 있는 사항이기 때문에, 취향에 따라 고려해도 큰 문제는 없다. 다만 언급해야 할 부분은 신규 아파트 분양 시에 화장실 2개 중 1개를 다용도실로 전환하는 경우이다. 앞서 이야기한 조건들은 입주하여 살다가도 본인의 수요에 따라서 다시금 다른 선택을 할 여지가 있다. 하지만 화장실의 다용도실 전환과 같은 경우에는 발코니 확장처럼 처음부터 선택하지 않으면, 나중에 되돌리기는 매우 어렵기 때문에 보다 신중해야 한다. 다용도실의 경우에는 여타의 수납공간을 마련하거나 별도의 리모델링 등 인테리어 공사를 통해서 추가로 확보하는 것이 가능하지만, 이미 화장실을 다용도실로 전환한 경우에는 이를 다시 되돌리기가 매우 까다롭다. 또한 여전히 많은 수요자들은 화장실이 2개 이상 있는 아파트를 선호하는 경향이 강하기 때문에, 기존의 화장실을 다용도실로 전환하는 것은 가급적 피하는 것이 좋다.

개인의 취향에 따라서 동을 선택하라

자신이 입주할 아파트가 위치한 동의 배치 역시 빼놓을 수 없는 문제이다. 특히나 여러 동으로 이뤄진 대단지 아파트는 동 배치에 따라서 많은 선택지가 있고, 어떠한 결정을 하느냐에 따라서 본인의 주거환경과 아파트의 잠재가치가 달라질 수 있다.

아파트의 동 배치는 크게 가장자리에 위치한 동과 단지 안쪽에 위치한 동으로 나뉜다. 가장자리 동은 주로 길가나 도로변에 접하고 있다. 이 경우에는 지하철역이나 버스정류장 등의 대중교통에의 접근성이 더 나은 경우가 많다. 그리고 상가 등 아파트 단지 내, 혹은 주변에 위치한 편의시설 등을 이용할 때에도 보다 우위에 있다. 탁 트인 전망을 누릴 수 있어 조망권이 뛰어나고 일조권이 문제되는 경우도 비교적 적다는 것 역시 가장자리 동이 가지는 장점이다. 하지만 주변 도로의 규모와 위치, 교통량에 따라서 소음에 시달릴 수 있으며, 이 때문에 여름철에는 더운 날씨에도 불구하고 창문을 열지 못하는 경우도 있다. 특히 아파트 단지 주변에 지하철 지상구간이 지나가는 경우, 낮 시간 뿐만 아니라 새벽과 심야 시간에도 소음이 심하게 발생하는 일이 많기에 주의가 필요하다. 또한 먼지가 많이 발생하여 건강 상 문제가 발생할 여지가 있어 잦은 청소가 필요하다는 것도 단점이 될 수 있다.

한편 단지 안쪽에 있는 동은 조용한 정숙성이 최대의 장점이다. 또한 아파트 단지 주변의 도로나 기타 시설과 떨어져 있기 때문에 보다 쾌적한 생활환경을 누릴 수 있다. 하지만 앞 동에 가려서 답답한 경우가 있고 조망이나 일조량의 측면에서 단점을 감수해야 한다. 특히 단지 안쪽에 위치한 동의 저층세대는 채광이 좋지 않은 경우가 많기 때문에 주의해야 한다. 그리고 위치에 따라서는 주변 대중교통이나 편의시설과 지나치게 거리가 멀리 떨어져 있는 동도 있기 때문에, 이것 역시 직접 현장답사를 하여 확인하는 것이 필요하다.

이러한 아파트 단지 내 동의 배치 역시도 어디까지나 일반론에 불과한 사항이다. 따라서 본인의 취향과 생활패턴에 따라서 무엇이 더 우선시 되는지를 고려하여 결정하는 것이 무엇보다 중요하다. 대중교통을 많이 이용하거나 편의시설 접근성을 중요시하는 경우, 가장자리 동을 선택하는 것이 보다 바람직할 수 있다. 이와는 달리 자가용을 이용해서 출퇴근하며 정숙하고 쾌적한 생활환경을 중시하는 경우에는 단지 안쪽의 동이 보다 좋은 선택일 것이다. 하지만 경우에 따라서는 한강변 등 조망이 그 무엇보다 큰 가치를 갖는 아파트의 경우도 많기 때문에, 꼼꼼한 현장답사의 중요성을 다시 한 번 강조하고 싶다.

4. 아파트 투자 실전 전략

청약, 어떻게 접근할까?

후분양이 대세인 해외 사례와는 달리 우리나라는 선분양제도가 시행되고 있다. 이는 보통 전체 분양가의 10% 정도를 계약금으로 우선 지급하고, 일정한 기간 동안 중도금을 차례로 낸 뒤에 완공이 되면 잔금을 내는 식으로 운영된다. 이러한 선분양제도는 건설사에게 유리한 측면이 많고 투자자는 실제 물건을 직접 확인하지 못한 채 계약을 진행하기 때문에 꾸준히 개선에 대한 논의가 있는 형편이다. 하지만 10% 정도의 계약금만으로 완공 예정인 아파트에 대한 권리를 행사할 수 있기 때문에, 투자자들도 전략적으로 접근이 가능하다.

청약을 위해서는 먼저 청약통장을 준비한 뒤, 금융결제원의 주택 청약 서비스를 통해 청약을 하면 된다. 우선 청약통장은 현재 공공주택과 민영 주택을 공급받을 수 있는 주택청약종합저축 가입이 가능하며, 가입 후 서울과 수도권 지역은 1년, 지방의 경우에는 6개월이 지나면 1순위의 혜택을 받을 수 있다. 한편 청약통장의 경우, 이미 주택을 보유하고 있는 사람도 추첨제 물량분에 대해서는 여전히 청약을 할 수 있기 때문에 특별한 사정이 없는 한 청약통장을 계속 유지하는 것이 좋고, 1인 1주택 요건에 해당하는 경우 민영주택에 대해서는 부부 동시 청약도 가능하므로 부부가 함께 청약통장을 가입하는 것이 좋은 방법이다.

사실 청약은 가장 기초적인 아파트 마련 방법이기는 하지만 아파트 투자에 있어서 가장 어려운 부분이다. 기본적으로 경쟁률이 매우 높게 형성되기 때문이다. 특히나 인기지역의 경우 경쟁률은 더욱 더 치열하다. 따라서 실수요 목적으로 아파트를 구입하는 경우에는 단계적으로 청약 전략을 짜는 것이 좋다. 여러 가지 후보군을 정해 놓고 수요가 많은 곳 위주로 청약을 하는 것이 추천되는 방법이다. 그리고 시장 상황과 자신의 여건을 고려하여 가능한 범위의 금액을 설정한 후 청약을 해야 한다. 물론 인기 지역의 경우에는 분양가가 높게 형성되는 것이 당연하고 보통 그만큼 투자가치가 있는 경우가 많지만, 청약 시장의 분위기가 과열되는 경우 건설사들부터가 분양 물량을 추가적으로 늘리고 분양가도 올리는 경우가 많다는 점을 유의해야 한다. 이런 경우에는 지나친 고분양가로 인하여 추후에 금전적 손해를 볼 수 있으므로 합리적인 판단을 해야 한다.

청약가점제, 어떻게 접근할 것인가?

주택공급에 관한 규칙 별표2

가점항목	가점상한	가점구분	점수	가점구분	점수
①무주택기간	32	만30세 미만 미혼인 무주택자	0	8년 이상 ~ 9년 미만	18
		1년 미만	2	9년 이상 ~ 10년 미만	20
		1년 이상 ~ 2년 미만	4	10년 이상 ~ 11년 미만	22
		2년 이상 ~ 3년 미만	6	11년 이상 ~ 12년 미만	24
		3년 이상 ~ 4년 미만	8	12년 이상 ~ 13년 미만	26
		4년 이상 ~ 5년 미만	10	13년 이상 ~ 14년 미만	28
		5년 이상 ~ 6년 미만	12	14년 이상 ~ 15년 미만	30
		6년 이상 ~ 7년 미만	14	15년 이상	32
		7년 이상 ~ 8년 미만	16		

②부양가족수	35	0명	5	4명	25
		1명	10	5명	30
		2명	15	6명 이상	35
		3명	20		
③입주자저축 가입기간	17	6개월 미만	1	8년 이상 ~ 9년 미만	10
		6개월 이상 ~ 1년 미만	2	9년 이상 ~ 10년 미만	11
		1년 이상 ~ 2년 미만	3	10년 이상 ~ 11년 미만	12
		2년 이상 ~ 3년 미만	4	11년 이상 ~ 12년 미만	13
		3년 이상 ~ 4년 미만	5	12년 이상 ~ 13년 미만	14
		4년 이상 ~ 5년 미만	6	13년 이상 ~ 14년 미만	15
		5년 이상 ~ 6년 미만	7	14년 이상 ~ 15년 미만	16
		6년 이상 ~ 7년 미만	8	14년 이상	17
		7년 이상 ~ 8년 미만	9		
계	84	본인청약 가점점수 = ①+②+③			

청약가점제는 2007년 9월부터 시행된 청약제도 중 하나이다. 이에 따르면 같은 1순위 간에 청약여부를 놓고 경쟁이 있을 경우, 일정 비율에 따라서 입주자를 선정하게 된다. 특히 2017년부터 각 자치단체장의 자율로 가점제의 비율을 선택하는 청약가점제가 시행되게 되는데, 다만 청약조정대상지역의 경우에는 자율적인 시행이 유예되고 세대주가 아닌 자와 5년 이내에 다른 주책에 당첨된 자의 세대에 속한 자 및 2주택 이상을 소유한 세대에 속한 자는 1순위 청약이 제한되게 된다.

기존의 추첨제가 철저히 확률에 의존하여 뽑는 방식이었던 것에 비하여 청약가점제 하에서는 무주택기간과 부양가족 수, 청약통장의 가입기간 등으로 가점점수를 산정하고 높은 점수에 따라 입주자를 정하게 되는 것이다. 이러한 가점방식의 산정에서 제외된 사람은 자동으로 추첨제의 대상이 되어 다시금 추첨을 통해서 입주자가 선정된다.

그럼 어떤 사람이 청약가점제를 통해서 우선순위를 부여받게 되는가?

기준을 보면 먼저 무주택기간은 청약통장의 가입자 본인과 그 배우자를 기준으로 하여 만 30세부터 무주택기간이 산정되게 된다. 다만 30세 이전에 혼인한 경우에는 혼인신고일로부터 무주택기간을 산정하게 되며, 입주자 모집공고일을 기준으로 주민등록상에 등재된 세대원 전원이 무주택 조건을 충족시켜야 한다. 그러나 전용면적이 60㎡ 이하이고 공시가격이 수도권의 경우에는 1억 3천만 원, 비수도권의 경우에는 8천만 원 이하인 소형주택의 경우에는 청약 시에 무주택으로 간주된다.

한편 부양가족의 기준을 보면, 입주자 모집공고일을 기준으로 하여 청약통장 가입자의 세대별 주민등록상 기재된 세대원이 그 대상이 된다. 먼저 배우자의 부모와 미혼자녀, 부모가 사망한 손자녀 등도 주민등록에 기재된 경우 인정을 받는다. 또한 주민등록이 분리된 배우자와 그 배우자와 같은 주소로 된 자녀 역시 부양가족으로 인정된다. 다만 부모와 같은 직계존속은 입주자 모집일을 기준으로 3년 이상 계속해서 주민등록에 기재되어 있어야 하며, 자녀와 같은 직계비속의 경우에는 1년 이상 기재되어 있어야 한다.

청약통장의 가입기간도 입주자 모집공고일이 그 기준이 되며, 이 때 청약통장의 종류 및 금액, 명의변경 등이 있었던 경우에도 최초 청약통장 가입일이 기준이 된다.

이러한 청약가점제를 잘 활용하여 2018년 이후의 분양시장을 공략해야할 것이다. 특히나 1분기를 기점으로 하여 대규모의 분양 물량이 공급되는 만큼 정확한 전략을 세우는 것이 중요하다. 향후 분양 물량이 많은 만큼 투자자들의 선택 폭은 넓어지는 반면, 경쟁은 분산되는 효과가 발생하므로 당첨 확률을 높일 수 있는 좋은 기회가 될 수 있다. 다만 여기에서도 지역별 시장상황은 고려해야 할 요소이다. 서울 및 수도권 지역은 잇따른 규제에도 불구하고 청약 열기가 이어지는 반면, 지방에서는 침체 분위기가 계속될 전망이고 이러한 시장상황이 향후 분양물량의 공급량에도 반영될 것이다. 또한 최근 분양권시장에 대한 규제가 강화되면서 서울 및 세종시 등의 인기 지역은 입주 때까지 전매가 금지되는 만큼 장기적인 시각으로 접근하는 자세가 필요하다.

그리고 청약가점제 하에서 청약 당첨을 위해서는 가점 관리가 필수적으로 선행되어야 한다. 특히 8·2 부동산 대책을 통해 청약가점제가 확대됐기 때문에 장기적인 관점에서 가점관리를 해야 할 것이다. 앞서 언급한 무주택기간과 부양가족 및 청약통장 가입기간을 통하여 청약가점이 결정되게 되며 84점이 만점이다. 그리고 이러한 조건들 중에서도 부양가

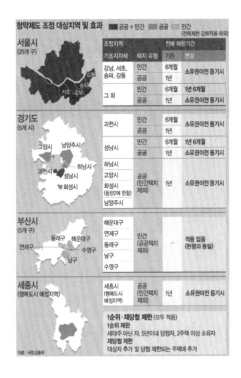

족(35점), 무주택 기간(32점), 청약통장 가입 기간(17점) 순으로 비중이 높다는 점을 고려해야 한다. 부양가족과 무주택 기간의 경우 인위적인 관리가 조금 어려울 수도 있지만, 적어도 청약통장에 발 빠르게 가입하거나 잘

유지하여 청약통장 가입 기간에서 만큼은 높은 가점을 확보해야 할 것이다. 또한 규제대상지역에 따라서, 또한 전용면적에 따라서 청약가점제의 적용비율이 달라진다는 점도 놓쳐서는 안 된다.

20대나 30대 청년층의 경우에는 청약가점제로 인해 인기 단지에 당첨될 확률이 이전보다 크게 낮아진 것이 사실이다. 부양가족이 적고 무주택 기간이 짧을 수밖에 없기 때문이다. 따라서 이러한 사람들의 경우 특별공급을 잘 활용해야 할 것이다. 그리고 더불어 부양가족 기준을 활용하여 부모가 무주택자인 경우 합가하여 부양가족을 늘리는 반면, 부모가 유주택자인 경우에는 독립가구주로 떨어지는 등 합가와 분가를 적절하게 활용하는 것 역시도 청약가점에 대비하는 방법이 된다.

한편 청약가점제를 통해 가장 큰 기회를 부여받을 수 있는 청약가점이 높은 무주택자의 경우에는 적극적인 투자가 요구되는 시점이다. 따라서 원하는 단지에 공격적으로 청약을 신청해 청약가점제의 기회를 잘 활용하는 것도 추천할 수 있다. 청약가점제의 시행과 더불어 1순위 자격 요건이 강화되었을 뿐만 아니라 분양권 전매 제한과 대출 규제 등으로 투기수요가 대폭 줄어든 상황이다. 또한 청약가점제의 확대 시행으로 인하여 전용면적이 85㎡ 이하인 아파트의 경우에는 100% 청약가점제가 적용된다. 따라서 그 어느 때보다도 당첨 확률이 높은 만큼 서울 및 수도권 인기 단지에 청약을 할 만한 가치가 있다.

하지만 지난 해 일련의 부동산 정책을 통하여 중도금 대출 등 집단대출이 어려워지면서 자금마련 방법이 까다로워졌다는 점은 유의해야할 부분이다. 앞으로는 주택을 구매할 때 대출을 받음에 있어서 개인의 신용도와 자금 능력이 더욱 중요해졌기 때문이다. 당장 자금여력이 부족해도 계약금 10%만 있으면 큰 무리가 없었던 과거와는 달리, 분양권 전매 제한이 강화됨에 따라서 올해부터는 신규 분양 아파트의 중도금 대출을 잔금 대출로 전환할 때 소득심사가 필수적으로 요구된다. 또한 대출 상환 방법에 있어서도 원금과 이자를 동시에 상환해야하기 때문에 청약가점기준을 잘 분석하여 적극적으로 청약에 도전하되, 자금마련에 있어서는 보다 보수적인 접근이 필요할 것이다.

분양권 투자, 지금은 몸을 사려야 할 때

   분양권은 주택청약통장 가입자를 대상으로 우선 공급하는 신규 아파트의 입주권을 의미한다. 이 같은 분양권을 기초로 한 분양권 투자는 꾸준히 각광받아 온 것이 사실이다. 신규 주택에 대한 분양권이라는 형태의 입주권을 권리의 형태로 명의변경 하여 제3자에게 넘김으로써 큰 차익을 기대할 수 있었기 때문이다. 분양가의 고작 10% 정도에 해당하는 계약금을 내고, 중도금 대출을 받으면 잔금 지급 때까지 아파트에 대한 권리인 분양권을 가질 수 있다. 이러한 상태에서 시세차익, 소위 프리미엄이 붙으면 단지 10% 정도의 계약금만으로 분양가 전체에 대한 투자 수익을 올릴 수 있기 때문에 투자대비 효율은 엄청난 것이 사실이다. 하지만 전체 주택시장의 관점에서는 실제의 신규 주택공급물량이 실제로 아파트를 필요로 하는 실수요자들에게 돌아가지 못하고 단기 투자수익을 노리는 수요에 잠식되고 말기 때문에 부정적인 영향도 크다. 때문에 정부 차원에서도 분양권에 대해서는 지속적으로 규제의 칼날을 들이미는 것이다. 그렇지만 분양권 투자는 앞서 본 것처럼 적은 투자로 큰 수익을 기대할 수 있는 거의 유일한 부동산 상품이기 때문에 매력적으로 보이는 것은 부정할 수 없다. 그렇다면 앞으로 분양권 투자는 하는 것이 바람직할까?

물론 여기서도 상품의 위치나 주변 환경, 시장상황을 고려해야 하겠지만 향후 몇 년간 기존과 같은 형태의 분양권 투자는 가급적 지양하는 것이 좋다고 생각한다. 분양권 투자를 진행하기에는 여러 가지 위험요인이 너무 많이 발생했기 때문이다. 분양권 투자가 투자로서 수익을 창출하기 위해서는, 본인이 취득한 분양권을 프리미엄을 받고 팔 수 있어야 한다. 하지만 적절한 시기에 매각이 되지 않고 분양권을 갖고 있어야 한다면, 이미 지급한 10%의 계약금 이외에 중도금과 잔금까지 고스란히 떠안아야 할 수도 있다. 실수요 목적의 분양권 매입이었다면 본인이 중도금과 잔금을 부담하고 입주를 하면 그만이지만 투자 목적의 분양권 매입이라면 자금마련 방법이 확실히 보이지 않는 상황에서 원치 않는 아파트를 지고 가야하는 것이다. 금융비용은 눈덩이처럼 불어나기 마련이고, 전세로 돌리는 것도 여의치 않은 상황이 발생하면 분양가 시세보다도 낮은 가격으로 매도를 해야 하기 때문에 큰 손해를 볼 수 있는 구조이다.

이러한 분양권 투자의 구조적인 위험성에 더하여 정부의 규제는 갈수록 심해지고 있다. 정부는 분양권 투자를 특히나 단기 투기수요가 많이 유입되는 시장으로 판단하고 있기 때문에 분양권 전매 제한을 꾸준히 확대하고 있으며, 이러한 기조는 문재인 정부 하에서 더욱 더 가속화될 것으로 생각된다. 앞으로 가격이 오를만한, 즉 프리미엄이 붙을 만한 아파트는 분양권 전매 제한이라는 규제에서 자유로울 수 없으며, 규제가 적용되지 않는 지역의 아파트는 시장성이 떨어져 큰 수익을 기대하기 어렵다. 결과적으로 진퇴양난의 상황에 놓이게 된 분양권 전매 시장이다.

구체적인 문재인 정부의 분양권 전매 제한 정책은 8.2 부동산대책의 후속 조치를 통해 지난해 11월부터 본격화되었다. 이로써 수년간 호황을 보여 왔던 분양시장에도 큰 변화가 나타나고 말았다. 분양권에 대한 단기 투자가 사실상 불가능해지면서 투자자들이 시장에서 이탈하였으며, 아파트를 분양받으려는 실수요자 입장에서도 소유권 이전시기까지 기다려야 하는 등으로 부담이 늘어났기 때문이다.

하지만 언제나 그랬듯 예외는 존재한다. 지금과 같은 분양권 전매 제한 제도 하에서도 합법적으로 분양권을 전매할 방법은 있다. 주택법 시행령에 따른 예외 조항에 해당되는 경우 그러한데, 세대원 전원이 생업, 질병치료, 취학, 결혼의 사유로 다른 지역으로 이사하는 경우에는 분양권 전매가 가능하도록 하고 있다. 그러나 이 경우에도 수도권으로 이사하는 경우는 제외된다. 그리고 해외로 이주하거나, 2년 이상 해외에 체류하는 경우도 분양권 전매가 가능하다. 또 이혼으로 인해 분양권을 배우자에게 이전하는 경우도 예외적으로 전매가 인정된다. 더하여 배우자에게 분양권 일부를 증여하는 경우에도 분양권 전매가 허용되는데, 이는 곧 부부 공동명의가 가능하다는 것으로서, 중도금 대출이 불안한 경우 부부 공동명의로 변경한 후 중도금 대출을 신청할 수 있다.

이처럼 분양권 투자를 둘러싼 여러 가지 시장 상황은 제도적인 규제와 더불어 매우 차가운 현실이다. 기껏 손에 넣은 분양권을 매수해 줄 실수요자나, 단기 투자자 모두 몸을 사릴 수밖에 없는 상황인 것이다. 따라서 만약 실수요자가 아닌 경우에는 최악의 경우 잔금까지 치르고 본인이 그 집에 입주하거나 임대를 줄 생각이 아니라면 분양권 투자는 다시 한 번 생각해 보는 것이 좋다. 더구나 올해부터는 전국적으로 유례없이 많은 신규 아파트 물량이 공급된다는 점도 고려해야 한다. 이 같은 공급과잉의 현실에서 투자 목적만 노리고 분양권 시장에 들어서는 것은 위험할 수 있다.

그렇다고 해서 분양권 투자에도 전혀 출구가 없는 것은 아니다. 다만 이전 보다는 많은 사항들을 유의해야 한다는 것이다. 먼저 좋은 상품을 대상으로 분양권 투자를 해야 하며, 자금 계획을 보다 철저하게 마련해 두는 것이 필요하다. 단기 투자 목적의 분양권 전매는 굉장히 어려워진 형편이지만, 좋은 물건이라면 언제든지 시장에 수요는 있기 마련이다. 따라서 우선적으로 프리미엄을 받고 분양권을 팔 수 있을만한 아파트를 대상으로 투자를 해야 한다. 투자자나 실수요자들이 관심을 가질만한 입지는 한정되어 있다. 따라서 서울 강남권을 중심으로 하여 최근 주목 받고 있는 마포구, 성동구, 용산구 등 한강 주변 아파트의 경우는 해볼 만한 시도가 될수 있다. 더불어 서울과의 접근성이 갈수록 나아지고 있는 경기도 남부의 신도시들인 판교나 수지, 광교 등도 생각해 볼 수 있다.

하지만 시장 상황 자체가 유리하지는 않기 때문에 여전히 지나치게 많은 투자금액을 분양권 투자에 투입하는 것은 안정적이지 않을 것이다. 투하된 자본이 적어야지만 내가 갖고 있는 분양권에 대한 수요층이 될 수 있는 투자자의 범위가 넓어질 것이고, 높은 프리미엄을 받을 수 있으며, 매도 타이밍을 잡는데도 유리하다. 그렇기 때문에 가능하면 중도금 대출을 받는 것이 좋고, 실제로 투자자들도 중도금 대출이 끼어있는 상품에 보다 많은 관심을 보이고 있다.

마찬가지 측면에서 투자금액이 커질 수밖에 없는 중대형 아파트보다는 적은 금액으로도 투자가 가능하고, 시장의 수요도 많은 소형 아파트 쪽이 분양권 투자 대상으로는 적절하다. 또한 분양권 투자는 철저하게 수요를 많이 창출할 수 있는 물건이 우선시되어야 하므로 로얄층 이외에 선호되지 않는 층수의 아파트라거나, 일조량이 좋지 않은 등 매각에 불리한 요소가 있는 물건이라면 과감하게 포기하는 것이 안전한 분양권 투자가 될 것이다.

갭투자, 끝이 보인다.

최근 몇 년간 가용자금이 넉넉하지 않은 투자자들과 젊은 층을 중심으로 갭투자 열풍이 지속되어왔다. 갭투자란 기본적으로 시세차익을 목적으로 주택의 매매 가격과 전세금 간의 차액이 적은 주택을 전세를 끼고 매입하는 투자 방식이다. 예를 들어 매매 가격이 10억 원인 주택의 전세금 시세가 9억 원이라면 전세를 끼고 1억 원만으로 집을 사는 방식이다. 이러한 갭투자는 기존의 전세 계약이 종료되면 전세금을 올리거나 매매 가격이 오른 만큼의 차익을 얻을 수 있어 저금리, 주택 경기 호황을 기반으로 2014년 무렵부터 크게 유행한 바 있다. 하지만 기본적으로 갭투자 역시 수익성이 높은 만큼이나 투자 위험성도 높은 상품이라고 할 수 있다. 부동산 호황기에는 집값 상승을 기대할 수 있기 때문에 이익을 얻을 수 있지만, 주택 시장이 조정기에 접어들면 소위 깡통주택으로 전락해 집을 팔아도 세입자의 전세금을 돌려주지 못하거나 집 매매를 위한 대출금을 갚지 못할 수 있기 때문이다.

이처럼 갭투자는 분양권 투자와 큰 틀에서는 궤를 같이 하는 상품이다. 적은 금액으로 주택에 대한 권리를 취득할 수 있기 때문에 소액의 투자로도 큰 수익률을 기대할 수 있는 반면에, 투자 실패의 경우에는 여러 금융비용 등으로 큰 손해를 볼 수도 있다. 다만 분양권 투자의 경우에는 실수요 목적을 기본으로 하되, 투자 수익을 기대할 수 있는 차선책이 존재함에 비해서, 갭투자는 그야말로 단기 투자목적 이외에는 다른 목적을 기대하기 어렵기 때문에 위험성은 더 크다고 할 수 있다. 그만큼 갭투자가 주택 시장에서 실제 수요와 공급의 균형을 왜곡하는 정도는 심대하고, 자연히 이번 문재인 정부의 부동산 대책에서도 가장 중점을 두고 규제를 하는 영역이 되고 말았다.

더불어 갭투자는 적은 자본으로도 가능한 만큼 대출 가능 여부와 정도에도 큰 영향을 받는 투자 종목이다. 소위 대출을 통한 레버리지 효과를 가장 크게 누리는 부동산 상품이라는 것이다. 하지만 대출규제가 강화되면서 더 이상 이런 효과를 노리기 어렵게 되었고, 한편으로는 갭투자가 성행했던 지역인 서울시 강서구와 노원구가 투기지역으로 지정되면서 시장 상황은 더욱 더 어렵게 흘러가고 있다.

또한 갭투자의 경우에는 투기성이 보다 강한 상품이기 때문에, 한 지역에서 몇 개의 물건만 거래되는 경우도 있지만 투자자들이 일시적으로 몰려 매물이 한꺼번에 빠지는 경우도 있다는 점도 향후 갭투자의 전망을 어둡게 하는 부분이다. 갭투자에 나서는 개인이 여러 채를 동시에 매입하거나 여러 사람이 한꺼번에 물건을 매입하는 사례가 많은 것이다. 이런 경우에는 매매물량이 빠른 속도로 줄어드는 대신 전세물량은 크게 증가한다. 또 갭투자로 거래가 크게 늘면서 매매가격은 단기간에 급등하는 반면, 갭투자를 하면서 내놓은 전세물량 때문에 해당 지역의 전세 가격이 일시적으로 조정에 들어가거나 약세를 보이는 현상이 나타나기도 한다. 이처럼 시장상황에 따라서 급격하게 변하는 특성을 가지고 있기 때문에 갭투자의 안정성은 매우 낮은 것이다. 가령 한 지역에서 갭투자가 일시적으로 늘어날 경우 단기적으로 매매가격은 상승하지만, 갭투자로 인한 이 같은 인위적인 가격 상승 이후 추가적인 호재가 없다면 시간이 지나면 지날수록 매도 타이밍을 두고 고민에 빠질 수밖에 없다. 한편으로 실수요자가 많은 시장이라면 각자의 매매시점과 매도타이밍이 제각기 차이가 나기 마련이지만, 갭투자 목적의 투자가 많이 이뤄진 시장은 결국 시세차익이 목적이기 때문에 매매시점이 빠르고 매도타이밍도 비슷하기 마련이다. 이러한 구조 때문에 매수할 당시 여러 투자자들에 의해 물량이 일시에 감소를 했다면, 이와는 반대로 매도를 할 때에도 매물이 일시에 증가하는 특징을 보이게 된다. 최종적으로는 거래량이 극히 적어지고 갭투자에 나섰던 투자자들의 매물이 적체되게 되면, 가격은 지속적으로 하락하고 더 나아가서는 매수 흐름이 완전히 끊어질 수도 있는 것이다.

서울 아파트 전세가율 (단위: %, 매매가 대비 전세가 비율)

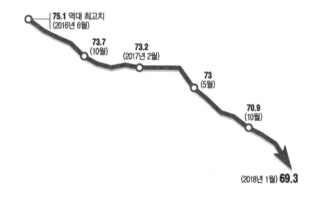

출처: KB국민은행

이처럼 갭투자는 일종의 폭탄 돌리기와 같은 성격을 지니고 있기 때문에, 최근 사회적으로 큰 문제가 되고 있는 가상화폐 논란과도 맞닿아있는 부분이 있다. 주택시장 등 실물경제에 실질적인 수요와 공급의 흐름에 따른 시장이 형성되는 것이 아니라 단순히 단기 투자이익만을 좇은 자금이 유입되기 때문에 변동 폭이 매우 클 뿐 아니라 시장상황에 무척이나 예민하게 반응하게 되는 것이다. 따라서 자금유동성이 큰 투자자라고 할지라도 위험성을 감수해야하는 것이 갭투자임에도 불구하고, 근래에는 자금이 적은 투자자들이 갭투자 시장에 많이 유입되었기 때문에 위험성은 더욱 크다.

올해부터는 많은 수량의 신규 아파트가 새로이 공급된다는 점은 누누이 강조한 바 있다. 이는 갭투자의 필요조건 중 하나인 전세수요가 적어진다는 말과 같다. 더불어 갭투자의 또 다른 선행조건인 대출 역시 금리 인상 기조 및 대출심사 강화로 인하여 까다로워질 것이 확실하다. 때문에 먼저 물건을 매입한 투자자들 역시도 금융비용에 대한 압박으로 인하여 추가로 물건을 내놓을 가능성이 다분하다.

갭투자의 특성상 매매가격과 전세가격이 모두 고공행진을 하는 호조건이 만족되어야 대출을 통한 레버리지 효과를 이용하여 수익을 기대할 수 있다. 그러나 현재는 그러한 갭투자의 전제조건들이 모두 사라져가는 상황이다. 따라서 앞으로 몇 년간 갭투자에 뛰어드는 것은 정말로 말리고 싶다. 금리인상 기조의 완화, 부동산 경기의 엄청난 활황, 또는 최소한 신규 아파트의 공급물량 감소라도 이뤄지는 3년 후 쯤에야 정부의 부동산 정책을 고려하여 갭투자를 다시 생각해보는 것이 상책일 것이다. 실례로 2017년 말 갭투자에 대해서 문의해왔던 20대 젊은 투자자가 있었다. 어느 지역에 갭투자를 하는 것이 좋을지 고민하고 있었는데, 단칼에 갭투자 보다는 차라리 상업용지 입찰을 노리라고 충고해 주었다. 결과는 어떠했을까? 투자자가 알아보던 지역의 갭투자 시장은 거의 전멸하다시피 하고 말았다. 한편 상업용지 입찰에 성공한 그 투자자는 현재 수천만 원의 차익을 실현하고 있는 참이다.

전세 구하기는 쉬워진다.

최근 몇 년간 서울을 비롯한 수도권은 오랫동안 전세난에 시달려왔다. 시기상으로 그러한 현상이 이제는 잠잠해질 때가 되었고, 실제로 서울 강남 지역에서도 아파트 전세가율이 60%대를 보이는 곳이 나타나고 있다. 최근까지 기존의 전세 물량이 월세로 전환되는 현상이 강하게 나타나는 반면, 전세는 물량도 적어서 전세가격이 급속도로 상승해왔던 것이지만, 2017년 서울 강남을 중심으로 아파트 가격이 상당부분 회복되면서 전세가율은 자연스럽게 낮아지고 있다. 매매 가격이 상승함에 따른 당연한 결과이다. 2018년 들어 아파트 매매가격은 전국적으로 차츰 보합세에 들어설 것으로 보이기는 하나 근래 문제시된 만큼 전세난이 가중될 가능성은 적다고 볼 수 있다.

매매가격 상승보다 더 중요한 요인은 입주물량의 증가이다. 2018년 상반기를 기점으로 특히 수요가 많은 서울과 수도권의 신규 아파트 물량이 대폭 늘어나기 때문에 서울 강남권을 중심으로 전세가격은 지속적으로 하락할 것으로 전망된다. 특히나 경기도의 경우, 서울로의 접근성이 뛰어난 광주시, 김포시를 중심으로 평택시, 시흥시, 화성시 등지에 많은 입주

물량이 공급되기 때문에, 서울에 직장을 둔 인구가 이들 지역으로 유입될 가능성이 크다. 따라서 서울을 중심으로 수도권의 전세난은 크게 완화될 것이다.

또한 한편으로 영향을 주는 요소는 갭투자 시장의 붕괴이다. 갭투자에 나서는 사람들의 경우, 필연적으로 전세를 끼고 주택을 매입하기 마련이기 때문에 갭투자가 늘어나는 지역은 월세보다는 전세물량이 늘어나는 것이 보통이다. 특히 서울 노원구나 강서구 지역에서 이러한 경향이 강하게 나타난다. 따라서 이들 지역에서는 전세물량이 비교적 풍부하게 공급되는데, 갭투자 시장이 어려워지면서 전세가율도 정체에 빠진 경우가 많이 보인다. 따라서 노원구, 강서구 등지에서는 보다 부담 없는 가격에 전세를 구할 가능성이 있다. 다만 전세를 구하는 세입자 입장에서는 갭투자 물건이라면 상당히 조심스럽게 접근할 필요성은 있다. 앞에서 언급한 것처럼 갭투자의 특성상 투자금의 여유가 있는 사람보다는 소액 투자자가 대부분이기 때문에 매매가격이 크게 떨어졌을 경우 전세금을 온전히 돌려받지 못할 가능성도 배제할 수 없는 것이다.

따라서 갭투자가 많이 이루어져 최근 전세가율이 많이 하락한 지역을 중심으로 전세를 구하되, 물건의 상태를 꼼꼼히 살펴야 할 것이다. 등기부등본을 확인해서 갭투자가 이뤄진 상품이라면 다시 한 번 고민해볼 필요가 있고, 특히나 전세가율이 90% 이상이라면 다른 물건을 찾아보는 것이 좋다. 만약 어쩔 수 없는 상황이어서 계약을 해야 한다면 전세보증금 보장보험에 가입하는 것도 좋은 방법이다.

5. 고령화 시대의 투자수단, 재건축·재개발 투자요령

재건축·재개발 아파트의 매력 포인트

　현재 아파트 가격의 양극화는 심각한 수준에 달했다. 서울 강남 등 일부 지역의 집값은 각종 규제책에도 불구하고 상승일로를 달리고 있는 반면, 지방에는 미분양 물량이 속출하고 있다. 왜 이런 현상이 벌어지는 것일까? 기본적으로 부동산 시장에서도 물건의 가격은 수요에 의해서 결정되기 때문이다. 현재 서울 시내에서 좋은 주거 입지로 평가 받는 서울 강남권이나 목동, 한강라인 등은 모두 아파트 등으로 포화상태에 놓여 있다. 즉 새로운 공급이 이뤄지지 않는 것이다. 이러한 상황에서 이들 지역으로 전입하고자 하는 사람들은 줄지 않고 있기 때문에 가격은 내릴 줄을 모른다.

　이런 상황에서 매력적인 투자 상품으로 떠오를 수밖에 없는 것이 재건축·재개발 아파트라고 할 수 있다. 물론 이러한 수요와 공급의 비대칭을 해결하기 위하여 정부 역시 적극적으로 나서고 있다. 단순히 서울시 권역 이외에도 수도권 등지에 끊임없이 신도시를 개발하고 신규물량을 공급하고 있는 것이다. 그렇지만 기본적으로 이러한 신도시의 아파트는 기존 시내의 재건축·재개발 아파트와 경쟁하기가 어렵다. 이제 막 각종 생활편의시설과 교통 등 인프라가 갖춰지기 시작하는 신도시 아파트에 비해서,

재건축·재개발 아파트의 경우에는 이러한 불편을 감수할 필요 없이 기존의 정주요건을 그대로 누릴 수 있기 때문이다. 따라서 재건축·재개발 아파트에 대한 수요는 꾸준히 유지될 것으로 보인다.

재건축·재개발 아파트도 양극화 된다.

다만 구체적인 투자에 나서는 데에는 신중을 기해야 한다. 앞서 밝힌 재건축·재개발 아파트의 장점은 지극히 한정적인 조건에서만 유효하다. 우선은 기존에 노후하여 재건축이나 재개발 사업이 예정된 아파트가 입지한 지역의 거주환경이 매우 우수해야 한다. 그래야만 기존의 입주민들뿐만 아니라 새로운 신규 수요가 유입되어 시장가격을 유지할 수 있기 때문이다. 따라서 교통이나 생활편의시설, 그리고 학군 등의 측면에서 재건축·재개발 지역이 확실한 강점을 지니고 있어야 한다.

이러한 강점을 가진 곳으로 꼽을 수 있는 지역은 서울 강남권과 목동, 노원구 일대 및 과천, 분당 일부 지역이 될 것이다. 이들 지역의 경우에는 재건축·재개발 아파트에 투자할 가치가 있을 것이지만, 이외에의 지역에서는 좀 더 신중히 생각해야 한다. 정부의 재건축·재개발 아파트에 대한 규제는 재건축 초과이익 환수제 등을 통해 갈수록 엄격해지고, 시세차익을 기대하는 것이 어려워지는 반면에 신규로 공급되는 아파트와의 경쟁에서 차별화되는 요소는 부족하기 때문이다. 따라서 수도권 외곽지역에서의 재건축·재개발 아파트 투자는 재고하는 편이 낫고, 지방의 경우에도 마찬가지로 광역시의 핵심 주거지역 이외의 곳에서는 좀 더 신중을 기할 필요가 있을 것이다.

투자한다면 어떤 점을 고려해야 하는가?

만약 이러한 입지적 요건들을 고려하여 재건축·재개발 아파트에 투자하기로 결정하였다면, 해당 지역에서 보다 더 적합한 물건을 고르는 작업이 필요할 것이다. 이 과정에서 고려해야 할 사항들에는 대지지분과 무상지분율, 그리고 용적률과 용도지역이 있다.

우선 대지지분이란 아파트의 전체 대지 면적을 세대 수로 나눈 것을 의미한다. 그리고 이러한 대지지분의 수치는 등기부 등본 등을 통해 확인해볼 수 있다. 신축 아파트가 주로 새로 지어진 건물에 근거하여 가치를 평가받는 것에 반해서, 재건축이나 재개발을 기다리는 아파트가 가치를 평가받는 근거는 대지면적과 대지지분이다. 이미 노후하여 철거될 운명의 건물과는 달리, 대지면적과 대지지분은 고스란히 남아서 향후 새로운 아파트가 지어지고 용적률의 변경에 따라 일반 분양물량을 공급할 때 그로 인한 개발이익을 가져다주기 때문이다. 따라서 대지면적과 대지지분이 넓은 아파트를 선택하는 것이 재건축·재개발 투자에서 가장 기본적이고 중요한 고려요소가 된다.

요컨대 대지지분은 재건축을 진행할 때 권리가액, 무상지분율 등 조합원의 자산 가치를 결정하는 가장 중요한 항목인 것이다. 향후 재건축으로 인한 개발이익을 나눌 때에는 현재 거주 중인 전용면적 값이 아닌 대지지분 값으로 나누어 이익을 분배하기 때문이다. 결국 대지지분 비율이 큰 경우에 재건축 사업을 통해 돌려받을 수 있는 무상지분율이 높다는 의미가 된다. 따라서 재건축에 투자할 때에는 겉으로 보이는 전용면적의 크기뿐만 아니라, 등기부 등본의 대지권에 표시된 대지지분을 확인하는 것이 필수적인 절차이다. 또한 개발이익이 높은 단지는 주로 규모가 크고, 기존 세대수 대비 일반분양 가구 수가 많기 때문에 이러한 점도 고려하면 좋다. 그리고 보다 구체적으로 대지지분을 살펴봐서 대략 15평 이상이라면, 추후에 무상지분율을 고려하였을 때 비교적 사업성이 높은 재건축 아파트라고 할 수 있다. 따라서 이 같은 물건에는 적극적으로 투자를 시도해 봐도 좋다.

다음으로 고려할 요소는 무상지분율로서, 무상지분율이란 재건축 사업을 통하여 얻을 수 있는 이익, 즉 총 분양수익을 추산하는 것으로부터 시작한다. 이것을 바탕으로 각종 공사비용 등 재건축 사업추진비용을 제외한 개발에 따른 이익을 산출하게 되며, 이를 다시 평당 분양가로 나눠서 개발이익에 따른 면적을 계산한다. 그리고 이렇게 도출된 개발이익에 따른 면적을 다시 대지지분으로 나누어 백분율로 표시한 것이 바로 무상지분율이라고 할 수 있다. 이해하기 어려울 수도 있지만 쉽게 설명하면 무상지분율은 결국 재개발 사업으로 인한 수익을 조합원들에게 얼마만큼 인정할 것인지를 결정하는 요소이다. 따라서 이를 통해 사업의 수익성이 결정되는 것과 마찬가지이므로, 대지지분과 함께 반드시 투자 전에 확인해야 한다. 예를 들어 대지지분이 비교적 넓은 20평이라고 할지라도, 무상지분율이 150%에 불과한 경우에는 30평의 아파트에 대한 권리가 인정되게 된다.

이와는 달리 대지지분이 15평이라고 하더라도 무상지분율이 200%인 경우에는, 마찬가지로 30평 아파트에 대한 권리를 인정받을 수 있는 것이다. 그리고 재건축 아파트의 분양면적은 수익성과 직결되는 요소이기 때문에 대지지분과 무상지분율이 얼마나 중요한지를 잘 알 수 있을 것이다.

따라서 대지지분과 더불어 재건축 조합 등에서 결정한 무상지분율도 반드시 확인해야함을 명심하자.

추가적으로 확인해야할 요소는 용적률과 용도지역이다. 위에서 살펴본 바와 같이 대지지분과 무상지분율은 서로 떼어놓을 수 없는 관계에 있는데, 이는 사실 용적률 또한 마찬가지라고 할 수 있다. 최근에는 용적률이라는 개념이 일반인들에게 많이 친숙해졌는데, 간단히 이야기하면 대지면적에 대한 건축연면적의 비율을 의미한다. 즉, 대지 내 건축물의 바닥면적을 모두 합친 면적(연면적)의 대지면적에 대한 백분율을 말하는 것이다. 다만, 지하층·부속용도에 한하는 지상 주차용으로 사용되는 면적은 용적률 산정에서 제외된다. 용적률이 높을수록 대지면적에 대한 호수밀도 등이 증가하게 되므로 용적률은 대지 내 건축 밀도를 나타내는 지표로 활용되는데, 투자자의 입장에서는 용적률이 늘어날수록 수익성이 좋다. 따라서 재건축이나 재개발 사업이 진행되는 아파트의 경우에는 위에서 본 것처럼 대지지분의 면적과 비율이 가장 중요하기는 하나, 새로 지어지는 아파트에 얼마만큼의 용적률이 인정되는지도 확인해야 한다. 또한 건축된 지 오래된 아파트일수록 대지지분은 넓은 반면, 종래의 용적률은 낮기 때문에 큰 수익을 얻을 가능성이 크다. 이와는 달리 용적률이 낮게 인정되는 아파트의 경우 재건축 사업을 통해 얻을 수 있는 수익에 한계가 있기 때문에, 큰 이익을 기대하기 어렵다는 걸 유념해야 한다.

6. 대한민국 아파트, 유망한 투자처는 어디인가?

그렇다면 어떤 지역의 아파트가 주로 오르게 될까? 이에 대한 대답을 얻기 전에 우선 앞으로는 갈수록 아파트 시장의 양상이 복합적인 양상을 띠게 될 것이라는 점을 염두에 두어야 한다. 예전에는 한 지역의 아파트 가격이 상승되면, 다른 지역의 아파트 시장도 이에 호응하여 함께 활성화되는 양상이 나타났다. 하지만 이제는 수도권과 지방 부동산의 양극화 현상이 심해지는 한편, 소비자의 수요와 선호도가 다양해지면서 과거와 같은 양상이 더 이상 나타나기 어려울 것으로 보인다. 따라서 유망한 투자지역이라고 할지라도, 심층적인 조사를 통해 개별 물건의 가치를 정확히 평가하는 작업이 필요할 것이다.

강남의 강세는 계속된다.

서울 강남권은 주거여건 및 생활환경의 측면에서 대한민국 최고의 조건을 자랑하고 있다. 여기에 강남이라는 상징성이 가져다주는 프리미엄으로 인해서 그 지위가 더욱 더 공고해지고 있다. 물론 정부의 규제가 가장 먼저 이뤄지는 곳이기도 하고, 그만큼 시장의 반응이 민감하게 나타나는 곳이 강남권이기도 하다. 하지만 기본적으로 강남의 가치는 앞으로 더욱 상승할 것이다. 세계 유수의 대도시들과 비교하면, 여전히 서울의 집값은 그리 높은 편이 아니다. 특히나 서울 안에서도 가장 환경이 우수하고, 부촌이 몰려있는 강남의 집값 역시 여타 도시와 비교할 때는 전혀 비싼 편이 아니다. 따라서 강남 집값은 아직 상승여력이 충분하며, 지금 투자해도 충분히 수익을 기대할 수 있는 투자처이다.

구체적으로는 서초구 반포동, 강남구 압구정동, 강남구 삼성동, 강남구 청담동 등의 투자가치가 높다. 이러한 지역은 똘똘한 아파트 한 채의 강점을 가장 잘 살릴 수 있는 지역들이다. 대한민국의 가장 대표적인 부촌이면서, 교통망이 잘 갖추어져 있고 경제활동 인구가 많다. 또한 9호선 개통 등 새로운 개발호재도 있는 한편, 반포와 압구정의 경우 재건축 사업이 진행 중이다. 물론 이들 지역에 투자하는 데에는 적지 않은 자금이 필요한 것이 사실이지만, 투자가치만큼은 다른 어떤 지역보다도 높다고 할 수 있다. 당장은 시장 반응에 따라 가격등락이 있을 수 있지만, 장기적으로는 반드시 수익을 낼 수 있는 곳이 이들 지역이다.

마포, 용산, 성동을 주목하라

강남의 가치는 더욱 높아지고 있으며, 앞으로의 전망 또한 마찬가지이다. 하지만 강남 아파트는 희소한 자원이기 때문에, 사람들은 자연스럽게 그것과 비슷한 대체 상품에 주목하게 된다. 그리고 이러한 조건에 부합하는 지역이 바로 서울 마포구, 용산구, 성동구이다. 이들의 공통점은 무엇이 있을까? 일단 서울시의 중심 발전 축에서 멀지 않은 곳에 위치하여 있으며, 교통조건이 우수한 편이다. 또한 배후 인구가 많고, 강남으로의 접근성 또한 뛰어나다. 우선은 이처럼 강남과 멀지 않은 곳에서 우수한 생활환경을 제공하는 입지라는 장점이 마포, 용산, 성동의 투자가치를 높여 준다. 그러나 무엇보다도 핵심적인 요소는 바로 한강 라인을 따라 위치한다는 것이다.

조망권은 아파트의 가격 결정 요인 중에서도 핵심적인 요소로 중요성이 올라가고 있다. 그리고 대한민국에서 가치가 가장 높은 조망권 중 하나가 바로 한강 조망권이다. 마포, 용산, 성동 일대는 한강 조망을 제공하면서도 강남권에 비하여 가격 경쟁력이 있고 9호선 개통 및 용산 미군기지 공원화 등의 개발호재도 잇따르고 있다는 장점이 존재한다. 더군다나 한강 라인에 입지한다는 것은 조망 이외에도 다른 강점을 제공한다. 역대 서울 시장들은 공통적으로 한강변 개발에 관심을 기울인바 있다. 이런 추세는 앞으로도 지속될 것이다. 따라서 마포, 용산, 성동 지역을 주목하되, 이 중에서도 한강 조망이 가능한 아파트를 눈여겨볼 것을 충고한다. 사실 지금도 이들 지역의 아파트 가격은 많이 오른 상태이지만, 앞으로의 상승폭은 더 클 것이므로 공격적인 투자를 해보는 것도 나쁘지 않다.

투기지역 · 투기과열지구 지정 효과 비교

자료: 국토교통부

수도권 남부 축을 주목하라

　부동산 시장은 기본적으로 상품의 급간 구별이 뚜렷한 시장이다. 물론 특정 지역들 중에 어느 지역이 더 살기 좋고, 주거 지역으로서 나은 지를 결정하는 것은 지극히 주관적인 영역이다. 따라서 섣불리 결정할 수 없는 문제이기도 하다. 하지만 적어도 투자대상으로서 부동산 상품을 이야기할 때에는 지역 간 차등이 존재한다는 사실은 부인하기 어렵다.

　개별적인 상황과 선호도에 따라 세부적인 차이는 있겠으나, 2018년 현재 대한민국에서 가장 가치 있는 아파트 상품이 형성되어 있는 시장은 서울 강남권이다. 서초, 강남, 그리고 송파를 필두로 하여, 높은 거래가격이 형성되어 있다. 그리고 뒤를 잇는 지역이 최근 새롭게 강남으로 통칭되기도 하는 강동구 및 마포구, 용산구, 성동구 등이 될 것이다. 그렇다면 다음은 어디일까?

　예전부터 준 강남으로 일컬어졌던 경기도 과천시는 여러 여건이 다르기 때문에 별론으로 하고, 분당과 판교가 자리하게 될 것이다. 서울 강남을 중심으로 하여 이렇게 남쪽으로 확장해 나간 도시권역은 수지, 광교로 이어진 후 동탄 신도시까지 형성되어 있다. 물론 직장의 위치나 주된 생활권에 따라서는 일산이나 김포, 또는 하남 미사나 남양주 다산, 별내 등도 좋은 선택지가 될 수는 있다. 다만 투자의 관점에 보다 방점을 찍는다면, 강남에서 분당, 판교, 수지, 광교, 그리고 동탄까지 이어지는 수도권 남부 축에 투자하라고 추천하고 싶다. 다른 지역으로도 광역급행철도의 개통이 추진 중에 있기는 하나, 이들 지역은 현재 대부분 신분당선을 통해 접근할 수 있기 때문에 서울로의 접근성이 월등한 편이다. 또한 서울에서도 핵심적인 권역인 강남권과 가장 가까운 신도시들이기 때문에, 상대적으로 큰 강점을 지니고 있다. 또한 수서에서 출발하는 SRT 등의 입지로 인해 추가적인 가격 상승 요인도 다른 신도시들보다는 많다고 할 수 있다.

강남불패의 신화가 계속될수록 수도권 남부 축 상의 아파트 단지들 역시 반사이익을 톡톡히 누리게 될 것이다. 그리고 이들 지역은 지금도 가격 상승이 크게 이뤄진 상태이기는 하나, 여전히 상승여력이 남아있다고 할 것이다. 최상의 선택이 불가능하다면 차선책으로는 충분히 고려해 볼만한 투자처인 것이다.

더욱 조심해야 할 지방 아파트 시장

그렇다면 부산, 대구, 대전, 광주 등의 아파트 시장은 어떤 양상을 나타낼까? 대다수의 부동산 전문가들은 적어도 향후 2, 3년간은 정체되거나, 일정 수준 하락하는 양상을 보일 것으로 전망한다. 이는 뚜렷한 가격상승 요인이 없기 때문이다. 지방 아파트 시장의 가장 큰 문제는 고정적인 수요가 적고, 수요가 늘어날 요인도 적다는 것이다. 공공기관 이전 사업을 통해서 일정부분 수요창출을 시도하기는 했으나, 단발적인 효과에 그쳤고 지방 경제 자체가 활성화되는 효과를 가져 오는 데는 실패했다. 이렇게 적은 수요에도 불구하고, 적으나마 공급은 계속되고 있으니 가격 상승이 일어날 수 없는 것이다.

결국 지방 아파트 시장과 수도권 아파트 시장의 양극화는 갈수록 심해질 것이다. 기본적인 수요의 크기가 다르기 때문이다. 그리고 이는 곧 지방 아파트 간에도 양극화를 심화시킬 것으로 전망된다. 실제로 전국적인 시장 상황과는 별개로, 부산시 해운대구나 대구시 수성구의 아파트 시장은 활황세를 지속하는 양상을 보였다. 지방에서도 똘똘한 아파트의 힘이 발휘되고 있는 것이다. 따라서 지방 아파트에 투자할 때에는 이러한 점을 염두에 두고, 현지 수요뿐만 아니라 외지인의 수요까지 잡을 수 있는 물건에 투자하라고 주문하고 싶다. 가장 대표적인 것이 부산 해운대 지역으로 희소가치가 있는 물건이고, 외국인 투자자들의 발길도 이어지고 있는 지역이기 때문에 꾸준히 가격상승이 이뤄지리라 전망된다.

한편 세종시의 경우 근래에 가장 주목받았던 시장이고 여전히 가격대가 높게 형성되어 있지만, 기본적으로는 성장의 한계가 명확하다고 생각한다. 수요를 늘리려는 정부 차원의 노력에도 불구하고 공급이 워낙 많기 때문에 일정 부분 고점을 찍었다는 관측까지 나오고 있는 상황이다. 따라서 세종시 자체가 가지는 프리미엄은 거의 사라진 상태이며, 그 안에서도 좋은 물건을 골라야만 이익을 기대할 수 있을 것이다. 다만 정부 차원에서 관심을 갖고 육성하려는 지역이며, 특히나 문재인 정부 하에서는 그러한 노력이 배가될 것이기 때문에 가격폭락을 걱정할 필요는 없어 보인다. 신중하게 물건을 선택하여 투자에 나설 필요는 있겠으나, 여전히 시장 자체가 사라질 걱정은 덜어두어도 된다는 뜻이다.

부동산 투자전략 엿보기,
수익형 부동산 시장

수익형 부동산은 비교적 최근에 생겨난 개념이다. 토지가 부족한 전래의 대한민국 사회에서 부동산이란 주로 땅을 의미하는 경우가 많았고, 땅이란 결국 소유의 대상이었다. 하지만 시대가 바뀌고 사회가 변화하면서 부동산의 개념도 크게 바뀌었다. 부동산 불패 신화를 써내려가던 시절에는 부동산은 가지고 있기만 하면, 나중에 큰 수익을 보장하는 자산이었다. 주로 토지나 주택과 같은 부동산 상품이 이에 해당되었다. 그러나 외환위기를 겪으면서 부동산 불패의 신화는 깨지고 말았고, 경제 상황도 크게 달라지면서 낮은 금리의 시대가 도래했다. 단순히 열심히 일하고 모은 돈을 저축하는 전통적인 관념의 부의 축적이 더 이상 불가능한 시대가 온 것이다. 이러한 시대상황에서 각광을 받고 있는 것이 바로 수익형 부동산이다.

사실 수익형 부동산이라는 것은 분류에 따라서 그 개념과 종류가 달라질 수 있기에 한마디로 정의하기는 어렵다. 그러나 간명하게 설명하자면 적은 금액으로 부동산을 구입하여 이를 통해 월세를 얻는 것이 수익형 부동산의 본질이고 목적이라고 할 수 있다. 이는 기존의 부동산 투자에서 많이 나타났던 일단 부동산을 구입한 후 되파는, 주로 시세차익을 이용한 투자와는 큰 차이를 보인다. 기존의 부동산 투자가 큰 수익을 기대할 수 있는 만큼 그 위험성도 컸던 데에 비해서, 수익형 부동산은 기본적으로 저금리 시대에 금리 이상의 수익을 올리는데 목표를 두기에 큰 시세차익을 기대하기는 어려운 반면 위험성은 낮은 투자 상품이다. 그리고 그렇기에 부동산 투자에 대한 접근성도 많이 낮아져 큰돈을 갖고 있지 않은 사람들이라도, 누구나 재테크의 일환으로 시도해볼만한 투자이다. 달리 말하면 변화된 시대에 가장 잘 맞는 부동산 투자이자, 평범한 직장인도 손쉽게 고려해볼만한 재테크 방법이라는 것이다. 따라서 어렵게 생각하지 말고 여러 가지 상품 중 자신과 가장 잘 맞는 수익형 부동산에 투자한다면, 흔히들 꿈꾸는 '제2의 월급통장'을 가질 수 있다. 그러면 이제 당신도 더 늦기 전에 수익형 부동산을 통해 부자가 되어보자.

1. 수익형 부동산 파헤치기

앞서 언급한 것처럼 수익형 부동산의 종류는 매우 다양하다. 비교적 적은 투자금액을 가지고 장래의 시세차익보다는 꾸준한 고정수익을 확보할 수 있으면 그것이 바로 수익형 부동산인 것이다. 하지만 그만큼 종류가 다양하고, 상품별로 접근방법이 다르기 때문에 투자자들로서는 어려워할 여지도 많다. 하지만 차근차근 공부해 나간다면 수익형 부동산만큼 쉬운 부동산 투자도 없다.

실제로 만나본 많은 투자자들 중 주로 젊은 투자자들이 소액으로 수익형 부동산에 투자하여 꾸준히 소득을 올리고 있는 경우가 많다. 부동산에 대해서 전혀 모르고 찾아왔던 투자자들이 필자의 조언을 바탕으로 꾸준히 돈을 모아 차를 바꾸고, 집을 옮기는 등 돈을 모아가는 모습을 보는 것은 필자에게도 보람찬 일이다. 그리고 이처럼 수익형 부동산으로 투자에 성공하기 위해서는 자신에게 맞는 상품을 고르는 것만큼 중요한 일도 없다. 가지고 있는 자본금에 따라서, 그리고 투자성향에 따라서 자신에게 맞는 수익형 부동산은 제각기 다르다. 따라서 우선 수익형 부동산의 종류를 알아보고, 본인에게 적합한 상품을 고르는 것이 첫 번째로 해야 할 일이다.

수익형 부동산은 크게 그 주된 용도에 따라서 분류할 수 있는데, 대표적으로는 주거용 수익형 부동산, 상업·업무용 수익형 부동산, 그리고 최근 관심을 받고 있는 숙박용 수익형 부동산 등이 있다.

주거용 수익형 부동산

먼저 주거용 수익형 부동산이란 아파트, 오피스텔, 다세대 주택, 다가구 주택, 도시형 생활주택 등 원래부터 주거를 위해 만들어진 공간을 임대하여 수익을 얻는 부동산을 말한다. 이러한 주거용 수익형 부동산은 주거의 목적을 겸할 수 있으므로, 다른 수익형 부동산보다는 보다 장기적인 접근이 필요하다. 본인이 직접 거주하는 경우에는 주변 생활환경 등 더 많은 요소를 고려해야함은 물론이다. 하지만 기본적으로 주거용 수익형 부동산의 경우에는, 투자의 목적이 임대 수익을 얻기 위한 것인지 시세차익을 얻기 위한 것인지를 먼저 분명히 해야 한다. 수익형 부동산임에도 불구하고 본인의 실수요를 해결할 수도 있고, 향후 시세차익 실현의 폭도 비교적 넓기 때문에 여러 가지 요소를 고려하다보면 오히려 어중간한 물건을 고를 가능성이 있기 때문이다.

그러나 일반적인 관점에서 다가가자면 적은 금액으로 고정 수익을 노리는 수익형 부동산으로는 소형 물건이 더 적합하다고 할 수 있다. 대형 평형보다는 소형 물건에 대한 임차 수요가 더 많을 뿐만 아니라, 수익률 역시 더 양호하기 때문이다. 이처럼 임대 수익을 얻기 위한 목적에 적합한 주거용 부동산은 소형 아파트와 주거용 오피스텔, 다세대 주택, 그리고 도시형 생활주택 등이다. 최근에는 1-2인 가구의 수가 늘어나면서 가족 구성원의 수가 줄어들고 있는 추세이기 때문에, 이러한 소형 물건을 통해서 임대 수익을 올릴 가능성이 더 높다.

따라서 주거를 목적으로 한 수익형 부동산은 주로 젊은 층이 많이 거주하는 지역 위주로 투자를 진행한다면, 끊임없이 기본 수요가 발생하기 마런이므로 안전하고 무난한 투자수단이라고 할 수 있다. 하지만 높은 수익률이 기대되는 입지는 경쟁률 역시 높은 만큼 좋은 물건을 구하기 위해서는 보다 많은 노력이 필요하다. 언론 매체를 통해 끊임없이 유망한 지역을 검토해보고, 무엇보다도 기회가 될 때마다 여러 장소를 다니면서 직접 부딪혀보는 것이 중요하다. 또한 경매 등의 정보를 지속적으로 확인하는 것 역시 추천하는 방법이다.

이와 같은 주거용 수익형 부동산은 취득세가 다른 수익형 부동산보다 낮고, 양도세도 다른 수익형 부동산은 2년 이상 보유해야 일반 과세가 되지만 주거용은 1년만 보유하면 된다는 점에서 장점이 있다. 물론 오피스텔의 경우는 이러한 혜택을 받을 수 없기는 하지만, 소액 투자에 있어서는 효율적인 절세만으로도 수익률을 대폭 향상시킬 수 있으므로 반드시 체크해야 할 부분이다.

상업·업무용 수익형 부동산

상업·업무용 수익형 부동산은 말 그대로 상행위 또는 업무 목적으로 활용할 목적을 가진 수익형 부동산을 의미한다. 여기에는 상가건물이 가장 대표적이며, 이외에 업무용 오피스텔이나 오피스 빌딩 등이 있고, 최근에는 아파트형 공장 역시 주목을 받고 있다.

이들 수익형 부동산의 경우는, 주거목적의 수익형 부동산 보다 좀 더 많은 초기 자본이 필요한 사례가 많다. 하지만 특히 업무용 오피스텔이나 개별 상가의 경우에는 비교적 낮은 금액으로 구할 수 있기 때문에 투자가치가 높은 편이다. 특히 오피스텔은 물건도 매우 많고, 입지도 다양하며 주거목적으로도 활용할 수 있다는 장점이 있다. 수익률도 높고, 입지가 좋은 곳은 수요도 많아 고정적인 수익을 기대할 수 있지만 그만큼 경쟁도 치열하기 때문에 옥석 가리기가 필요하다.

한편 상가와 같은 수익형 부동산은 월세를 받기 위한 임대차 계약의 체결 여부 및 그 내용이 매우 중요한 부분이다. 주거용 수익형 부동산과는 달리 월세 수입을 꾸준히 기대할 수 없다면, 잠재적인 수익률이 매우 낮아지기 때문이다. 따라서 본인이 기대하는 수익률을 정확하게 정하고 접근하는 것이 우선이다. 가끔 수익형 부동산에 투자하는 투자자들 중에는 지나치게 과도한 수익률을 기대하고, 임차인을 마냥 기다리는 경우가 있다. 또한 임차인의 업종 범위도 너무 좁게 설정하여, 대형 프랜차이즈 위주로만 임대를 하려는 사례도 많다. 하지만 수익형 부동산의 수익률을 낮추는 가장 큰 적이 바로 공실이라는 것을 고려할 때 그리 바람직한 자세라고 하기는 어렵다. 물론 좋은 조건에 꾸준히 수익을 올려줄 수 있는 임차인을 구한다면 그보다 좋은 일은 없겠지만, 기대치를 보다 현실적으로 잡는 것도 필요할 수 있다. 따라서 물건이 위치한 입지를 잘 분석하고, 주변 시세를 종합적으로 검토하여 현실적인 수익률을 설정하는 것이 바람직하다.

그렇다면 과연 어떻게 높은 수익을 기대할 수 있는 상업·업무용 수익형 부동산을 구할 수 있을까? 가장 중요한 것은 역시 부동산의 입지이다. 특히나 수익형 부동산에서 입지는 다른 부동산 상품에서보다 그 중요성이 더욱 강조되는데, 수익형 부동산은 장기적인 잠재가치보다는 단기적인 이익의 창출이 가장 큰 목적이기 때문이다. 따라서 좋은 수익형 부동산에는 많은 사람들의 관심이 쏠릴 수밖에 없는데, 반대로 이를 생각해보면 지나치게 조용한 시장의 물건은 거들떠보지도 않는 편이 안전하다. 물론 해당 물건에 대한 고급정보를 가지고 있는 경우라면 이야기가 달라지겠지만 이는 극히 예외적인 경우에 불과하다. 시장의 관심이 높을수록, 가격이나 경쟁률은 그만큼 높아지겠지만 실패할 확률도 낮아진다. 뒤에서 상술하겠지만, 따라서 사람이 몰리고 영업이 잘되는 곳이 최우선적인 입지가 될 것이다.

하지만 투자경험이 어느 정도 있고, 해당 지역에 대해서 경험이 풍부한 투자자라면 조금 공격적인 방법으로 물건을 구하는 것도 추천할 수 있다. 아직은 상권이 충분히 무르익지는 않았지만, 어느 정도 시간이 지나면 발전할 가능성이 높은 입지를 찾아보는 것이다. 지금 당장은 눈앞의 수익이 담보되지 않는 제대로 형성되지 않은 상권이지만 앞으로의 가치를 내다볼 수 있다면, 보다 합리적인 금액을 투자하면서도 남들과는 다른 수익을 노릴 수 있다.

더불어 최근에는 과거와 다른 형태의 상품이 계속해서 나타나고 있다는 점 역시 상업·업무용 수익형 부동산의 특징이라고 할 수 있다. 이러한 상품으로는 특히 고시텔과 아파트형 공장 등이 주목할 만하다. 입지가 좋은 곳에 위치한 고시텔의 경우, 비교적 적은 비용만으로 높은 수익률을 기대할 수도 있다. 특히 고시텔의 장점은 여러 가지 제도적 규제에서 자유로운 편일뿐만 아니라, 잠재적인 수요가 많다는 점에 있다. 또한 관리하는 데 필요한 노하우도 비교적 적기 때문에 진입장벽이 그리 높지 않다는 점에서 추천할 만하다.

아파트형 공장은 일반적으로 산업단지 내에서 기업의 사무실로 활용되는 수익형 부동산을 의미한다. 따라서 보통 생각하는 공장과는 다른 형태로 운영되면서, 지식산업센터로 지칭되는 경우도 있기 때문에 관심을 가지는 투자자가 아직은 적은 실정이다. 하지만 오피스텔보다 분양가나 임대료가 상대적으로 낮게 형성되기 때문에 그만큼 많은 수요를 기대할 수 있으며, 보다 장기적인 임차계약을 통해 꾸준한 수익을 올릴 수도 있다는 점에서 주목해 봐야할 상품이다.

숙박용 수익형 부동산

흔히들 생각하는 숙박시설이란 일시적인 사용을 위한 임대차계약을 고객과 맺는 시설이라고 할 수 있다. 이렇게 고객이 잠을 자거나 일시적으로 머무를 수 있도록 서비스를 제공하고 요금을 받는 형태로 수익을 올리는 부동산이 바로 숙박용 수익형 부동산이다. 여기에는 호텔이나 모텔 등이 대표적이며, 또한 펜션과 같은 리조트 등도 여기에 해당된다. 그리고 최근 여행 산업이 붐을 이루면서 각광받고 있는 게스트 하우스도 빼놓을 수 없다.

이러한 상품들 역시도 수익형 부동산에 해당하기 때문에 높은 수익을 보장할 수 있는 좋은 입지를 선택하는 것이 무엇보다 중요하다. 그리고 주변 상권의 활성화 정도와 대중교통에의 접근성은 그 중에서도 가장 중요한 부분이다. 숙박시설을 선택하는 고객의 입장에서는 이들 조건이 필수적이기 때문이며, 산업시설이나 업무시설 주변의 비즈니스 고객을 위한 수익형 부동산의 경우에는 이들 시설과의 근접성 역시 빼놓아서는 안 된다. 또한 숙박용 수익형 부동산은 주로 밀집하여 분포된 경우가 많기 때문에, 주변 업소들의 영업 상황을 통해 수요를 확인하고 영업유형을 결정하여야 한다.

숙박용 수익형 부동산의 수익은 임대 수익이라기보다는 사업 수익에 더 가깝다. 따라서 영업을 위한 개인 사업자 등록과 영업 허가 등에 관련한 사항도 필수적으로 확인해야 한다. 특히 숙박용 수익형 부동산을 경매를 통해서 낙찰 받은 경우, 영업 허가권의 승계 여부는 꼭 체크해야 할 것이다. 이 과정에서 원활하게 승계가 이뤄지지 않으면, 다시금 허가를 받기까지 수개월이 소요되는 경우가 많기 때문에 그동안의 영업 이익 손실을 피할 수 없기 때문이다. 특히나 일부 지역의 경우에는 숙박시설에 대한 신규 허가가 나지 않는 사례도 있기 때문에 주의가 필요하다. 따라서 전반적인 시장조사뿐만 아니라 관할 관청에 지속적으로 문의를 해서 관련 사항을 확실히 해두는 편이 안전하다.

또한 숙박용 수익형 부동산을 통해 직접 영업을 함으로써 고정적인 수익을 올릴 수도 있고, 한편으로는 물건의 잠재가치를 상승시켜 다시금 매도함으로써 시세차익을 노릴 수도 있다. 이 과정에서 무엇보다 중요한 것은 지속적이면서도 안정적인 수익률이 되겠지만, 우선은 자신의 투자목적에 알맞게 영업 전략을 설정하고 잠재적인 수익을 분석한 후에 접근하는 것이 바람직한 숙박용 수익형 부동산 투자라고 할 수 있다.

어떤 상품을 선택해야할까?

이처럼 수익형 부동산에도 여러 종류가 있기 때문에, 본인의 투자성향과 조건에 알맞은 상품을 선택하여 투자하는 것이 중요하다. 특히 최근에는 젊은 층을 중심으로 게스트하우스 운영에 관심을 가지는 투자자들이 많이 보이고 있다. 국내 여행에 대한 수요가 지속적으로 늘고 있을 뿐만 아니라, 각종 매체를 통해 소개되는 경우도 많기 때문에 매력적인 요소는 분명히 있는 상품이다. 하지만 뚜렷한 목적의식이나 계획이 부재한 상태에서 시장의 흐름만을 보고 투자에 나서는 것은 바람직하지 못한 행위이다. 실제로 게스트하우스의 운영에는 적지 않은 노하우가 필요할뿐더러, 지속적인 관리와 영업이 필수적이다. 또한 여러 나라에서 찾아온 여행객들을 맞이할 수 있는 개인적 성향이 요구되기 때문에 누구에게나 추천하기는 어려운 부동산 상품 중 하나라고 하겠다.

　관련하여 직접 만나본 젊은 투자자들 중 각각 경남 거제와 서울 홍대 부근에서 게스트하우스 영업에 나선 두 가지 사례가 기억에 남는다. 누가 봐도 입지조건 상으로는 젊은 층이 많이 찾고, 해외여행객들의 발걸음도 끊이지 않는 홍대에 위치한 게스트하우스의 성공가능성이 높아보였겠지만 결과는 반대였다. 본인의 성향과 성격에 맞지 않았기 때문에 홍대 근처에서 영업을 시작한 투자자는 금방 투자를 포기한 반면, 거제에서 영업을 시작한 투자자는 불리한 위치에도 불구하고 적극적인 준비와 홍보를 거쳐 만족스런 수익률을 얻게 된 바 있다. 이처럼 나에게 어떤 상품이 맞는지 결정하는 것은 좋은 투자의 첫 걸음이자, 거의 절반의 성공을 담보하는 요소라고 할 수 있다. 이 점을 다시 한 번 명심하며 개별적인 수익형 부동산의 투자요령에 대해 살펴보도록 하자.

2. 수익형 부동산의 꽃, 오피스텔

오피스텔은 명칭에서부터 업무 목적과 주거 목적을 겸한다는 의미를 내포하고 있다. 오피스텔이라는 단어 자체가 사무실을 의미하는 Office와 대표적인 숙박시설인 Hotel을 합성한 용어인 것이다. 이러한 오피스텔은 싱가포르와 홍콩 등지를 중심으로 업무 지역의 지가가 지나치게 높은 곳에서, 사무실 임대비용을 절감하는 차원에서 저비용 업무공간을 고려하면서 나타나기 시작했다. 부가적으로 숙식기능을 포함하고 있기는 하지만 그 주된 기능은 업무시설인 셈이다.

대한민국 역시도 지가의 상승과 업무 및 주거를 위한 공간의 부족이라는 현상은 마찬가지로 나타났고, 이러한 이유에서 1980년대 중반을 전후하여 오피스텔이 출현하기 시작하였다. 이러한 상황에 발맞추어 정부의 규제 역시 업무공간의 비중이나 바닥 난방 여부에 대한 규제를 중심으로 완화되었으며, 이에 따라 꾸준한 월세 수익을 기대할 수 있는 수익형 부동산 상품으로서 오피스텔이 각광받고 있는 현실이다.

오피스텔 투자, 어떤 점을 고려해야 할까?

전국적으로 전·월세시장의 가격이 불안정한 상황에서 오피스텔은 가치를 인정받아 온 것이 사실이고, 특히나 전용면적 85㎡ 이하의 오피스텔의 경우에는 바닥 난방을 허용함으로써 주거용으로 전용하는 사례가 많아졌다. 결국 본래 오피스텔의 주목적인 업무용으로써 뿐만 아니라, 주거목적으로도 충분히 오피스텔을 활용할 수 있게 되면서 비교적 합리적인 가격으로 부담 없이 주거공간을 마련하려는 세대에게 오피스텔은 좋은 대안이 된 것이다. 실제로 최근 오피스텔의 면적은 소형 아파트와 큰 차이가 없는 경우도 많다.

그럼에도 불구하고 여전히 주거공간으로서 활용하기에 오피스텔의 면적은 넓지는 않은 편이다. 최근 추세를 보면 주로 전용면적 30~50㎡ 이하, 즉 9평에서 15평 정도의 면적을 가진 오피스텔이 전체 공급량의 80%를 넘어서고 있다. 물론 최근에는 보다 넓은 면적에 아파트와 유사한 내부 구조를 가진 전용면적 85㎡ 안팎의 중형 오피스텔도 등장하면서 범위가 다양해지고 있다. 이에 더해 아파트가 가진 주거 편의성을 접목하여 전면에 거실과 방 2-3개를 갖춘 형태도 등장하고 있다. 하지만 여전히 오피스텔 시장의 중심은 비교적 면적이 크지 않은 상품이다. 가격대가 높지 않기에 많은 투자금액을 필요로 하지 않을 뿐 아니라, 수요도 가장 많다.

더하여 오피스텔은 발코니 설치가 불가능하고, 전용면적이 85㎡ 이상인 오피스텔은 바닥 난방이 어렵고, 같은 주거시설인 아파트에 비해 일조권이 불리한 약점이 있다. 또한 주차장 같은 부대시설에 대한 기준이 완화되어 있기 때문에, 여전히 가족 단위 거주를 위한 목적으로 사용하기에는 불편하다. 따라서 오피스텔의 다양화, 대형화가 진행되고 있는 추세에서도 투자자 입장에서 우선적으로 고려해야 할 것은 보다 작은 크기의 오피스텔이어야 한다. 이러한 유형의 오피스텔은 주로 도심 지역의 대학가나, 업무단지 주변 역세권에 1-2인 가구를 대상으로 많은 물량이 공급되고 있다.

실수요 목적으로서의 오피스텔

이렇게 오피스텔은 수익형 부동산으로서의 가치가 우선적으로 고려되기는 하지만, 투자자에 따라서는 수익 목적 이외에 실수요 목적으로 오피스텔을 생각하는 경우도 존재한다. 가족 단위의 거주용도가 아니라면 오피스텔 역시 주거시설로 활용될 수 있기 때문에 감안해 볼 가치는 있다. 하지만 실수요 목적으로 오피스텔에 투자하는 것에는 여전히 약점이 존재한다.

우선 오피스텔은 아파트에 비하여 입주민이 이용할 수 있는 여러 가지 편의시설이 갖춰져 있는 경우가 적고, 공급면적 대비 전용면적 비율인 전용률이 낮다. 최근에 지어진 오피스텔의 경우에는 아파트와 같은 안목치수를 적용하여 전용률이 과거에 비해 높아진 것은 사실이다. 하지만 아파트의 전용률이 80%에 달하는데 비해, 오피스텔의 전용률은 여전히 60% 수준에 그치고 있다. 이러한 전용률의 차이는 결국 입주민이 실제로 활용할 수 있는 실사용 면적이 오피스텔의 경우 생각보다 크지 않다는 것을 의미한다.

오피스텔 VS 아파트 전용률 계산 예시 (단위: m²)

구분			오피스텔 (계약면적 52.87m² 기준)	아파트 (공급면적 79.72m² 기준)
계약면적	공급면적	전용면적	28.62	59.92
		공용면적	10.64	19.80
	기타공용면적		13.61	29.78
전용률			54.13% (전용/계약)	75.16% (전용/공급)

자료: 부동산 114

또한 입주민의 실질적인 삶의 질 측면에서도 오피스텔은 여전히 아파트에 비해 열위에 있다. 아파트의 경우에는 거주자의 필요에 따라서 발코니 확장을 하여 전용공간을 늘리는 것도 가능하다. 하지만 오피스텔은 아예 발코니 설치가 안 되는 단점이 있다. 이는 앞서 아파트의 거주조건으로서 언급한 쾌적한 주거환경에 꽤나 불리하게 작용하는 요소이다. 더불어 오피스텔의 경우에는 아파트와 달리 일조권에 대한 규제나 놀이터, 공원 등의 부대복리시설 설치, 학교용지부담 등의 제한이 적용되지 않는다. 이 같은 점은 투자수익 목적의 수요자에게는 장점이 될 수도 있으나, 실수요자 입장에서는 주거 편의성을 크게 떨어뜨리는 요소가 된다. 취약아동이 있거나 세대원이 많은 경우에는 주거환경의 질이 아파트에 비해 떨어질 수밖에 없는 것이다. 그리고 주차 공간에 있어서도 아파트에 비해 규제가 덜하기 때문에, 자주식 주차나 세대 당 1대를 주차할 수 있는 아파트와는 달리 주차공간이 협소하고 경우에 따라 기계식 주차의 불편함을 감수해야 하는 경우도 있다.

오피스텔 청약시의 고려사항

이처럼 오피스텔은 투자자들이 흔히 접해온 아파트와는 여러 가지 조건에서 차이가 나기 때문에 좀 다른 접근방식이 필요하다. 우선적으로 오피스텔의 경우에는 분양가의 적정성을 잘 따져야 할 필요성이 더 크다. 보통 분양가를 검토하는 경우, 아파트는 전용면적과 주거공용면적을 합한 공급면적으로 평당 가격을 계산하게 된다. 이와는 달리 오피스텔 같은 경우에는 총 분양가에서 전용면적과 주거공용면적, 그리고 기타공용면적을 합친 계약면적으로 평당 가격을 산정한다. 이처럼 계약면적으로 계산하다보니 상대적으로 평당 분양가가 아파트에 비하여 저렴해 보이는 착시를 유발하게 된다.

실제로 많은 투자자들이 이러한 낮은 평당 분양가에 현혹되어 오피스텔 분양에 참여하곤 한다. 특히나 주변의 오피스텔에 비해 평당 분양가가 낮은 경우에는 많은 투자자들이 몰려 경쟁률이 폭증하는 경우도 많다. 하지만 이러한 표면적인 평당 가격과 높은 경쟁률에만 끌려 투자를 하는 것은 위험하다. 분양가가 낮더라고 하더라도 반드시 실제 전용률을 확인해야 하며, 또한 실평수 기준으로 분양가격이 어떠한지를 판단하여야 한다. 대부분 전용률이 비슷한 아파트와는 달리, 오피스텔이나 상가 같은 수익형 부동산은 전용률이 천차만별로 다르기 때문에 나타나는 현상이라고 할 수 있다. 따라서 전용률을 확인하는 한편, 실평수 기준으로 분양가를 다시 계산한 후에 투자여부를 최종 결정해야 할 것이다.

오피스텔은 아파트에 비해 청약규제가 덜하다는 점도 투자 시에 고려해야 할 사항이다. 아파트와 달리 청약통장을 사용해야 한다거나 인터넷 청약의무화 조치 등이 적용되지 않기 때문에 현장에서 직접 청약 신청을 하게끔 하는 소위 '줄 세우기'도 적지 않게 나타나는 상황이다. 이처럼 청약규제가 까다롭지 않기 때문에 투자자들이 현혹될 가능성도 적지 않다. 다수의 투자자들이 길게 줄까지 서가면서 청약하는 모습이 보도되면, 유망한 사업지로 인식되고 분양권에 과도한 프리미엄이 형성되기도 하는 것이다. 일부 건설사나 시행사의 경우에는 이러한 점을 악용하여 마케팅 효과를 노리는 경우도 존재해왔다.

그러나 8·2 부동산 대책을 통하여 관련 규제가 강화되었다는 점은 투자자들에게 희소식이 될 수도 있다. 기존의 청약규제 미비로 인한 청약자들의 불편을 해소하고, 일부 과장광고로 인한 피해를 방지하는 한편, 투기과열을 막기 위해 규제책이 마련된 것이다. 이에 따르면 오피스텔의 경우에도 투기과열지구나 조정대상지역은 전매제한기간이 소유권이전등기시까지로 강화되고, 거주자 20% 우선분양 규정이 마련되는 한편, 인터넷을 통한 청약이 가능하게 된다.

오피스텔 투자에 있어서는 세금도 좀 더 유의해야 할 부분이다. 오피스텔은 취득세 부담이 아파트보다 무겁다. 아파트는 6억 원 이하이고, 전용면적이 85㎡ 이하인 경우에는 1.1% 정도를 세금으로 내게 된다. 반면에 오피스텔의 경우에는, 보통 취득세와 지방교육세 등을 포함하여 전체 매매가의 4.6%를 세금으로 내게 된다. 따라서 매입가가 똑같은 경우라고 할지라도 오피스텔은 아파트에 비하여 4배가 넘는 세금을 부담해야 하는 것이다.

그러나 오피스텔의 경우에도 양도소득세를 통해서는 보다 과세 부담을 줄일 수 있다. 오피스텔을 업무용으로 사용하고 있는 경우에는, 이미 기존에 보유하고 있는 주택 이외에 오피스텔이 추가로 있다고 하더라도 다주택자가 되지 않을 수 있다. 또한 9억 원 이하의 오피스텔 한 채를 주거용으로 사용하고 있다면, 양도차익이 있는 경우에도 2년 보유 요건, 또는 조정대상지역은 2년 거주요건을 충족하여 비과세 혜택을 누릴 수 있다.

더불어 주거용 오피스텔의 경우 주택 매입 임대사업 등록이 가능하다는 점도 고려해 볼 필요가 있다. 또한 전용면적 60㎡ 이하인 오피스텔의 경우에는 취득세 면제나 재산세 감면, 종합부동산세 합산배제, 양도세 중과 배제 등의 혜택이 부여될 수 있으니, 다수의 오피스텔을 통해 투자수익을 기대하는 경우에는 사업자 등록을 해두는 것이 추천되는 투자방법이다.

어떤 오피스텔에 투자해야할까?

지금까지 살펴본 것처럼 오피스텔에 투자할 때에는 여러 가지 고려사항이 있다. 이를 바탕으로 최종적으로 어떤 오피스텔을 대상으로 투자를 진행할지는 온전히 투자자의 결정에 달려 있다. 하지만 많은 오피스텔 중에도 성공 가능성이 보다 높은 오피스텔은 따로 있다. 구체적으로 다음과 같은 조건들을 따라가다 보면 꾸준히 안정적인 수익을 올려줄 수 있는 오피스텔을 골라나갈 수 있을 것이다.

먼저 가장 중요한 것은 역시 입지라고 할 수 있다. 수익형 부동산으로서 오피스텔은 꾸준한 수요를 기대할 수 있는 곳에 위치하는 것이 가장 좋으며, 나머지 입지 조건은 부가적인 사항에 불과하다. 살펴본 것처럼 오피스텔의 수요층은 주로 젊은 층인 학생 및 사회 초년생들이다. 다수의 가구원이 거주하기에는 여러 단점이 존재하는 것이 오피스텔의 특징인 만큼, 주로 1-2인 가구로 구성되는 이들을 대상으로 하는 오피스텔이 성공가능성이 높다. 따라서 젊은 층이 중시하는 접근성과 출퇴근 용이성이 확보된 곳이 가장 좋으며, 역세권이나 대학가 주변, 또는 상권이 발달한 지역이 추천된다. 이들 지역은 유동인구가 많이 몰리는 곳이라고 할 수 있는데, 오피스텔의 실수요자인 젊은 층은 쾌적한 주거환경 보다는 편리한 교통 및 접근성을 가장 우선시하므로 이러한 조건을 갖춘 오피스텔이라면 다른 여건이 다소 불리해도 충분히 수익성을 기대할 수 있다.

앞서 언급한 전용률도 꼭 확인해야할 요소이다. 아파트와는 달리 전용률이 제각기 다르게 적용되는 경우가 많으므로, 가능하다면 직접 방문하여 실평수를 확인하는 것이 좋다. 그렇지 못한 경우라도 실제 평수와 전용률을 확인하고, 주변 매물과의 비교를 통하여 적절한 분양 가격인지를 판단하는 작업은 꼭 필요하다.

최근에는 복층 형태의 오피스텔, 또는 다양한 옵션을 구비한 오피스텔도 등장하고 있다. 이러한 오피스텔은 다양한 투자자 및 입주자들의 수요를 고려하고 생활편의성을 향상시켜 주는 요소라고 할 수 있다. 하지만 오피스텔은 주로 이동이 잦은 젊은 층을 대상으로 하므로, 구조나 생활 편의성 등의 요소보다는 입지가 절대적으로 중요함은 두말할 나위가 없다. 그렇더라도 여러 가지 사정으로 인해서 좋은 입지를 갖추지 못한 오피스텔에 투자를 해야 하는 경우에는, 입주자의 편의를 고려한 구조나 인테리어 등으로 차별화를 하는 것도 나쁘지 않다. 물론 입지가 오피스텔 물건의 가치에 있어서는 가장 중요한 요소이기는 하나, 틈새 상품을 노리는 개성 있는 젊은 수요자들은 언제나 존재하기 때문이다. 따라서 입지가 떨어지는 오피스텔이라면 추가적인 비용부담을 감수하더라도 구조와 각종 옵션, 인테리어의 개선을 통해 경쟁력을 갖추는 것이 수익을 올리는 데 긍정적으로 작용한다.

주변의 오피스텔 및 주택 공급 상황도 놓쳐서는 안 될 부분이다. 수요가 꾸준한 입지에 위치하고 있어도, 주변의 공급량이 과도하다면 공실이 발생할 수밖에 없다. 따라서 주변에 오피스텔이 얼마나 많이 공급되어 있는

지 살피는 한편, 추가적인 공급 가능성도 염두에 두어야 한다. 이를 통해 가능한 수익률을 산정해야 하며, 주변 매물과의 비교를 통해 적절한 수준의 월세 가격을 결정해야 할 것이다. 또한 공급량이 많은 곳이라면 수요가 많다고 해도 경쟁력을 상실하기 쉬운데, 젊은 수요자들의 경우 신축 오피스텔이나 내부 옵션, 인테리어가 잘 갖춰진 오피스텔을 선호하는 사례가 많다.

따라서 지나치게 오래된 물건은 피하되, 어쩔 수 없는 경우라면 내부 공사를 통해서 추가적인 경쟁력을 확보하는 편이 좋다. 더불어 주변에 다세대 주택이나 도시형 생활주택이 밀집해 있는 경우에는 이 점도 고려하는 편이 낫다. 물론 이들 대체 상품에 대한 젊은 수요자들의 선호도는 오피스텔에 비하면 낮은 것이 사실이다. 하지만 리모델링을 거치거나, 재개발 사업을 진행하는 경우에는 염두에 두어야 한다. 또한 문재인 정부가 의욕적으로 추진하는 주거환경개선사업의 대상이 될 만한 권역의 경우에는 수요가 분산될 우려가 좀 더 높기 때문에 유의해야 할 것이다.

3. 실속 있는 투자수단, 다세대 주택과 다가구 주택

흔히 다세대 주택과 다가구 주택이라는 용어를 혼용하는 경우가 많다. 하지만 그 개념은 명확히 구분된다. 우선 다세대 주택은 보통 빌라라고 부르는 주거 형태를 의미한다. 이는 각 호별로 구분등기를 하는 것이 가능하며, 따라서 각각의 다세대 주택이 거래대상이 된다. 현행법상으로는 4층 이하의 동당 건축 연면적이 660㎡인 건물을 의미한다. 한편 다가구 주택은 과거 흔히 단독주택이라고 불렀던 주거 형태를 의미하며, 다세대 주택과는 달리 다양한 형태로 건축되는 특징을 가지고 있다. 또한 각각 구분등기를 하는 것은 불가능하며, 1동의 건물 전체만이 거래 대상이 된다. 현행법상으로는 3층 이하의 연면적이 660㎡ 이하인 19세대 이하가 거주할 수 있는 건물이 여기에 해당된다. 그리고 다세대 주택과 유사하나 연립주택이라는 개념도 사용되고 있는데, 이는 각각 구분 등기가 가능하고, 개별적으로 거래 대상이 된다는 점에서 다세대 주택과 동일하다. 다만 규모가 좀 더 커서 현행법상 동당 건축 연면적이 660㎡를 초과하는 4층 이하의 건물을 지칭하고 있다.

구분	주택 명	층수	세대수	연면적	비고
단독 주택	다중 주택	3층이하		330m² 이하	독립된 주거의 형태를 갖추지 아니한 것
	다가구 주택	주택부분이 3개층 이하	19세대 이하	660m² 이하	3층 이하의 주택이 여기에 해당됨 단, 1층이 필로티 구조의 주차장일 경우 4층까지 해당되며, 분양이 불가능함
공동 주택	아파트	주택부분이 3개층 이상	무관	무관	20세대 이상이면 사업승인 대상
	연립 주택	4개층 이하	무관	각 동의 바닥면적 660m² 초과	연립주택과 다세대주택은 대동소이 하며 1개의 동의 바닥면적의 넓이에 따라 다르다고 이해하면 됨
	다세대 주택	4개층 이하	무관	각 동의 바닥면적 660m² 이하	

이와 같은 다세대 주택과 다가구 주택은 한동안 아파트나 오피스텔 등에 밀려 외면 받아 온 것이 사실이다. 단지 규모가 크지 않기 때문에 여러 가지 복리시설이나 주차시설이 부족한 경우가 많을뿐더러, 거주환경과 생활편의성의 측면에서 아파트에 비해 열위에 있다. 또한 비교적 신규 공급 물량이 적어서 노후된 경우가 많고, 교통 및 접근성의 측면에서 오피스텔보다 부족한 경우가 대부분이기 때문이다. 하지만 이들 부동산 상품에 대한 수요는 여전히 남아있고, 초기 자금이 좀 더 적은 경우도 많다. 그리고 무엇보다도 투자자의 목적에 따라서 보다 넓은 재량을 가지고 장기적인 투자를 할 수 있다는 점에서 다세대 주택과 다가구 주택의 투자가치는 여전히 높다. 아파트와 오피스텔 보다 신경써야할 부분은 많을 수 있지만, 본인의 노력 여하에 따라서는 큰 수익을 기대할 수 있는 것이다. 이러한 특징들을 염두에 두고 다세대 주택과 다가구 주택에 대하여 알아보자.

돈 되는 다세대 주택, 어떻게 찾을까?

소위 "빌라는 돈이 되지 않는다."라는 통념이 사회 일반에 퍼져있던 시절이 있었다. 때문에 자금이 부족하거나 여러 상황이 여의치 않은 경우에도 빌라 등 다세대 주택을 고려하기 보다는 무리를 해서 아파트를 구하려는 투자자들이 많았다. 하지만 최근에는 다세대 주택의 실거래 역시 활발해졌고, 다세대 주택에 대하여 문의를 해오는 투자자들 역시 늘어나고 있다. 거래량과 인허가 물량도 모두 증가하는 추세이다. 이는 기본적으로 아파트에 비해 소액만으로 투자가 가능할 뿐만 아니라, 아파트 전세가격의 상승으로 다세대주택으로 눈을 돌리는 세입자들도 늘어났기 때문이다. 이에 따라 다세대 주택의 전세가격이 매매가의 70~80%에 해당할 정도로 오른 경우도 많이 있지만 수요는 지속적으로 늘어날 것으로 보인다. 여유자금이 부족한 서민층과 신혼부부가 수도권 소재 아파트 전세를 구하는 것은 사실상 어려운 상황이다. 더불어 최근에는 고급화 전략을 통해 오피스텔처럼 풀 옵션을 갖춘 경우가 늘어나는 등으로 생활환경과 편의성이 크게 개선된 다세대 주택이 많이 공급되는 추세이기 때문이다.

투자자의 입장에서도 다세대 주택은 좋은 투자 상품으로 고려될 수 있다. 역시 아파트에 비하여 적은 금액으로 투자가 가능하다는 것이 가장 큰 장점이다. 더불어 오피스텔이나 아파트의 경우보다 관리비용도 크게 낮은 편이다. 또한 다양한 입지에 걸쳐서 공급되고 있기 때문에, 좋은 위치를 갖춘 물건의 경우 공실에 대한 우려도 상대적으로 낮다. 이렇게 다세대 주택의 전반적인 투자가치가 과거에 비해 크게 상승한 것은 사실이지만, 그럼에도 불구하고 옥석을 가리는 작업은 필요하다. 그렇다면 어떤 다세대주택이 투자가치를 가진 물건일까?

　우선은 신축 빌라를 구하는 것이 지어진지 오래된 빌라를 찾는 편보다 낫다. 빌라에 대한 수요층은 수익형 부동산 중에서는 다양한 편이다. 1-2인 가구뿐만 아니라 신혼부부와 같은 청년층, 또한 가족구성원이 많은 사람들도 저렴한 가격에 우선순위를 두고 다세대 주택을 찾고 있다. 하지만 투자자 입장에서 주된 대상으로 삼아야할 수요층은 역시 젊은 층이라고 할 수 있다. 이들은 보다 높은 가격의 월세를 부담하고서라도 좀 더 나은 주거환경을 택하려는 경향이 있다. 따라서 월세를 통한 수익률을 높게 가져갈 수 있고, 비교적 안정적으로 수익을 기대할 수 있는 임차인이다. 이러한 젊은 층을 대상으로 하기 위해서는 신축된 다세대 주택, 즉 빌라를 택하는 것이 유리하다. 실제로 다세대 주택에 대한 전세나 월세 수요의 상당수가 신축 빌라를 원하고 있다. 물론 지어진지 조금 된 빌라의 경우에는 신축 빌라에 비해 좀 더 저렴한 가격에 구할 수 있는 것이 사실이다. 또한 지역적인 여건에 따라서 재개발 사업이 진행될 수도 있고, 주거환경개선사업 등을 통해 지원을 기대할 수도 있다. 하지만 결국 수익형 부동산의 가장 큰 목적은 꾸준하고 안정적인 수준의 고정 수익을 얻는 것이라는 점을 고려했을 때, 전세나 월세를 놓았을 경우 적정한 임대수익을 기대하기 힘든 다세대 주택은 피하는 것이 좋다. 과거에 비해서 재개발 사업의 진행을 기대하기도 어려워진 만큼 차라리 임대수익을 높게 받을 수 있는 신축된 다세대 주택에 집중하는 편이 바람직할 것이다.

　한편 다세대 주택 역시도 인근의 주거수요와 밀접하게 연관되어 있는 만큼, 주변 지역의 공급 상황을 면밀히 분석하는 자세가 필요하다. 수익형 부동산에서는 특히나 꾸준한 임대수요가 창출될 수 있는지를 점검해야 한다. 따라서 주변 지역의 개발상황 및 향후 계획 등을 검토하여 지나치게 많은 다세대 주택이 공급되는 지역은 피하는 것이 좋다. 물론 시세차익을 생각한다면 많은 물량이 공급될 만큼 입지조건이 우수하고 거주편의성이 좋은 곳의 다세대 주택을 노리는 것도 나쁜 투자는 아니다. 하지만 수익형 부동산 투자의 첫 번째 고려요소는 어디까지나 잠재가치가 아닌 임대수익을 당장에 지속적으로 올려줄 수 있는 현재가치가 되어야 한다. 그렇다면 수요가 몰릴 수 있는 지역 보다는 조금 경쟁이 덜한 곳을 노리는 것도 좋은 투자라 할 수 있다. 물론 직장인들이 많이 거주하고 출퇴근이 유리한 지역은 실수요자들이 충분하기 때문에 가장 먼저 고려해야할 대상이라고 할 것이지만, 다세대 주택을 비롯하여 아파트 등의 대체상품이 지나치게 많이 공급되는 상황이라면 조금 돌아가는 것을 추천한다는 말이다. 특히나 상업시설이 밀집되어 있는 지역은 실수요자가 많은 데에 비해서 여전히 주거시설이 부족한 경우가 많으므로 노려볼만 하다. 이들 지역은 일정 수준 이상의 수요가 보장되는 반면, 공급량은 상대적으로 적어 공실이 적고 임대도 원활히 이뤄지기 때문에 유망한 투자처가 될 수 있다. 구체적으로는 지하철 환승역이 위치한 지역이라면 어느 정도 도심에서 떨어져있다고 하더라도 충분한 임대수익을 기대할 수 있다.

한편 틈새시장으로서 재건축과 재개발이 이뤄지는 지역 주변의 다세대 주택을 고려하는 것도 좋은 투자방법이라고 조언하고 싶다. 수익형 부동산에서는 장기적인 수요뿐만 아니라 단기 수요를 공략하는 것도 좋은 방법이다. 특히나 서울 강남이나 목동, 노원 등 재건축과 재개발이 예정된 아파트 단지 및 주거지역이 밀집되어 있는 곳은 이로 인한 이주수요가 발생할 것을 충분히 예측할 수 있다. 이러한 곳을 중심으로 재건축 사업이 진행됨에 따라서 많은 수요가 발생될 수 있으며, 다세대 주택은 훌륭한 대안이 될 만하다. 그렇기 때문에 인근의 다세대 주택을 통해서 반사이익을 누릴 수 있는 것이다. 또한 이주가 시작되면 인근 지역 다세대 주택들 역시 매매가격과 전세가격이 상승하는 현상이 나타날 가능성이 크며, 향후 사업이 완료된 이후에도 개발효과로 인한 호재를 같이 누릴 수 있다는 점에서 더욱 효율적인 투자처이다.

더불어 수익형 부동산으로서의 가치 이외에 향후 시세차익까지 생각하는 투자자라면 몇 가지 더 고려해야 할 사항이 있다. 다세대 주택 역시 재개발 사업의 대상이 되는 경우가 있기 때문에, 임대수익을 조금 포기한다면 서울 구로구나 동대문구 등을 중심으로 노후 주거지역의 다세대 주택을 노려보는 것도 가능하다. 이 경우에는 여유자금이 충분한 경우에만 일정 기간 동안 자금 유동성을 포기하는 대신 장래의 시세차익을 기대할 수 있는 것이다. 이런 경우 현장 답사를 통해 부동산 중개업소 등을 다수 방문하여 시세를 파악하고, 시장이 과열되지 않은 곳의 다세대 주택을 노리는 것이 바람직하다. 그리고 이 경우에는 분양면적보다 전용면적이나 대지지분이 큰 물건을 노리는 것이 추후 개발 시에 더 큰 시세차익을 기대할 수 있다.

다세대 주택 투자 시 이것만은 명심하자

우선 문재인 정부 들어서 도시재생사업이 중요하게 거론되면서 이러한 방향에 부응하는 투자를 하는 것이 필요하다. 지난 정부와는 다르게 문재인 정부는 대규모의 아파트 신규공급을 계획하거나 뉴타운 사업을 추진하는 등으로 공급량을 일시에 늘리는 것보다는 도시및주거환경정비법, 도시개발법 등을 통하여 도시환경개선과 실수요 보호를 동시에 잡으려는 태도를 취하고 있다. 따라서 빌라 등 다세대 주택의 공급도 점진적으로 늘어날 것으로 보인다. 이에 따라 정부와 함께 서울시도 전세난 해결책으로 빌라 등 다세대 주택 건설을 권장하고 있기 때문에 투자자들도 이에 발맞춰 대응해야할 것이다. 특히 역세권을 중심으로 주거용 임대주택 건설이 갈수록 늘어날 전망인데, 이러한 임대주택들은 주로 2-3인 가구를 대상으로 하여 투룸 구조를 취할 것으로 예상된다. 이 같은 주택공급 정책은 필요한 주택을 공급해 전세난 해소에 실질적인 도움을 줄 수 있고 투자금액도 비교적 적게 들어간다는 측면에서 실수요자들에게는 도움이 될 것이다. 하지만 반대로 투자자들은 공급 폭증이 벌어질 수 있기 때문에 이를 염두에 두고 공급과잉이 되기 전에 시장에 접근해야 할 필요성이 있다.

또한 다세대 주택 투자 시에 주의해야 하는 것은 바로 환금성이다. 앞서 밝힌 바와 같이 다세대 주택은 비교적 소액으로도 투자가 가능하기 때문에 여유자금이 있는 투자자라면 일정 기간 유동성을 포기하더라도 고정수입을 노리는 경우가 많다. 하지만 여유자금이 풍족하지 않은 경우라면, 다세대 주택 투자에 있어서도 환금성을 고려해야 한다. 특히나 다세대 주택은 아파트의 경우보다 발 빠른 매각 및 현금화가 어렵기 때문에 유의가 필요하다. 여전히 다세대 주택은 아파트에 비하면 수요가 한정되어 있는 것이 사실이고, 주변 환경의 변화나 개발 상황에 따라 수요 폭의 변동도 더 큰 편이다. 이는 다세대 주택이 보다 시장 변화에 민감하다는 뜻이다. 따라서 다세대 주택에 투자함에 있어서는 항상 이점을 염두에 두고, 보유 물건 주변의 시장동향을 민감하게 체크하는 것이 좋다. 만약 해당 지역에 대규모 아파트 단지 등 많은 물량의 신규공급이 예정되어 있다면, 미련 없이 다른 투자처를 찾아 이동하는 것도 영리한 투자자의 자세이다. 실제로 필자가 다세대 주택에 투자를 고려하는 사람들에게 가장 먼저 주문하는 것 중 하나가 바로 지속적인 모니터링이다. 적은 금액으로 투자할 수 있다고 해서 방만히 내버려뒀다가 가치가 떨어진 다세대 주택으로 인해 근심을 하는 투자자를 수없이 목격해왔다. 보통은 임대 수요가 적은 지역보다는 도심권이 환금성이 좋은 편이므로 본인의 자금 상황을 고려하여 결정하는 편이 안전할 것이다.

그리고 지나치게 낮은 가격의 다세대 주택에 투자하는 것도 안전한 투자라고 말하기는 어렵다. 물론 재개발 등의 잠재적인 요인이 존재할 수는 있지만, 확실하지 않은 미래가치에만 치중하여 수익형 부동산에 투자하는 것은 피하는 편이 낫다. 특히 승강기의 유무는 다세대 주택의 수익성에 있어서 결정적인 요소이다. 건축된 지 오래된 빌라의 경우에는 승강기를 갖추고 있지 않은 곳도 많은데, 최근에는 이러한 다세대 주택에 대한 신규 수요는 기대하기 어렵다. 또한 어렵사리 임차인을 구한 경우라고 할지라도 꾸준히 안정적으로 월세 수익을 내지 못하는 경우도 쉽게 볼 수 있다. 너무 저렴한 다세대 주택의 경우, 임차인이 월세를 꼬박꼬박 납부하지 않는 일이 적지 않기 때문이다. 또한 오래되어 가격이 낮은 다세대 주택의 경우에는 건물 자체가 노후하여 여러 가지 관리비용 등이 발생하고 신경써야 할 일이 많아진다는 것도 부담이 된다. 임차인과 갈등을 빚을 일이 많다는 것 역시 썩 유쾌한 일은 아닐 것이다. 물론 이처럼 저렴한 다세대 주택을 매입하여, 도배나 장판을 새로이 하고 인테리어 공사를 하는 등으로 리모델링을 해서 수익성을 높이려는 투자자도 있기 마련이다. 하지만 제반 비용을 고려하면 결코 싸게 먹히는 장사라고 할 수 없으며 배보다 배꼽이 더 큰 경우도 많다. 또한 다세대 주택의 근본적인 한계로 인해서 리모델링 후에도 투자대비 확실한 수익성의 향상을 담보하기는 어려운 일이다. 따라서 투자자로서는 다세대 주택 물건 선택에 있어서는 보다 보수적일 필요가 있다.

열의가 있다면 도전할만한 다가구 주택 투자

앞서 설명한 것처럼 가구마다 주인이 다른 공동주택인 다세대 주택과는 달리, 다가구주택은 건물 전체가 1인 소유인 단독주택이다. 따라서 한 동을 통째로 거래해야 하기 때문에 다세대 주택에 비하여 다가구 주택 투자는 보다 많은 비용이 소요된다. 하지만 한 동 전체를 본인의 소유로 할 수 있기 때문에 향후 운용에 있어서 선택지가 넓어지며, 따라서 본인의 선택에 따라서 월세 수익뿐만 아니라 매우 큰 시세차익까지 기대할 수 있다는 장점이 있다. 또한 건물에 더하여 부속 토지까지 매입하게 되는 경우가 많으므로, 지가 상승에 의한 매매가 상승도 기대할 수 있어서 기대수익이 높아지는 사례도 많다.

또한 투자자 본인이 직접 거주하면서 월세를 놓는 등으로 운용하는 것도 충분히 가능하기 때문에, 당장의 주거공간을 해결할 수 있을 뿐 아니라 세입자 관리도 보다 용이하게 할 수 있다는 점 역시 장점이 된다. 하지만 역시 투자비용이 만만치 않다는 것은 투자자들에게 큰 부담이 아닐 수 없다. 서울 강남과 강동구, 영등포구, 또는 동작구 및 양천구 등지의 다가구 주택은 평당 가격이 4,000만원 내외에 형성되는 곳도 많아서 부동산 투자에 막 뛰어든 사람들에게 권하기는 쉽지 않다. 따라서 경험이 많지 않고, 자금이 충분하지 않다면 차라리 서울시에서도 서남부 권역의 평당 가격이 저렴한 지역에 투자를 진행하는 것이 더 낫다. 또한 안산시나 평택시를 중심으로 수도권 남부 지역의 경우, 10억 원 미만의 금액으로 좋은 물건을 구할 수 있으며 각종 융자와 보증금 등을 활용하여 5억 미만의 실제 투자 금액이 소요되는 곳도 많기 때문에 노려볼만 하다.

특히 열의가 있는 젊은 투자자들의 경우에는 마음이 맞는 지인들과 함께 다가구 주택에 투자하여 큰 수익을 올리는 사례를 많이 접해왔다. 이런 투자자들에게 권할만한 물건은 주로 수도권의 역세권 주변 다가구 주택으로서, 꼭 도심 및 상업지역에 위치하거나 역세권에 근접해 있을 필요는 없다. 이 경우에는 다소 오래된 다가구 주택일지라도 주거지역에 위치해 있고 주변 상권이 어느 정도만 활성화된 곳이라면 투자해 볼만한데, 기존 건물을 철거하거나 전면 리모델링을 하는 등으로 폭 넓게 선택지를 활용하여 현재가치를 상승시키고 매각함으로써 시세차익을 올리는 방법이다. 다소 추가비용이 소요되기는 하나, 대부분의 다가구 주택은 연면적이 그리 넓지 않으므로 적은 공사비만으로 건물의 가치를 월등히 향상시킬 수 있다. 또한 이를 통해 월세 수요도 보다 쉽게 확보할 수 있으므로, 공격적으로 투자를 해 볼 생각이 있는 사람이라면 시도할 가치가 있는 방법이다.

다가구 주택은 이처럼 월세 수입 이외에 시세차익을 노리는 투자도 가능한 수익형 부동산이다. 따라서 본인의 목적에 알맞은 물건을 고르는 것이 필요하다. 일반적으로 지가가 비싼 서울 지역의 경우에는 월세 수입을 높게 받을 수 있으나 수익률은 비교적 낮은 편이다. 반면에 서울에서도 외곽 지역이나 수도권 및 지방의 경우 10% 내외의 수익률을 기대할 수도 있다. 다만 보통 수익률이 낮은 곳이 잠재가치는 높으며 따라서 높은 시세차익을 올릴 수 있는 경우가 많다. 때문에 자신이 임대수익과 장래 시세차익 중 어떤 요소에 보다 중점을 두고 다가구 주택에 투자하느냐에 따라 지역선정을 달리하는 것이 바람직하다.

다가구 주택 투자 시 생각해 봐야할 것들

최근 경매를 통해서 부동산 투자에 나서는 투자자들이 많이 보인다. 좋은 물건을 시장가격에 비하여 저렴하게 구할 수 있을 뿐 아니라, 보다 신뢰성이 담보되는 소위 깨끗한 물건을 구할 수 있다는 점에서 경매 또한 적극 활용해 볼 만하다. 그리고 다른 부동산 상품에 비하여 경매의 장점이 더욱 크게 활용될 수 있는 것이 바로 다가구 주택이다. 경매를 통하여 다가구 주택을 낙찰 받는 경우, 우선 기존 세입자와 재계약할 필요가 없다는 장점이 있다. 이를 통해 불필요한 거래비용을 줄일 수 있고 기존 세입자와 얼굴을 붉힐 일도 줄어들기 마련이다. 또한 빈집을 넘겨받을 수 있기 때문에 투자자 본인의 목적에 맞게 완전히 새로운 건물로 기존 다가구 주택을 변화시킬 수 있다. 따라서 철거 후 새롭게 건축하거나, 전면적인 리모델링을 통해서 건물의 가치상승을 노리는 경우에는 경매를 통한 다가구 주택 매입이 큰 장점이 있다. 특히나 노후 다가구 주택은 대체로 지은 지 10년 이상 된 것이 대부분이어서 외부 상태나 내부 마감에 문제가 있는 경우가 많고, 이런 집을 그대로 세놓으면서 제대로 된 월세 수익을 내기는 어렵기 때문에 어느 정도의 개선 작업은 필수라고 할 수 있다. 이렇게 다가구 주택을 경매를 이용해 구입비용을 최대한 낮추고, 임대가 용이한 구조로 개조한다면 훨씬 높은 임대수익을 올릴 수 있을 뿐 아니라 향후 매각 시에도 더 큰 차익을 기대해볼만하다.

그리고 다가구 주택을 활용하여 임대사업을 하는 경우에는 해당 지역의 임대료 수준을 정확히 파악하는 것도 중요하다. 이를 통해 임대료를 적절하게 책정해야 하는데, 리모델링 등으로 별도의 개선작업을 거치지 않았다면 주변 시세보다 좀 더 낮은 월세 수익을 기대하고 월세 수준을 책정하는 편이 보다 안전하다. 다가구 주택의 경우 공실이 되는 일도 적지 않기 때문에, 무리한 임대료를 정하는 것보다는 공실을 최대한 줄이는 것이 바람직하다. 따라서 임대사업용 다가구 주택 구입 시 충분한 수요가 확보될 만한 입지인지 분석하는 작업이 필요하고, 가격이 싸다고 무턱대고 투자를 결정해서는 안 된다. 임차인을 쉽게 구할 수 있는지 여부와 주변 임대료 수준을 반드시 확인해야 한다.

위반 내용에 따른 이행강제금 산정 기준

위반 내용	현행	개정
건폐율 초과	건축물 시가 표준액 x 50/100 x 위반면적	건축물 시가 표준액 x 50/100 x 위반면적 x 80/100
용적률 초과		건축물 시가 표준액 x 50/100 x 위반면적 x 90/100
허가를 받지 않은 경우		건축물 시가 표준액 x 50/100 x 위반면적 x 100/100
신고를 하지 않은 경우		건축물 시가 표준액 x 50/100 x 위반면적 x 70/100

또한 다가구 주택의 경우 위반건축물인지 여부를 꼭 확인할 필요가 있다. 건축물대장을 꼼꼼히 확인하지 않고 다가구 주택을 매입하면 이행강제금을 떠안는 일이 발생할 수 있기 때문이다. 다가구 주택은 건축된 후 오랜 시간이 흐른 경우가 많을뿐더러, 여러 명의 임차인을 두는 경우가 많기 때문에 증·개축이 빈번하게 이뤄진다. 그리고 이 과정에서 임대료를

더 받기 위해 옥탑방을 새로 올리는 등으로 불법적으로 증축을 하는 일이 비일비재하다. 이 경우 허가 없이 증·개축이 이뤄졌다면 위반건축물이 되므로 건축물대장을 반드시 확인해 봐야 하는 것이다. 이 같은 위반건축물을 매입했을 경우 매수인은 이행강제금도 인수해야 하는데, 이행강제금은 불법적인 건축행위로 인한 경제적 이익을 회수하기 위해 마련된 것으로서 최대 5번까지 부과될 수 있기 때문에 큰 부담이 될 수 있다. 또한 이행강제금 납부 여부와 관계없이 원상복구나 철거 등의 시정명령이 내려지는 경우도 왕왕 있기 때문에 큰 낭패를 볼 여지도 있다. 따라서 건축물 대장을 통해서 사실여부를 반드시 확인해야 하며, 만약 위반건축물이라면 투자를 다시 한 번 생각하는 것이 안전하다. 시세보다 싼 가격에 해당 다가구 주택을 매입했다하더라도, 추가로 부담할 수 있는 이행강제금에 원상복구 비용 등을 더한다면 오히려 손해를 보는 경우가 발생할 수 있기 때문이다.

4. 각광 받는 수익형 부동산, 고시텔

고시텔이란 조금 낯선 용어이기는 하나 쉽게 풀이하자면 오피스텔의 성격을 가진 고시원이라고 할 수 있다. 다중 주택을 작게 쪼갠 형태가 고시원인데, 분양하는 사람의 입장에서 기존 고시원이 가지는 기능에 오피스텔의 장점을 접목한 것이 고시텔이 되는 것이다. 고시텔은 보증금을 통한 수입은 기대하기 어렵지만, 거의 대부분 월세를 선불로 지급하게 된다는 점과 관리하기가 비교적 용이하다는 점에서 새로운 수익형 부동산 중에서도 주목을 받고 있다. 특히 2020년에는 전국의 1인 가구가 약 400만 명, 서울에만도 100만 명에 달할 것으로 예측되는 상황에서 고시텔의 장래성은 충분하다고 할 것이다. 1인 가구는 급증하고 있는 추세임에도 그들이 거주할만한 공간은 턱없이 부족하기 때문이다.

한편 고시텔은 비교적 적은 비용과 간소한 준비만으로 운영을 할 수 있기 때문에 투자수단으로서의 가치가 더욱 높다. 기존 건축물을 매입해서 운영하는 방법이 일반적이기는 하나, 단순히 건물을 임차하는 방법으로도 충분히 고시텔을 운영할 수 있다. 먼저 일반 건축물을 임차해서 고시텔로 꾸민 후에 운영하는 경우, 보증금과 시설비를 포함해 약 2억 원에서 4억 원 정도라면 사업을 시작할 수 있다. 일정 수준의 공실을 감안하고 월세와 운영비를 공제했을 때, 600만원에서 1,000만원 사이의 수익을 기대할 수 있기 때문에 수익률은 매우 높은 편이다. 한편 기존 건축물을 매입하여 고시텔로 운영하는 경우에는, 매입비용과 시설투자비를 포함해서 5억 원에서 7억 원 정도가 필요하다고 봐야한다. 이때 예상 수익은 800만원에서 1,200만원 정도로 예상할 수 있으며, 임차해서 운영하는 경우보다는 낮지만 여전히 상당한 수익률을 기대할 수 있다.

입지 선정이 고시텔 운영의 핵심

그렇다면 고시텔의 수익률이 이렇게 높은 이유는 무엇일까? 무엇보다도 꾸준히 수요가 창출되면서도 회전율이 높은 편이기 때문이다. 그리고 이러한 수요가 공급되는 지역은 한정되어 있기 때문에 적합한 위치를 찾아 운영하는 전략이 필요하다. 이렇게 고시텔 사업을 운영할 수 있을 만한 수요가 풍부한 입지는 역세권, 대학가, 산업단지 주변, 학원 상권 등 유동인구나 상주인구가 많은 지역이다. 그리고 여러 가지 입지 조건 중에서도 접근성이 가장 중요하다. 특히 지하철역에서 도보로 10분 이내에 접근이 가능하고, 시내버스나 광역버스 등 주변 대중교통이 충분히 개설되어 있는 곳이라면 적합한 입지라고 할 수 있다. 다수의 사람들이 손쉽게 접근할 수 있는 곳이 가장 좋으며, 찾아가기가 쉽지 않거나 지나치게 후미진 곳에 위치한다면 좋은 점수를 받을 수 없다. 그러나 군이 대로변에 위치할 필요는 없는데, 지가가 높기 때문에 투입해야할 비용이 크게 늘어나고 방음을 위한 시설비용이 추가로 발생하는데 비해서 효용은 크지 않기 때문이다. 또한 주변 상권이 발달한 곳이 고시텔의 입지로 적합하다. 고시텔의 주된 수요자들은 젊은 세대이기 때문에 쾌적한 주거환경보다는 시내로의 접근성과 생활 편의성을 중시하기 마련이다. 젊은 수요자들은 또한 여가 생활을 즐기는 비중이 높기 때문에 상업시설과 근접한 곳을 선호하는 경향이 있다. 따라서 외식업을 비롯해서 여러 문화시설 등이 어우러진 상권이 고시텔을 운영하는데 유리한 입지이다. 비록 고시텔이 주거를 위한 공간이기는 하나 1인 가구나 젊은 연령대의 1-2인 가구들이 주로 이용하기에, 굳이 전용 주거지역과 같은 정숙성이나 환경적 요인이 크게 중요하지 않다는 의미다. 따라서 주된 수요자들의 선호를 고려하여 상권이 발달한 상업지역이나 그 인근에 고시텔을 운영하는 것이 바람직하다. 이처럼 고시텔 투자에 있어서는 입지가 매우 중요하기 때문에, 입지 선정에 가장 많은 시간을 투자해야 한다. 후보지가 될 수 있는 여러 지역에 대해 면밀히 조사를 하고, 또한 잠재적인 고객층을 대상으로 수요 예측을 위한 시장조사를 해야 한다.

인테리어도 중요하다.

고시텔이 기존의 고시원과 차별화되는 부분은 무엇보다도 깔끔하고 편리한 내부 환경이라고 할 수 있다. 매우 저렴하지만 질이 낮은 환경을 제공했던 기존 고시원에 비해 최근에는 오피스텔과도 큰 차이가 없을 정도로 좋은 시설을 갖춘 고시텔들이 많이 등장하고 있다. 특히 대학로나 신촌 등 젊은 층이 많이 거주하고, 유동인구가 많은 지역에서는 이처럼 고급화된 고시텔들이 높은 임대료에도 불구하고 성황리에 운영되는 모습을 많이 볼 수 있다. 따라서 고시텔을 성공적으로 운영하고 높은 임대수익을 올리기 위해서는 좋은 입지에 더하여 인테리어 공사를 통해 가치를 높이고 수요자들에게 강하게 어필하는 것이 중요하다.

대부분의 기존 고시원들은 석고보드 등의 자재를 통해서 벽을 세우고 공간을 구획하는 일이 많았다. 이는 공사비용은 크게 줄여줄 수 있겠지만, 그만큼 방음이 안 되고 화재에 취약한 단점을 가지고 있었다. 따라서 고시텔의 경우에는 건물 하중에 다소 부담을 주긴 하나 방과 방 사이를 벽돌로 시공하여 공간을 구획하는 편이 바람직하다. 추가적인 벽조 공사가 어려운 경우에는 여러 겹의 방음패널 등을 통해 정숙성과 방음 문제를 완전히 해결하는 편이 낫다. 기존 고시원과 차별화된 서비스를 제공하는 것이 고시텔의 장점이기에 방음 문제는 확실히 하는 것이 임차인들과의 불필요한 마찰도 줄이는 방법이다. 또한 입구를 조명과 색상을 이용하여 밝고 깔끔한 느낌을 줄 수 있도록 인테리어 하는 것이 좋다. 입구는 해당 고시텔의 얼굴과도 같기 때문에 개별 독립 공간뿐만 아니라 입구와 공용공간도 세심하게 꾸미는 편을 추천한다. 그리고 복도 바닥 및 벽은 화재 예방을 위해서 되도록 불연재 타일로 마감 공사를 해야 한다. 독립공간도 마찬가지로 화재에 취약한 자재 보다는 조금 비싸더라도 안전한 것으로 시공하는 편이 낫다. 또한 고시텔은 각 방마다 개별 화장실을 갖추는 경우가 대부분이므로, 누수와 습기 등의 문제를 신경 써서 해결해야 임차인과의 갈등을 피할 수 있다. 내부 옵션의 경우 운영하는 사람에 따라서 천차만별로 달라질 수 있는 부분이지만, 적어도 건조기능이 추가된 세탁기 정도는 구비하는 것이 고객을 유치하는데 유리하다. 마지막으로 입주자들의 안전을 도모하는 한편 외부인의 무단출입을 방지하기 위해 각층에 번호키와 CCTV를 설치하는 경우가 많은데, 특히 여성들만을 위한 고시텔을 운영하고자 하는 경우에는 필수적인 사항이 된다.

효과적인 관리와 마케팅 전략을 세워라

고시텔을 운영하는 과정에서 성패를 가를 수 있는 부분이 바로 관리 및 마케팅이다. 고시텔을 운영할 건물은 임차하면 되고, 내부 공사 및 인테리어는 전문 업체에 맡길 수 있지만, 고시텔의 관리와 마케팅은 운영자가 될 투자자가 직접 해야 하는 부분이다. 하지만 어렵게 생각할 필요는 없다. 먼저 고시텔 관리의 경우, 투자자 본인이 살고 있는 지역과 멀지 않은 곳에서 고시텔을 운영한다면 수시로 방문하여 여러 가지 사항을 점검하는 것만으로도 충분하다. 고시텔을 주로 이용하는 1-2인 가구의 경우, 많은 구성원으로 이뤄진 가족에 비해서 주거 과정에서 문제가 발생할 일이 그리 많지 않다. 또한 애초에 내부 공사를 거치면서 방음과 누수 등 잠재적인 문제들을 확실히 해두었다면 관리는 더욱 쉬워진다. 물론 거주하는 지역과 조금 먼 곳에 고시텔을 운영하는 경우에는 좀 더 노력이 필요하겠지만, 최근에는 고시텔 등 주거용 수익형 부동산의 관리를 맡아서 해주는 업체도 등장했기 때문에 이들을 이용할 수도 있다.

다음으로 고시텔을 홍보하기 위한 마케팅 전략도 크게 두 가지 방법으로만 접근하면 그리 어려울 것이 없다. 온라인 홍보를 위해서는 여러 포털사이트에 사업체 등록을 하면 간편히 홍보효과를 얻을 수 있다. 또한 최근에는 각종 스마트폰 어플리케이션 등을 통해 거주공간을 구하는 젊은 층이 많기 때문에 이러한 업체에 가입하는 것도 추천하는 방법이다. 비용적인 부담에 비해서 잠재적 고객들에게 줄 수 있는 신뢰도의 상승이 확실하기 때문에 오히려 경제적이라고 할 수 있다. 오프라인 광고는 전단지를 만들어 활용하는 것이 역시 효과가 좋다. 고시텔의 위치와 특징을 강조하는 전단지를 제작하고, 이를 유동인구가 많은 곳에서 배포하거나 각종 게시판 등을 이용해 부착하는 것만으로도 좋은 홍보효과를 기대할 수 있다. 잠재적인 수요자들이 많은 대학 주변이나 업무지역 주변에서 전단지를 배포하면 더 효과가 좋을 것이다.

이처럼 고시텔 관리와 마케팅의 노하우는 간단한 방법들만으로 쌓아나갈 수 있다. 하지만 절대로 가볍게 생각해서는 안 되므로 기존에 고시텔을 운영하고 있는 사람들과 네트워크를 구성하여 함께 고민해나가는 편이 좋다. 그리고 마케팅에 드는 비용을 아까워해서는 안 된다. 수익형 부동산 중에서도 젊은 층을 주된 대상으로 하는 상품은 홍보의 중요성이 매우 강조된다. 따라서 투자 과정에서 광고비 비중을 너무 낮게 잡기보다는 초기 비용을 넉넉히 산정해 두는 편이 오히려 장기적으로 안전하다. 합리적인 비용으로 효과적인 광고를 함으로써 공실률을 낮게 유지하는 것이 고시텔로 큰돈을 벌 수 있는 지름길이라는 점을 명심해야 한다.

5. 기타 수익형 부동산

이렇게 수익형 부동산에는 여러 가지 종류가 있다. 하지만 사실 투자자의 입장에서 꾸준하고 안정적인 수익을 올려주는 부동산 상품이라면 모두 수익형 부동산에 해당한다고 할 수 있다. 따라서 크게는 소형 아파트와 상가 역시도 수익형 부동산의 범주에 포함시킬 수 있을 것이다. 결국 수익형 부동산이라는 개념 보다는 이윤의 창출이라는 목적에 좀 더 중점을 두어야 한다는 말이다.

마찬가지 관점에서 지금까지 제시된 대표적인 수익형 부동산 상품 이외에도 투자자가 충분히 공부를 하고 확신이 있는 대상이라면 과감하게 투자에 나서보는 것도 고려해볼만 하다. 남들이 다하는 것보다는 아직 다른 사람들이 하지 않는 것에서 큰 수익이 발생할 가능성이 크기 때문이다.

새로운 주거형태, 셰어 하우스

셰어 하우스는 하나의 큰 공간에서 개인공간을 제외한 공간, 즉 거실과 부엌, 화장실, 작업실, 서재 등을 여러 입주자가 함께 공동으로 나누며 생활하는 주거형태를 의미한다. 여러 외국 드라마를 통해 국내에도 알려지게 된 이와 같은 주거양식은 이미 임대료가 비싼 유럽, 미국 등에서는 꿩

장히 일반적이고 인기 있는 형태이다. 그리고 한국의 유학생들도 해외에서 셰어 하우스를 많이 사용함에 따라 과거에 비해서 진입장벽도 크게 낮아진 상황이다. 또한 한국에서도 이러한 셰어 하우스의 개념이 완전히 새로운 것만은 아니며, 대학가 근처에서 성행했던 하숙집 같은 형태로 존재해왔다고 할 수 있다. 이러던 것이 최근에는 서구 문화의 영향을 받아 좀더 정돈되고 깔끔한 형태로 진화되었으며, 또한 셰어 하우스만이 가지는 공유로 인한 시너지 효과가 부각되면서 대학생 및 젊은 직장인들을 중심으로 주목을 받고 있는 것이다.

셰어하우스 평면도

이러한 셰어 하우스는 세입자 입장에서 편리한 주거 시스템으로 인식되고 있다. 우선 셰어 하우스는 보통 한 달에서 두 달분의 월세에 해당하는

금액의 적절한 보증금을 세입자에게 요구함으로써 상대적으로 부담이 적다. 또한 가전제품 및 편의시설 등이 이미 갖추어져 있기 때문에 추가적으로 준비할 필요 없이 바로 입주와 생활이 가능하다. 그리고 기간에 구애받지 않고 거주할 수 있으며, 공유라는 가치 속에서 여러 입주자 사이의 다양한 네트워크를 통해 커뮤니티 형성이 가능하다는 장점이 있다.

특히나 셰어 하우스가 가지는 공유라는 특징 때문에, 셰어 하우스에는 성향이 비슷한 사람들이 거주하는 경우가 많다. 따라서 1인 가구가 혼자 거주함으로 인해서 발생하는 외로움이나, 급한 일에 맞닥뜨렸을 때 부탁할 이웃의 부재와 같은 문제를 해결할 수 있어서 1인 가구의 대안이 되고 있다. 타인과의 생활이기는 하지만 다양한 입주자 환영프로그램이나 하우스 매칭 등의 프로그램을 통해 직장인, 학생, 외국인 등 다양한 분야의 사람들이 서로 모여 생활할 수 있는 것이다. 그리고 이를 통해 함께 삶의 경험을 공유할 수도 있다. 그리고 관리인의 존재를 통해 집안이 항상 정리되어 있고 효율적인 일처리가 가능한 등으로 기존의 1인 가구와 비교하면 적은 비용으로 많은 것을 누릴 수 있어 세입자의 만족도가 높은 주거형태이다.

이처럼 세입자의 입장에서, 특히나 젊은 층을 중심으로 셰어 하우스는 새로운 주거형태로서 주목을 받고 있다. 하지만 투자자의 입장에서도 셰어 하우스는 장래에 충분히 새로운 수익형 부동산의 모델로서 각광받을 만한 가치가 있다. 우선 다수의 사람들이 한 채의 집을 공유하는 형태이므로, 공간의 효율성이 높다는 것이 장점이다. 개인공간만 따로 사용하고 공용공간은 함께 사용하므로, 비교적 좁은 면적에도 많은 수의 세입자를 유치할 수 있고 이는 곧 높은 수익률로 연결된다. 또한 최근에는 역세권을 중심으로 해서 다수의 세입자를 유치하기 위한 대규모의 셰어 하우스들이 등장하고 있기는 하나, 기본적으로 셰어 하우스는 큰 투자금액이 필요하지 않다는 것이 특징이다. 앞서 언급한 것처럼 셰어 하우스와 유사한 것이 바로 종래 하숙집이라는 주거형태이다. 하숙집과 마찬가지로 별도의 주택이나 시설공사 등이 없더라도 자신의 집에 빈 방만 있다면 셰어 하우스를 운영할 수 있으므로, 이는 큰 장점이 된다. 또한 세입자별로 임차기간이 다양하기 때문에 공실률을 최소화할 수 있다는 것도 셰어 하우스의 장점이다. 다만 다양한 배경을 가진 많은 수의 사람들이 같은 공간을 공유하며 생활하게 되므로, 관리인을 두는 등의 방법을 통하여 문제가 발생하지 않도록 운영하는 것이 쉽지만은 않다는 것이 셰어 하우스 운영의 난점이 될 수 있다. 이는 자신이 직접 함께 거주하거나, 혹은 세입자 중 일부에게 관리권한을 위임하는 등으로 해결할 수 있기는 하지만, 투자자 입장에서는 각별히 주의를 기울여야 하는 부분이다.

이상적인 투자수단? 게스트하우스

최근 국내외 여행에 대한 대중들의 관심이 높아지면서, 게스트하우스에 대한 문의가 늘어나고 있는 추세이다. 게스트하우스란 관광객이 여행할 때 잠시 쉬었다 갈 수 있는 숙박 시설중의 하나라고 할 수 있다. 다만 기존의 호텔이나 모텔 등의 숙박시설과는 다르게 상대적으로 숙박료가 저렴한 시설로서, 관광객들이 게스트하우스에 숙박함으로써 상호 교류를 통해 문화체험과 정보교환을 할 수 있어 특히 젊은 여행객들에게 선호되는 숙박시설이다. 기존 숙박시설과 게스트하우스가 구별되는 가장 큰 차이점 중

하나는 소위 도미토리라고 하는 다인실이 존재한다는 것이다. 이러한 도미토리는 한 객실을 보통 4-10인이 함께 사용하며, 같이 숙박하는 사람들과 친목을 다지고 새로운 인연을 만들어 갈 수 있으며, 다양한 경험을 공유할 수 있다는 점에서 게스트하우스의 철학을 잘 반영한 시설이라고 할 수 있다.

이러한 게스트하우스는 몇 년 전까지만 해도 생소한 개념의 숙박시설이었다. 하지만 객실 공유 개념의 게스트하우스는 잦은 미디어 노출을 거치며 이제는 가성비 좋은 숙박시설로서 뿐만 아니라 좋은 투자 수단으로서도 주목을 받고 있다. 이는 게스트하우스 특유의 편안하고 안락한 분위기를 누리며, 안정적인 수익을 얻으면서도 즐겁고 평온하게 노후를 준비하고 일상을 영위할 수 있다는 환상 때문이다. 물론 1인당 숙박비용이 저렴하고, 외국인 관광객과 교류하기를 원하는 내국인 관광객의 수요도 늘어남에 따라 게스트하우스의 사업전망은 비교적 밝은 것이 사실이다. 또한 이미 가지고 있는 주택을 활용하여 임대사업을 시작할 수도 있고, 단독주택이나 상가주택을 구입하여 시작할 수도 있는 등 투자 선택의 폭이 넓다는 장점도 있다. 하지만 젊은 외국인 관광객들이 많이 방문하는 홍대나 상수동 등 인기 지역에는 이미 많은 게스트하우스가 위치하여 경쟁이 치열하다는 사실을 간과해서는 안 된다. 또한 이처럼 공급이 많은 상황이기 때문에, 좋은 위치 선정이 필수적일 뿐만 아니라 특색 있는 인테리어와 관리 방법이 필요한 것 역시 쉽지 않은 부분이다. 앞서도 서로 다른 투자자들의 투자 사례를 언급함으로써 살펴본 것처럼, 게스트하우스는 운영의 노하우를 축적하고 이를 제대로 살려 운영하는 것이 쉽지 않은 수익형 부동산이다. 관리인을 두는 등 특색 없는 방법으로 운영하는 것은 수익성에 그리 큰 도움이 되지 않을뿐더러, 게스트하우스가 갖는 본연의 장점에도 부합하지 않는다. 수익형 부동산으로서 게스트하우스의 가치는 일과 여가를 동시에 충족시켜 주면서도 꾸준한 수익을 보장한다는 데에 있기 때문이다. 따라서 게스트하우스를 운영하기에 앞서 본인의 성향과 목표에 대한 냉정한 성찰과 준비가 필요한 것이다.

새로운 투자처? 분양형 호텔

수익형 부동산 중에서도 가장 새로운 형태로 나타난 것 중 하나가 바로 분양형 호텔이다. 분양형 호텔은 시행사가 개인 투자자를 모아 객실을 지어 분양하고, 이에 따른 수익을 배분하는 방식으로 운영되는 호텔을 말한다. 분양형 호텔은 2012년 경 정부가 관광산업의 육성을 위해 관광숙박산업 활성화 방안을 마련하면서, 이를 통해 사업자에게 각종 세제 혜택 및 용적률 우대 등 인센티브를 제공하면서 다수 출현하기 시작했다. 분양형 호텔의 방식을 취하여 개인 투자자를 모집하는 것은, 사업자 입장에선 자금을 가장 쉽게 조달할 수 있는 방법 중 하나이기 때문이다.

분양형 호텔의 사업구조

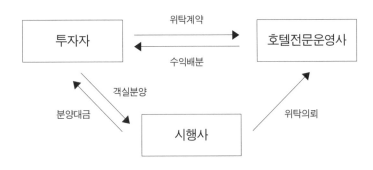

일반적으로 호텔은 사전 분양이 가능한 일반숙박시설과 회원제로만 운영하게 되는 관광숙박시설로 나뉘는데, 이 중에서도 분양형 호텔은 일반숙박시설에 해당되며, 객실별 구분등기가 가능하다. 또한 일반숙박시설은 다시 취사가 불가능한 일반숙박업과 객실 내에서 취사가 가능한 생활숙박업으로 구분되는데, 서비스드 레지던스가 생활숙박업의 대표적인 형태이다. 최근 분양형 호텔로서 공급되는 숙박시설들은 이러한 숙박시설의 분류 중에서도 관광호텔과 서비스드 레지던스의 중간 정도에 해당한다고 할 수 있다.

여기까지만 보면 분양형 호텔이란 것이 기존의 호텔과 그리 크게 차별화되지 않는 것으로 볼 수도 있다. 그렇지만 분양형 호텔의 핵심은 호텔을 미리 분양한 후에 위탁운영업체가 관리 및 운영을 하고, 이를 통해 발생하는 수익을 배분한다는 점에 있다. 이러한 운영수익은 사실상 미실현 이익에 가깝기 때문에, 업체가 분양과정에서 내세우는 수익률만을 믿고 투자하다가는 큰 손해를 보기 쉽다. 최근 분양형 호텔의 수익률은 연 10~12%로 홍보되고 있는데, 이러한 수익률은 다른 수익형 부동산에 비해서 매우 높은 수치인 것은 사실이다. 하지만 그 신뢰성에는 상당한 의구심이 드는 것이 현실이다. 우선 분양형 호텔이 근거로 삼고 있는 숙박업 자체가 경쟁의 심화로 인하여 그리 높은 수익률을 담보하기 어려운 상황이라는 점을 고려해야 한다. 특히 최근 대부분의 분양형 호텔은 제주도나 강원도, 남해 지역 등 유명 관광지를 위주로 공급되고 있는데, 이들 지역은 호텔뿐만 아니라 다른 다양한 대체 수단들이 공급되는 지역으로서 높은 수익률을 올리기가 어렵다. 이 경우 업체의 관리 및 운영의 기술과 노하우에 수익률이 온전히 맡겨진 셈인데, 시행사가 직접 운영을 맡는 경우가 아니라면 운영에 최선을 다하리라고 보장하기 어렵다. 또한 최근 높은 수익률에 더하여 일정액의 수익금을 확정 지급한다는 조건을 내건 분양형 호텔도 보이고 있는데, 여기에도 주의가 필요하다. 이러한 확정수익금의 지급은 운영 첫해만 해당하는 경우가 많고, 이후에는 호텔 운영에 따른 수익을 돌려주는 방식이 대부분이기 때문이다.

이처럼 분양형 호텔은 눈에 보이는 수익률이 높다고는 하나 여러 가지 시장 환경과 상품의 특징들을 고려했을 때 그리 추천할만한 부동산 상품이라고 하기는 어렵다. 다만 어디에나 옥석은 존재하기 마련이므로, 지나치게 공급이 과도한 지역이 아닌 곳에 위치한 분양형 호텔이고 시행사가 직접 호텔의 운영까지 담당하는 경우라면 투자를 고려해 봐도 좋을 것이다. 또한 최근에는 관광지뿐만 아니라 직장인들의 출장근무가 잦은 업무단지 주변에 분양형 호텔이 등장하는 경우도 있는데, 잠재적인 수익성은 오히려 이런 호텔이 더 양호하리라 생각된다.

6. 수익형 부동산의 투자의 핵심, 수익률과 공실률 관리

    먼저 수익률은 자신이 받는 임대료가 총 투자금액에서 차지하는 비율을 의미한다. 수익률을 높게 가져가는 것은 수익형 부동산에서 가장 중요한 부분이다. 수익률이 높다는 것은 결국 임대료가 높거나 투자금액이 낮다는 의미이다. 안정적인 임대수익을 기대하는 수익형 부동산에서 높은 임대료를 받는다는 것은 매우 중요한 부분이고, 여기에 더하여 자신이 투자한 금액이 그리 크지 않다면 적은 부담만으로도 고정수익을 확보할 수 있다는 뜻이 되기 때문에 수익률의 중요성은 백번 강조해도 지나치지 않다.

    한편 공실률은 곧 수익형 부동산에서 공실이 발생하는 비율을 의미한다. 우선 공실은 임차인을 제때에 구하지 못해서 임대료를 받지 못하는 상태에 놓인 빈 방이나 빈 사무실 등의 공간을 의미한다. 그리고 전체 공간에서 이러한 공실이 얼마나 되는지를 나타내는 비율이 바로 공실률이다. 공실이 많이 발생하여 공실률이 높으면, 공실의 수만큼 손실이 발생할 수밖에 없다. 임대수익이 감소하므로 수익률도 동시에 낮아지게 되며 장래가치에도 악영향을 끼치는 것이다. 따라서 높은 임대료를 받는 것만큼이나 중요한 것이 공실을 줄이고 공실기간을 최대한 짧게 가져가는 것이다. 경우에 따라서는 다소 월세가 낮더라도 공실률을 낮추는 것이 바람직하며 이것이 수익률을 고려해도 긍정적이다.

이처럼 수익형 부동산 투자에 있어서 수익률과 공실률은 서로 밀접하게 관련되어 있으며, 이를 적절하게 관리하는 것은 성공적인 투자의 핵심이다. 이하에서는 모든 수익형 부동산 투자에서 지침이 될 수 있는 수익률과 공실률의 관리에 대해서 알아보자.

투자의 출발점, 수익률 산정

수익형 부동산은 결국 부동산 상품에 투자하여 수익을 올리는데 목적이 있다. 그렇기 때문에 투자에 앞서서 본인이 원하는 수익률을 정하고 그에 맞는 투자를 하는 것이 중요하다. 기대 수익률, 그리고 실제 수익률의 변화에 따라서 얼마만큼 대출 등을 통해 레버리지 효과를 노릴 수 있는지가 크게 달라지기 때문이다. 또한 수익률을 산정함에 있어서도 대출 등의 반영 여부에 따라 눈에 보이는 수치가 크게 달라진다는 것도 명심해야 한다. 적지 않은 시행사가 과장된 수익률을 통해 투자자들을 현혹하는 사례에서도 이 같은 일이 벌어지곤 한다. 그렇다면 수익률은 어떻게 산정해야 할까?

투자자들 입장에서 쉽고 간편하게 활용할 수 있는 수익률은 크게 두 가지가 있다. 기본수익률과 순수익률이 바로 그것으로, 전자는 대출을 고려하지 않은 수익률인데 비해서 순수익률은 대출액수와 이자까지 고려하여 산출하는 수익률이다. 대부분의 투자자가 적든 많든 간에 대출을 활용하여 부동산 투자를 진행하는 현실에서 순수익률의 중요성이 보다 강조되기는 하나, 다른 부동산 상품이나 부동산 입지별 가치 비교를 위해서는 기본수익률도 중요하므로 투자에 앞서 먼저 이들을 구해보는 것이 필요하다. 요즘에는 인터넷을 활용하면 다양한 수익형 부동산에 대한 수익률을 계산할 수 있으므로, 이러한 방법을 활용하는 것도 효율적이다.

먼저 기본수익률을 구하는 방법은 월 임대료에 12개월을 곱하여 연간 임대료를 구하는 것으로 시작된다. 이것을 투자금액으로 나누면 되는데, 여기에는 주로 현실적으로 소요된 매매가나 분양가가 해당되게 된다. 쉽게 이야기해서 수익형 부동산을 구매할 때 쓴 비용이 해당되는 것이다. 그리고 세입자를 받으면서 받은 보증금 등은 투자금액에서 제외해주면 된다. 그리고 이렇게 나온 값에 100을 곱하여 주면 기본수익률을 구할 수 있다.

$$기본수익률 = \frac{연간임대수익(월간 임대료 \times 12개월)}{투자액(매매대금 \ 또는 \ 분양가 - 보증금)} \times 100$$

다음으로 순수익률의 경우에는 대출까지 고려해서 보다 실질적인 투자금액에 대비한 수익을 산출할 수 있게 된다. 먼저 투자자가 얻게 되는 연간 임대료에서, 대출 등을 통해 부담하여야 할 연간 이자의 액수를 제하여 연간 임대 순수익을 구한다. 그리고 이것을 투자액수에서 대출금까지 뺀 순 투자액으로 나눠주면 되는 것이다. 여기에 100을 곱해주면 마찬가지로 순수익률을 구할 수 있는데, 대출을 통한 레버리지효과도 제외하고 실제로 투하된 본인의 자본 대비 수익률을 알 수 있게 된다.

$$순수익률 = \frac{연간임대순수익(연간임대수익 - 연이자)}{투자액(매매대금 \ 또는 \ 분양가 - 보증금 - 대출금)} \times 100$$

이러한 식을 바탕으로 하여 본인이 투자한 금액과 수익 등을 고려하여 기본수익률과 순수익률을 구할 수 있으며, 이를 통해 투자여부 및 투자방법을 결정해야 한다. 보통은 임대수익이 많이 발생할수록 수익률이 높아지기 때문에 투자자에게는 유리한 것이 당연하다. 더군다나 높은 임대료는 부동산 자체의 가치도 상승시키기 때문에 추후에 차익을 기대하기도 쉬워진다. 하지만 수익률을 높이기 위해서 무턱대고 임대료를 올리다보면, 조건에 맞는 임차인을 구하기 어려울 수도 있고 이는 공실률을 높여 오히려 수익률에 좋지 않을 수 있다.

따라서 투자를 결정하기 전에, 본인이 부동산 상품을 통하여 기대하는 수익률을 먼저 정해야 한다. 물론 과도한 기대는 금물이나, 이러한 기대수익률 산정을 통해 적당한 부동산 상품을 추려낼 수 있다. 그리고 상품의 유형이 정해지면 또 구체적인 물건들을 검토하면서 본인이 원하는 수익률을 맞출 수 있는지 살펴봐야 한다. 이 과정에서 차이가 크다면 투자를 다시 검토하는 것도 좋다. 또한 투자할만한 상품이 입지한 지역 주변을 답사하면서, 실제로 임대인들이 얼마 정도의 수익률을 얻고 있는지 알아보는 것도 추천할 만하다. 필자의 경우에는 어떤 부동산 상품이든지 간에 현장분석을 매우 중요시하는 입장이고, 특히 수익형 부동산의 경우에는 이미 동일한 시장에 뛰어든 경쟁자가 어떤 수익을 얻고 있는지를 알아야 한다고 생각한다. 때문에 투자를 결정하기에 앞서서 꼼꼼히 현장을 다니고, 부동산 중개업체 등을 통해 시장분석을 한 후에 투자에 나서고 있다. 결국 수익률 단계에서부터 꼼꼼히 살피는 것이 투자에 실패하지 않는 요령이 되는 것이다.

이처럼 중요한 수익률이지만 각각의 부동산 상품별로 수익률은 다양하게 나타나며, 특히 같은 유형의 부동산 상품이라고 하더라도 지역과 구체적인 입지에 따라서 수익률의 추이는 천차만별이다. 하지만 대체적인 방향만 제시를 해보자면, 서울 지역의 경우 수익형 부동산의 수익률은 대부분 5% 내외에서 나타나고 있다. 소형 아파트를 수익형 부동산으로서 임대하는 경우에는 3% 정도로 수익률을 예상하는 것이 바람직하며, 오피스텔의 수익률이 가장 높게 나타나는 편이다. 물론 상가 분양 시, 또는 분양형 호텔 등 여타의 수익형 부동산의 분양자들을 모집하면서 매우 높은 수익률을 제시하는 사례가 많기는 하지만, 이렇게 지나치게 높은 수익률을 제시하는 업체는 오히려 위험하다는 것은 앞서 언급한 바와 같다.

한편, 지방의 경우에는 수익형 부동산의 수익률이 보다 높게 나타나고 있다. 보통 수도권 지역을 중심으로 6% 이상의 수익률이 나타나는 경우가 많으며, 지방 도시의 경우에는 8%에서 9%의 수익률을 보이는 곳도 심심치 않게 찾아볼 수 있다. 이는 서울과 달리 지방의 부동산의 경우, 향후 잠재가치의 상승을 통한 시세차익의 실현이 보다 어렵다는 점이 반영된 것이다. 따라서 당장의 고정수익은 지방에 위치한 부동산이 더 효율적으로 안겨줄 수는 있으나, 그렇다고 해서 서울권에 위치한 부동산에 비해 수익률이 궁극적으로 더 낮다고 평가하기는 어렵다.

임대료와 매매가의 상관관계(수익률 연 6% 가정)

임대료	월 50만원	월 60만원	보증금 5천만원 월 100만원
매매가	50만 x 12 / 0.06 = 1억원	60만 x 12 / 0.06 = 1억 2천만원	보증금 5천만원 + 월세 환산 2억원 = 2억 5천만원

수익률, 어떻게 관리하는 것이 좋을까?

필자는 수익률을 올릴 수 있는 방법은 결국 입지 선정이라고 본다. 물건이 좋지 않은데 찾아와 구매할 고객은 없다. 마찬가지로 부동산도 엄연한 상품으로서 수익형 부동산을 통해 영업을 하거나 주거를 해결하고자 하는 세입자들은 좋은 부동산을 찾기 마련이다. 앞서 언급한 것처럼 수익형 부동산의 가치를 상당 부분 결정하는 것은 결국 입지이다. 그렇다면 개별적인 수익형 부동산 별로 신경 써야 할 요소를 면밀히 검토하여 잠재고객에게 충분히 어필할 수 있는 입지조건을 갖추는 것이 가장 중요한 수익률 관리 요령이라고 할 수 있다. 자신이 보유한 수익형 부동산을 이용할만한 사람들의 요구를 정확히 분석하고, 그에 알맞은 입지를 노려 투자에 나선다면 우수한 수익률을 올릴 수 있고, 투자에 성공할 수 있다. 이렇듯 입지는 수익률 관리에 있어서 가장 중요한 요소이고, 따라서 입지만 잘 잡아도 수익률을 손쉽게 관리할 수 있다. 하지만 모든 투자자들이 좋은 입지를 갖춘 부동산에 투자할 수 있는 것은 아니다. 자금이 부족하여 차선책을 찾아야만 할 때도 있고, 좋지 못한 분석으로 인하여 입지 선정에 실패한 경우도 있을 수 있다. 이런 경우에는 임차인을 관리함으로써 수익률을 관리해야만 한다.

임차인 관리로 수익률 올리기

수익형 부동산은 필연적으로 세입자의 존재를 필요로 한다. 물론 분양형 호텔의 경우처럼 세입자와 대면할 일이 사실상 없는 경우도 있고, 개별 부동산 상품의 유형에 따라 빈도나 형태는 달라지기 마련이다. 하지만 일반적으로는 투자자가 보유한 수익형 부동산을 이용하고 수익을 안겨다줄 임차인이 필요하기 때문에 이 부분을 어떻게 공략하느냐에 따라서 투자의 성패가 가려질 수도 있다. "하늘 아래 건물주"라는 말이 유행했던 것처럼 기본적으로 세입자와 임대인 간의 관계에서 임대인이 우위에 있다고 생각할 수도 있지만, 이는 엄밀히 따져보면 사실이 아니다. 완전한 자기 자본만으로 수익형 부동산을 운용하는 경우는 모르겠으되, 대출을 통한 레버리지 효과를 노리는 임대인이라면 오히려 임차인을 잘 대우하는 것이 절실한 문제가 될 수 있는 것이다.

그렇다면 어떻게 임차인 관리에 성공할 수 있을까? 우선 임차인을 선정하는 문제를 살펴보자. 상업용 수익형 부동산의 수익률은 종종 임차인의 업종에 따라서 크게 달라지기도 한다. 전통적으로 높은 수익률을 올리는데 좋은 임차인의 업종은 은행, 병원, 약국, 학원 등이 꼽힌다. 여기에 종종 유흥업소가 더해지기도 하지만 개인적으로는 영업의 안정성이나 관리상의 어려움 등으로 인해 유흥업종은 별로 추천하지 않는다. 여하튼 이러한 업종 위주로 임차인을 선정하여 계약하면 비교적 높은 수익을 올릴 수가 있다. 특히 은행이나 병원, 약국, 그리고 학원 같은 업종은 영업이 비교적 장기간 지속적으로 이뤄질 것이라 기대할 수 있는 것들이다. 따라서 한 번 계약을 맺으면 공실이 발생할 우려는 적으면서도, 안정적으로 높은 임대수익을 얻을 수 있다.

여기에 더해서 최근에는 각종 프랜차이즈 업체가 좋은 임차인의 업종으로 떠오르고 있는 추세이다. 일단 업체의 매개를 통해 임대차 계약이 이뤄지기 때문에 보다 신뢰할 수 있고, 월세가 밀리는 일이 상대적으로 적다는 것은 큰 장점이다. 하지만 실제 거래상으로는 프랜차이즈 업체와 계약을 맺는 것이 꼭 좋은 것만은 아니다. 프랜차이즈 업체가 입주할 경우, 주변 상권이 동반 상승하는 경우가 많기 때문에 프랜차이즈 업체에서 일종의 대가를 요구하는 일도 잦다. 일정 기간 임대료를 내지 않는 렌트-프리를 요구하거나, 인테리어 비용 등의 부담을 요구하는 일이 적지 않은 것이다. 건물을 통째로 소유하고 있는 투자자라면 건물 자체의 상권을 발전시키기 위해 이 같은 제의에 응할 수도 있겠지만, 보통 상가 등 수익형 부동산 한 채만을 가진 투자자의 입장에서는 그리 달콤한 요구사항이 아니다. 오히려 주변의 세입자들이 프랜차이즈 업체의 입주로 인해 반사효과를 누려 무임승차할 수도 있으므로, 보다 신중할 필요성이 있다.

다음으로 임차인 관리에 있어서 강조하고 싶은 부분은 수익형 부동산의 운영은 결국 사람을 대하는 일이라는 것이다. 수익형 부동산에 있어서 임차인이라는 존재는 투자자에게는 경우에 따라서 참 껄끄럽게 느껴지기도 한다. 임차인이 월세를 제때에 주지 않는다거나, 여러 가지 문제로 인해서 임차인과 갈등을 빚는 일이 왕왕 벌어지기 때문이다. 실제로 만나본 고객들 중에서도 좋은 물건을 가지고 있음에도 불구하고, 지나치게 성격이 유하다거나 싫은 소리를 못하는 성향 탓에 턱없이 낮은 수익률로 만족하는 사례가 종종 있었다. 물론 임차인에 대해서 좋지 않게 행동하라고 주문하는 것은 아니나, 최소한의 원칙은 세우고 임차인과의 관계를 정립하고 관리 해나가는 것이 중요하다. 그래야만 수익형 부동산 투자에 재미를 느낄 수 있고, 장래에 투자를 늘려 임차인의 수가 많아지는 경우에도 잘 대처할 수가 있다.

임차인과의 관계 설정에 있어 필자가 가장 먼저 주문하는 것은 원칙을 세우고 두려움 없이 대처하라는 것이다. 사실 임차인과의 문제 때문에 고생을 하는 투자자들이 적은 것은 아니다. 월세를 늦게 주는 것은 다반사이고 소란을 일으키거나, 계약기간이 종료되었음에도 물건을 양도하지 않는 등의 문제가 심심치 않게 벌어진다. 하지만 여전히 대부분의 임차인은 별 탈 없이 월세를 지급하고, 계약내용을 준수하는 것도 사실이다. 따라서 임차인과의 관계에 대해서 지레 겁먹기 보다는 여유 있게 생각하되, 뜻대로 일이 풀리지 않았을 때에는 계약 내용을 준수할 것을 고지하면 충분하다. 지나치게 엄격하게 입금 날짜에 집착하거나, 알아서 주겠거니 하고 방임하는 것 모두 바람직한 자세라고 할 수 없다. 정중하지만 엄격한 태도가 임대인이 갖춰야할 자세이다.

다음으로는 수익형 부동산 투자를 일종의 영업으로 생각하라는 것이다. 가장 중요한 요소인 입지는 한 번 정해지면 사람의 힘으로 바꾸기가 어렵다. 하지만 임차인 관리의 요소는 영업처럼 공들여 한다면 수익형 부동산의 수익률을 관리하는데 매우 효율적인 요인이 되곤 한다. 실제로 임차인을 위해서 임대인이 신경을 쓰고 영업의 성공을 위해 같이 고민하여 상생하는 결과를 낳은 사례를 많이 보아왔다. 전통적으로 대한민국의 임대인들은 임차인에 대하여 무신경하거나, 심지어는 고압적인 자세를 취하는 일이 잦았다. 하지만 수익형 부동산 시장 역시 경쟁이 치열해졌으며, 그러한 상황에서 살아남아 투자에 성공하기 위해서는 남들과는 차별화된 서비스를 제공해야 한다. 임차인 관리는 그리 어려운 일도 아니니, 먼저 임차인의 영업 현황과 애로사항 등을 신경써주고 개선방안을 논의한다면 공실이 발생할 우려 없이 꾸준히 임대수익을 올릴 수 있을 것이다.

마지막으로 강조하고 싶은 것은 임대인의 권리를 정확하게 행사하라는 것이다. 이를 특히 법률과 관련한 문제로 이해하여 어렵게 생각하는 경우가 많은데, 실제로는 전혀 어려운 일이 아니다. 단순히 계약서에 적혀진 내용만 충실하게 따라가면 되는 것이다. 물론 계약 시에 특약을 작성하는 경우에는 유의가 필요한 것은 사실이나, 그런 경우에도 임대인과 임차인이 합의한 내용을 계약서에 추가로 작성하고 서로 준수하면 그만인 것이다. 이렇게 계약서 상 명시된 내용만 지킬 것을 요구해도 임차인의 행위로 인하여 손해를 입을 걱정은 덜 수 있다. 그렇지만 임차인이 계약 내용을 준수하지 않는 경우에는 어떻게 해야 할까? 가장 중요한 것은 녹음, 사진,

서면 등 증빙자료를 충분히 준비하고, 그 때 그 때 문제가 생긴 사항에 대하여 적시한 일종의 내용증명을 임차인에게 보내는 것이다. 양식은 크게 문제되지 않는다. 다만 임차인이 이러한 내용을 준수하지 않아 문제가 발생하였고, 시정을 요구했다는 증거 정도만 마련하면 된다. 이 정도의 준비라면 대부분의 일은 해결되는 것이 보통이다. 불행히도 그렇지 않은 경우에는 대한법률구조공단에 문의하는 등으로 무료 법률서비스를 이용하면 추가적인 비용부담 없이도 문제를 해결할 수 있다.

수익형 부동산 최대의 적, 공실률 관리하기

좋은 세입자를 만나서 꾸준히 임대수익을 올리는 것이 수익형 부동산의 목적이다. 물론 상품의 입지 조건이나 경기상황에 따라서 수익률이 떨어지는 경우도 있고, 때에 따라서는 은행 금리 이하로 수익률이 떨어져 사실상 손해를 감수해야 하는 일도 있다. 하지만 투자자로서 가장 피하고 싶은 상황은 바로 공실이 발생하는 것이다. 흔히들 신축한 빌딩이 세입자를 찾지 못해 비어 있거나, 대규모로 분양공고를 내거는 상가들을 본 일이 있을 것이다. 소규모로 수익형 부동산에 투자하는 투자자들 입장에서도 이러한 공실은 되도록 피해야 한다. 비단 임대수익이 발생하지 못할 뿐만 아니라 금융비용까지 발생하기 때문에 수익은 고사하고 막대한 손해를 감수할 수밖에 없기 때문이다.

그러면 공실률은 또 어떻게 관리해야 한단 말인가? 앞서 수익률과 공실률은 밀접히 연관되어 있다고 밝힌 바 있다. 그렇다면 수익률을 관리하는 방법과 공실률을 관리하는 방법 역시 완전히 별개의 것일 수는 없다. 다만 관점의 차이가 있을 뿐 이다. 수익률은 고객을 유치한다는 측면에서 산토끼처럼 다뤄야한다면, 반면에 공실률은 기존의 고객을 놓치지 않도록 집토끼처럼 다뤄야하는 것이다.

집토끼를 놓치지 않기 위해 우리가 취해야 할 전략은 그럼 무엇일까? 현재의 임대차 관계가 충분히 만족스럽게 관리를 하면 된다. 물론 여기에서 가장 중요한 부분은 바로 적절한 수준의 월세를 받는 것이다. 월세수익을 조금이나마 하향한다면 수익률에는 당장 악영향이 가게 된다. 하지만 보다 장기적인 관점에서는 수익률이 좀 낮더라도 공실의 위험을 피하는 것이 옳은 선택이다. 환경보전의 중요성에서 이야기되는 "지속가능한 개발"의 지혜가 수익형 부동산에서도 필요한 것이다.

필자가 투자자들을 상대로 항상 강조하는 것이 하나 있다. 부동산은 혼자서만 돈 벌려고 해서는 안 된다는 것이다. 부동산을 매도하여 시세차익을 노리는 경우에도 되도록 가격이 최고점에 달했을 때 파는 게 꼭 현명한 것은 아니란 말이다. 나로부터 매수한 사람도 어느 정도는 시세차익을 기대할 수 있도록 거래가 이뤄져야 한다. 이는 대단히 이타적인 전략인 것처럼 보이지만 사실은 굉장히 이기적인 전략이기도 하다. 투자자들은 항상 자신의 투자에 대해 성공 가능성을 과대평가하는 반면, 실패 가능성은 과소평가하는 경향을 가지고 있다. 다른 사람들이 실패하더라도 본인은 성공할 수 있다는 잘못된 심리학적 편향이다. 그렇기 때문에 무언가 아직은 아쉬움이 남을 때, 조금 더 도박을 해보고 싶을 때가 가장 합리적인 철수시기라고 보면 되는 것이다. 수익형 부동산에서도 이는 마찬가지이다. 굳이 무리해서 욕심을 내는 것보다는 꾸준히 안정적인 수익을 가져가는 것이 훨씬 좋은 투자이다. 따라서 무리하게 높은 임대수익을 기대하여 수익률을 좇아가다가 공실의 위험을 감수하느니, 주변 시세와 동일한 수준의 월세수익을 책정하라고 조언하고 싶다. 군이 황금알을 낳는 거위의 배를 갈라서는 안 된다.

그렇다고 주변 시세보다 낮게 월세를 책정하는 것도 그리 추천하지는 않는다. 수익형 부동산 시장은 상품의 회전율이 그리 높은 시장이 아니다. 가격을 낮춘다고 해서 그만큼 효과가 바로바로 수익으로 연결되는 시장이 아니라는 말이다. 또한 먼저 가격을 낮춰서 세입자를 구하는 경우, 주변 경쟁 투자자들도 월세 인하에 동참할 가능성이 다분하기 때문에 결국은 모두 손해를 보게 되는 결과를 낳기 쉽다.

무엇보다도 주변 시세와 동일한 정도의 월세라면, 군이 더 가격을 낮추지 않더라도 충분히 세입자를 만족시킬 수 있다. 꼼꼼한 사후관리와 임차인과의 공존을 도모하는 방법을 선택할 수 있는 것이다. 영업용 수익형 부동산이라면 임차인의 영업을 위해서 구조 변경이나 인테리어 등을 적극적으로 조언하고 지원하는 등으로 상생을 도모할 수 있다. 주거용 수익형 부동산이라면 꼼꼼하게 물건의 상태를 관리하는 것이 필요하다. 그렇지만 용도를 불문하고 수익형 부동산 운영에 있어서 가장 중요한 것은 바로 세입자의 요구, 제안에 그 때 그 때 대응을 하는 것이다. 임차인의 입장에서 자신이 요구하는 사항이 빨리 시정되는 것은 무엇보다 중요한 일이다. 그리고 이러한 발 빠른 대응과정에서 임차인의 신뢰를 얻을 수도 있다. 특히 시설물에 발생한 하자에 대한 수리요구에 대하여는 최대한 신속하게 대응하여 조치해주는 것이 좋다. 임차인이 사용할 수 있도록 목적물을 수선하고 유지하는 것이 임대차 계약에서의 임대인의 의무이기 때문이다. 또한 임대인의 입장에서도 어쨌든 다음 임대차 계약을 체결할 때를 위해서라도 물건에 발생한 하자는 해결해 두는 편이 바람직하다. 언젠가는 해야 할 조치라면 미리미리 해두는 것이 모두에게 좋을 것이다.

VI

부동산 투자전략 엿보기, 상가 시장

상가는 넓게 보면 수익형 부동산에 해당하는 부동산 상품이다. 매월 일정액의 수익을 투자자에게 기대할 수 있게 해주는 상품이면서, 세입자와의 관계가 매우 중요하다는 점에서 여타 수익형 부동산과 유사하기 때문에 앞에서 설명한 수익형 부동산에 대한 설명은 거의 대부분 상가에도 유효하다. 하지만 상가의 종류는 보다 세분화하여 설명할 수 있으며, 각각의 상가마다 서로 다른 투자방법과 고려요소가 필요한 경우가 많기 때문에 다른 수익형 부동산과는 좀 다르게 접근할 필요가 있다.

그렇지만 이러한 요소 이외에도 상가를 별도로 다루는 것에는 다른 이유가 있다. 필자는 상가가 일반적인 개인 부동산 투자자들이 다다를 수 있는 가장 큰 규모의 부동산 상품이라고 생각하기 때문이다. 후술할 토지나 빌딩, 혹은 꼬마빌딩들은 기본적으로 필요한 투자액수가 차원이 다른 경우가 많다. 적어도 10억이 훌쩍 넘는 금액이 소요되는 것이 보통이며, 수백억을 호가하는 경우도 심심치 않게 찾아볼 수 있다. 이런 고비용이 필요한 투자의 경우에는 개인 투자자들이 접근하기는 어려울 뿐만 아니라 주로 법인 단위로 투자하는 경우도 많기 때문에 다른 접근이 필요하다. 물론 상가 투자 역시도 상품에 따라서, 또한 투자자가 운용하는 상가의 물량에 따라서는 큰 규모의 투자금액이 필요한 경우도 존재한다. 하지만 여전히 상대적으로 적은 액수로 접근이 가능하다는 것은 상가 투자의 큰 장점이다.

한편으로 상가 투자는 규모의 관점에서 뿐만 아니라 부동산 투자의 방법론적인 측면에서도 가장 세련된 투자라고 할 수 있다. 기본적으로 수익형 부동산에 해당되기 때문에 임대수익을 고려해야 하지만, 장래 가치의 상승에 의한 시세차익도 만만치 않게 노려볼 수 있는 상품이다. 또한 모든 부동산 상품에 있어서 입지는 매우 중요하나 상가는 특히나 임대인인 투자자의 관점과 임차인인 세입자의 관점, 그리고 잠재 고객의 관점을 모두 고려해야 하므로 더욱 더 정교한 입지 분석이 필요한 분야이다.

이처럼 상가는 개인 투자자들에게 필자가 가장 먼저 추천하는 상품이면서도, 그만큼 많은 경험과 연구를 투자자들에게 요구하는 상품이기도 하다. 자신이 부동산 투자자로서 실력을 갈고 닦아왔다고 자부하는가? 그렇다면 당신도 이제는 상가에 투자해 볼 차례이다.

1. 상가의 종류, 어떤 것들이 있나?

앞서 언급한 바와 같이 상가의 종류는 무척이나 다양하다. 애초에 상가라는 것이 고정적인 개념이라기보다는 시대상의 변화와 사람들의 수요에 따라 다양한 형태로 나타나기 때문이다. 최근처럼 사회변화가 빠른 환경에서는 상가의 종류도 더욱 다양해지고 세분화되고 있는 추세이다. 전통적인 상가의 형태라고 할 수 있는 근린상가와 단지 내 상가 이외에도, 주상복합상가, 테마쇼핑몰, 민자역사 내 상가, 복합단지 내 상가 등 다양한 상가의 형태가 등장하고 있다. 이들은 모두 고정적인 수익을 창출할 수 있는 수익형 부동산으로서 상가라는 공통점을 가지고 있으나, 정확한 개념과 투자방법에 있어서는 조금씩 차이가 있다. 또한 투자자 개인의 취향이나 보유 자산에 따라서 적합한 상품이 다르므로 이 점에 유의하여야 한다. 각 상가 상품의 특징을 잘 이해하고 자신에게 적합한 상품을 적절히 선택하는 것만으로도 투자의 반은 성공한 것이나 마찬가지이다. 그렇다면 우선 다양한 상가 상품들의 특징과 투자요령 등에 대해서 개괄적으로 살펴보면서, 자신에게 맞는 상품을 탐색해보도록 하자.

근린상가

　근린상가란 말 그대로 생활권에 인접해 있는 상가를 의미한다. 현행 건축법을 비롯한 각종 건축법규 상의 근린생활시설은 사람들이 거주하는 주택과 매우 가까이에 위치하여 도보로도 쉽게 접근할 수 있으며 생활에 편의를 제공할 수 있는 시설물을 말한다. 이러한 근린생활시설에 들어서 있는 상가를 근린상가라고 하며, 우리가 길에서 마주치는 대부분의 상가가 여기에 해당한다. 근린상가가 입주하여 있는 근린생활시설은 보통 2층에서 5층 규모의 중간층 규모로 건축되며, 건물의 상층부에는 주택이 들어서는 경우도 있다. 근래에는 상권에 따라 근린생활시설과 근린상가의 형태도 크게 변화하여, 그 규모가 점점 대형화·전문화 되는 추세가 나타나고 있다.

　근린상가는 이처럼 가장 대표적인 상업시설이기 때문에, 무엇보다도 입지가 좋은 상가를 잡는 것이 중요하다. 역세권이나 대로변의 상가는 많은 월세수익을 올려줄 수 있을 뿐만 아니라, 향후 시세차익을 기대하기에도 좋다. 또한 입지뿐만 아니라 사람들의 동선을 고려하는 것도 중요하다. 간략히 말하자면 주된 동선에 가로로 길게 뻗어 있는 상가가 노출이 잦고, 가시성이 좋은 만큼 보다 우수한 평가를 받을 수 있다. 그리고 출근길 상권보다는 유동인구가 실제 소비활동으로 이어질 수 있는 퇴근길 상가가 더 유리하다는 점 역시 기억해야 한다. 또한 권리금이 있다는 것은 그만큼 상권이 발달했고 수익성이 좋다는 의미이므로, 권리금이 없는 상가보다는 권리금이 있는 상가를 고르는 것이 낫다.

단지 내 상가

아파트를 건축함에 있어서 시행사는 신축 공급되는 아파트에 입주하게 될 입주자의 생활 편의를 위해서 상가를 지어 공급하게 된다. 단지 내 상가는 이처럼 주택건설기준 등에 관한 규정에 따라 공동주택을 건립할 때 주민 생활 편의를 위해 설치한 상가를 말한다. 이 때 단지 내 상가가 공급되는 아파트의 단지 규모는 최소 1,000가구 이상이며, 가구당 점포 면적은 1㎡ 이하로 적용되게 된다. 따라서 132㎡, 즉 40평 이상의 대형 아파트 단지보다는 66~99㎡, 20평에서 30평대의 중소형 아파트 단지가 유리하다. 왜냐하면 중소형 아파트 단지의 입주민들이 보다 단지 내에서 소비하려는 성향이 강하게 나타나기 때문이다. 또한 세대 수에 맞는 적정 상가 규모는 아파트 배후 세대 수에 따라 달라지는데, 이때에는 해당 아파트의 세대 수뿐만 아니라 주변 단지의 세대 수까지 고려하는 것이 정확한 수요 예측을 하는데 더 도움이 된다.

더불어 단지 내 상가에 투자함에 있어서는 경쟁상대가 될 여지가 있는 여러 대체 상품들에 대한 고려 역시 중요하다. 단지 규모에 따라서 단지 내 상가의 수익성이 크게 달라지며, 또한 주변 상권과의 거리, 동선, 경쟁 관계 등에 따라서 대단지 내에 위치한 단지 내 상가도 그리 좋지 않은 수익만을 낼 수도 있다. 마찬가지 관점에서 인근에 대형 할인마트와 백화점이 입점해 있는지도 확인해 봐야 한다. 이러한 대형 상업시설의 입지로 인해서 간혹 유동인구가 늘어나고 매출이 증가하는 등으로 반사효과를 누리는 단지 내 상가도 존재한다. 하지만 대부분의 경우에는 부정적인 영향이 큰 만큼 꼼꼼한 시장조사가 필요하다. 그리고 단지 내 상가의 주된 고객층은 어디까지나 아파트 입주민이 되는 만큼, 그들을 타겟으로 한 업종을 유치하는 것이 수익성에 좋고 공실이 발생할 우려도 줄일 수 있다. 가장 대표적으로는 식료품점, 슈퍼마켓 등이 좋은 업종이며, 제과점이나 부동산 등도 1층에 위치하기에 좋은 업종이다. 2층 이상의 경우에는 학원이나 병원, 미용실 등이 입지하면 나쁘지 않은 수익률을 기대할 수 있다. 그러나 일부 단지 내 상가의 경우 입점 가능한 업종이 제한되어 있는 경우도 있으므로 미리 확인이 필요하다.

단지 내 상가가 아파트 단지에서 어디에 위치하고 있는지도 고려하면 좋다. 흔히 과거에는 많은 단지 내 상가가 아파트 단지의 입구에 위치하고 있었다. 단지 입구 부근이 유동인구가 많고 상권이 발달해 있다면, 주변 상권과의 접목을 통해 집객 효과를 늘이고 수익성을 개선하는 이점을 노릴 수도 있다. 하지만 그렇지 않은 경우에는 단지 내 상가는 단지 입구에 있는 것보다 아파트 내의 입주민들의 이동 동선에 있는 편이 낫다. 주된 고객층이 입주민으로 한정되기 때문이다. 그리고 이처럼 외부 수요를 기대할 수 없는 단지 내 상가라면, 업종 선택에 더욱 신중을 기해야 한다. 한정된 세대수의 입주민만을 대상으로 하므로, 생활에 밀접히 관련되어 있는 업종을 위주로 유치하되, 최근에는 네일 샵이나 마사지 샵과 같은 여성층을 대상으로 한 업종이 단지 내 상가로서 각광받고 있으니 주목할 필요가 있다.

주상복합상가

주상복합시설은 말 그대로 하나의 건물에 주거공간과 상업공간이 함께 공존하는 건축 형태이다. 이 같은 주상복합시설은 주로 상층부에 주거 시설이나 업무 시설을 두고, 건물의 하층부에는 상업 시설을 배치하는 방법으로 한 동의 건물 안에 복합적인 시설을 건축한 것을 말한다. 주상복합시설에 자리 잡은 상가인 주상복합상가는 주로 도심에 위치하는 편이며, 서울권역에도 주거시설의 비율이 극단적으로 높은 형태로 많이 지어지고 있다. 이처럼 대부분의 주상복합시설이 도심지나 상업 중심지에 위치하기 때문에, 그만큼 교통이 편리하고 접근성이 뛰어나다는 장점이 있다. 집객 효과를 기대할 수 있는 것이다. 배후의 주거단지가 상대적으로 적다는 것은 단점이 되기도 하나 오히려 이 때문에 주상복합상가의 경우에는 주상복합시설의 입주민들보다는 외부 고객들을 대상으로 영업을 하는 편이 좋다. 따라서 업종의 범위 역시 단지 내 상가에 비하여 넓어지게 되며, 주거단지가 적다고 하더라도 교통이 좋고 주변 상권이 발달한 곳이라면 보다 공격적으로 투자를 하는 것도 나쁘지 않다. 다만 주상복합상가는 주상복합시설에 위치한 만큼 전용면적의 비율이 근린생활시설보다 떨어지는 경우가 많다. 따라서 투자하기에 앞서 전용률도 다시 한 번 확인해야 한다.

전문테마상가

전문테마상가는 특화된 특정의 테마 위주로 업종이 구성된 집합 상가이다. 이러한 전문테마상가는 백화점이나 쇼핑몰과는 다르다. 백화점이나 쇼핑몰의 경우에는 하나의 건물에 생활용품·식료품·의류 및 생활 잡화·전자제품·요식업 등 여러 업종들이 입점해 있는 것이 보통이다. 이에 반해 전문테마상가는 말 그대로 건물 전체가 하나의 테마에만 집중하여 구성되어 있는 경우가 많다. 의류상가·전자상가·약재상가 등이 대표적인 곳으로서, 우리 주변에서는 종로의 귀금속 상가, 용산의 전자상가 등이 가장 대표적인 전문테마상가이다.

이러한 전문테마상가는 일반적인 백화점이나 쇼핑몰 등 상업시설과는 다르게 특정 분야의 상품만 전문적으로 취급하게 되므로, 특정 테마에 있어서만큼은 다른 곳보다 월등히 품목이 다양하고 한 장소에서 최적의 상품을 고를 수 있다는 장점이 있다. 하지만 접근성이 떨어진다는 단점이 있으며, 무엇보다도 최근에는 인터넷이나 모바일 등을 통한 온라인 쇼핑이 대세로 떠오르면서 예전만큼의 영향력을 발휘하지 못하고 있다. 물론 온라인 쇼핑도 함께 시도하면서 경쟁력을 키워가는 입주 업체들도 많지만, 궁극적으로 온라인 쇼핑의 경우 특정 영업 공간이 필요하지 않으므로 긍정적인 요인이라고 보기는 어렵다. 이러한 시장상황에서 품목의 다양성 및 선택의 폭이 넓다는 장점은 접근성이 떨어진다는 단점을 극복하기가 어렵다. 따라서 향후 전문테마상가에의 투자는 보다 신중할 필요성이 있다.

다만 관광객들이 많이 찾는 신촌이나 동대문 지역을 중심으로 하여, 다양한 기념품이나 수공예품을 판매하는 테마상가는 늘어나고 있는 추세이다. 이러한 테마상가는 비교적 향후 전망이 밝고, 꾸준한 수익을 기대할 수 있으므로 투자를 시도하는 것도 좋다. 결론적으로 전문테마상가 투자에 있어서는 지역 특성과 시장 환경에 맞는 업종에 투자하는 것이 가장 중요한 점이다. 또한 투자자보다 실수요자가 많아야 하며, 되도록 입점 시기가 빠른 물건이 투자 자본의 회수가 빠르다는 점도 주의해야 할 것이다.

쇼핑몰

쇼핑몰은 사실 백화점 등의 상업시설과 외관상 구별하기는 쉽지 않은 개념이다. 보통 흔히 쇼핑센터라는 용어를 많이 사용하는데, 백화점과는 개념상 다르게 규정된다. 일반적으로 백화점은 기업 등의 운영 주체가 점포의 대부분을 직접 운영하는 방식으로 운영된다. 이에 반하여 쇼핑몰은 개개의 점포를 개인 점포주에게 분양하여 개인 또는 상가위원회가 운영하는 방식을 취한다. 주로 고밀도 상업 지역이나 역세권을 중심으로 한 교통 요지의 상업 지역에 위치하며, 따라서 주변 상권은 매우 번화한 것이 보통이다. 전용률이 각각 차이가 있기는 하지만, 매우 낮은 편이고 따라서 실제 공급되는 실면적도 매우 작다. 그러나 번화한 상업지역 입지를 이용하여 비교적 저렴한 비용으로 영업을 할 수 있다는 측면에서 세입자에게는 좋은 상품이 되기도 한다. 크기와 상관없이 하나의 점포로서의 기능은 충실히 다할 수 있기 때문이다. 그리고 전용률이 낮은 만큼 일반 근린 상가에 비하여 공용 면적의 비율은 높은데, 푸드 코트 등으로 활용되게 된다.

쇼핑몰 역시도 온라인 쇼핑의 강세와 함께 시장전망이 그리 밝다고 볼수는 없는 종목이다. 하지만 백화점이나 대형마트 등이 아직 입점하지 않은 수도권 외곽지역이라든지 지방 도시의 경우에는 충분히 경쟁력을 가질 수 있다. 특히 푸드 코트나 유흥·오락 시설 등이 함께 입주한 쇼핑몰의 경우, 단순히 쇼핑을 원하는 소비자뿐만 아니라 다양한 계층의 고객을 유인할 수 있기 때문이다. 따라서 아직 생활편의시설이 부족한 지방도시 위주로 매물을 골라서 공략한다면 쇼핑몰도 나쁜 투자처는 아니라고 할수 있다.

상가주택

　상가주택이란 근린생활지역에 주로 위치하는 주택 형태의 상가를 말한다. 보통 1층과 2층은 상가로 활용하는 경우가 많고, 3층 이상은 주택으로 활용하는 상가가 대다수이다. 이러한 상가주택은 수익형 부동산으로서의 요소와 정주공간으로서의 부동산의 요소를 모두 갖춘 종목이다. 따라서 상가를 통한 임대수익을 고려할 때, 요즘과 같은 저금리 시대에 일반 부동산 투자자들이 투자를 검토해 볼만 하다. 더불어 상가주택은 투자자가 소유하고 직접 거주함으로써 주거 문제도 해결할 수 있다는 장점이 있다. 이처럼 저층을 통해서는 상가 또는 사무공간을 임대하여 월세 수입을 얻을 수 있으면서도, 주거 문제까지 해결할 수 있기에 상가주택의 수익성을 검토함에 있어서는 다른 상가나 수익형 부동산과는 다른 접근 방식이 요구된다. 보통 수익형 부동산의 수익률을 5%에서 6% 정도로 본다면, 상가주택의 경우에는 그보다 낮은 4% 정도의 수익률만으로도 충분히 투자가치가 있다고 생각한다.

　특히나 상가주택은 최근 퇴직을 앞둔 노년층에게 노후 대비용 수익형 상품으로서 인기가 높다. 그리고 이미 주택을 소유하고 있는 사람들에게는 추가적인 임대수익을 기대할 수 있는 투자처로 각광을 받고 있다. 상가주택의 경우, 주거용 시설에 비해 상업용 시설의 면적이 클 때에는 1가구 2주택에 해당되지 않는다는 장점도 있기 때문이다. 이처럼 상가주택은 여러 가지 장점을 가지고 있는 상품이다. 일단은 거주가 가능하다는 점에서 상가의 수익률에 지나치게 집착할 필요도 없고, 이는 입지적인 조건에서도 조금은 자유로울 수 있다는 것을 의미한다. 너무 한적하고 외진 곳만 아니라면 저렴한 물건이라도 충분히 경쟁력을 가진 상가주택으로 탈바꿈할 수 있다. 그렇지만 조금 까다롭게 조건을 부가한다면, 일단 도로를 끼고 있는 장소에 위치한 상가주택이 접근성과 가시성이 좋기 때문에 보다 높은 상가 수익률을 기대할 수 있다. 또한 주택의 요소도 갖추고 있기 때문에 이 점을 십분 활용하여, 주택가의 초입이나 인근 주민들이 이동하는 동선 내에 있는 상가주택이 더 가치가 높다. 워낙 장점이 많기 때문에 필자가 적극적으로 추천하는 상품이기는 하지만, 충분한 자금여력이 필요하기 때문에 이에 대한 검토를 충분히 한 후에 투자에 나서는 편이 더 안전하다고 생각한다.

아파트형 공장 상가

구로디지털단지 등 지식산업단지 내의 아파트형 공장에 위치한 상가를 아파트형 공장 상가, 혹은 아파트형 공장 지원상가라고 한다. 이러한 상가가 입주해 있는 건물의 경우, 보통 상가가 차지하는 비율이 전체의 10% 미만인 경우가 많고, 입점해 있는 업종은 주로 아파트형 공장에 입주해 있는 업체 직원들을 대상으로 한 것이 많다. 이에 따라 편의점이나 구내식당 또는 전문식당, 문구점·은행·병원 등이 주를 이루고 있다. 상가가 차지하는 비율이 상대적으로 낮은 반면, 공장 내 입주민을 고정적인 수요로 확보할 수 있기 때문에 높은 수익률을 기대할 수 있다는 장점이 있다. 또한 최근 들어서고 있는 지식산업단지의 경우, 깔끔하고 밝은 환경에 여러 가지 편의시설을 접목시킨 곳이 많아서 외부 유입 인구도 많은 편이다. 따라서 아파트형 공장 상가는 최근 상가 투자자들 사이에서도 인기가 높아진 상품 중 하나이다. 지식산업단지 자체가 인력 공급이 쉽고 물류비용을 줄일 수 있는 교통 요지 또는 인구 밀집 지역에 위치하고 있는 경우가 많아 주변 상권의 유동인구도 대상으로 삼을 수 있다는 것 또한 장점으로 꼽히고 있다.

이러한 아파트형 공장 상가의 경우에는 동일 건물 내에서도 주된 수요층의 동선 인근에 위치한 점포를 택하는 것이 가장 좋은 접근 방법이다. 건물의 주 출입구나 엘리베이터 또는 계단 근처 등은 사람들의 이동이 잦으면서도, 가시성이 좋은 곳으로서 다른 위치에 비해서 훨씬 좋은 수익률을 기대할 수 있다. 또한 향후 매도시를 고려할 때도 보다 나은 시세차익을 얻을 수 있다.

업종을 선택함에 있어서는 언급한대로 여러 수요층을 대상으로 아파트형 공장 내 상가를 운영할 수 있기는 하다. 하지만 역시 주된 대상은 공장 내 입주업체 직원들이 되어야 할 것이다. 특히 이들의 경우, 업체의 잦은 야근 등으로 인해서 24시간 상주하는 인원도 적지 않다. 따라서 이런 고객층까지 놓치지 않을 수 있는 음식점 등의 업종은 매우 안정적이라고 할 수 있다.

한편 아파트형 공장 상가에 있어서도 피해야할 요소들은 존재한다. 특히 지하나 2층 이상에 위치한 상가는 되도록 피하는 것이 좋다. 1층 상가의 가치는 어떤 유형의 상가 상품에서나 빛을 발하기 마련이지만, 아파트형 공장 상가의 경우에는 건물 자체가 가지는 용도상의 특수성으로 인해 1층 상가의 중요성이 더욱 강조된다. 1층이 아닌 지하나 2층 이상의 상가의 경우, 접근성이 떨어질 뿐만 아니라 유동인구도 상대적으로 제한되기 때문에 추천할만한 투자처는 되지 못한다. 또한 건물에 따라서는 위치가 너무 후미져 사람들이 잘 찾지 못하는 곳도 있는데 이런 곳도 다시 생각하는 것이 좋다. 물론 입주민들을 통한 고정수익은 기대할 수 있겠지만, 보통 이런 건물의 경우에는 경쟁력 자체가 떨어지기 때문에 입주 업체도 적은 경우가 대부분이다. 더불어 해당 건물의 분양률과 유사 업종 분석, 상가 위치 등 일반적인 사항도 고려해야 하며, 최근에는 아파트형 공장 상가의 인기에 편승하여 지나치게 높게 가격을 책정하는 경우도 더러 있기 때문에 주변 시세와 비교하여 고분양가 여부 등도 꼼꼼히 살펴야 한다.

어떤 상가에 투자할 것인가?

이처럼 상가에는 다양한 종류가 있다. 그리고 기본적인 접근방법은 유사하지만 세부적으로는 모두 나름의 특징이 존재하며, 따라서 다른 투자방법이 필요하다. 또한 소요자금 역시도 종목별로 큰 차이를 보이기 때문에 유의해야 한다. 그렇다면 과연 어떤 상품에 투자하라는 것인가? 필자는 일반적으로는 근린상가와 단지 내 상가, 주상복합상가 그리고 투자자 개인의 상황에 따라서는 상가주택을 주된 투자처로 추천하는 편이다. 물론 다른 종목들 역시도 정도의 차이는 있겠으나 충분히 효과적인 투자처가 될 수는 있다. 하지만 투자의 난이도가 좀 높을 수 있으며, 개개인의 선호도에 따라서 편차가 클 여지가 있기 때문에 일반적인 투자자에게는 잘 맞지 않는 면이 있다. 결국 부동산 투자를 막 시작했다거나, 자금 여건이 충분하지 않은 일반 투자자의 입장에서는 근린상가와 단지 내 상가, 주상복합상가, 그리고 상가주택을 주로 고려하는 것이 낫다. 이들 상품은 다른 종목에 비해 비교적 고려할 요소가 적으며, 아무래도 수요와 공급이 풍부하여 기존에 형성된 시장 자체가 크기 때문에 실패할 확률이 적은 것이다. 필자가 조언했던 다수의 투자자들도 이들 종목을 통해 대부분 투자에 성공한 바 있다. 그렇다면 독자 여러분도 이들 상가를 통해 부자가 될 수 있는 것이다. 그렇다면 이들 중 근린상가와 단지 내 상가, 그리고 주상복합상가에 대해서는 본장에서 살펴보고, 크게는 꼬마빌딩에 포함되는 상가주택에 대하여는 다음 장에 이어서 알아보도록 하자.

2. 전통의 강자, 근린상가

위에서도 언급한 것처럼 근린상가란 대체로 동네에 건물 형태로 따로 들어선 상가를 말한다. 이름 그대로 생활권에 가까이 있는 상가이기 때문에, 근처의 거주민들을 주된 고객으로 삼으며 입점 업종은 약국이나 병원·학원 등으로 실생활과 관련 있는 것이 많은 편이다. 이러한 근린상가가 위치한 건물은 보통 4층에서 5층 정도의 규모를 가진 경우가 많다. 하지만 최근에는 과거에 비하여 대형화, 전문화되는 현상도 나타나고 있다.

근린상가 투자, 고려해야할 점은?

그렇다면 좋은 근린상가를 고르는데 고려해야 할 요소들에는 어떤 것들이 있을까? 다음에 제시되는 요소들만 충실히 따라가며 체크하다보면 누구나 쉽게 좋은 조건의 근린상가를 선택할 수 있다.

가장 중요한 요소는 역시 위치이다. 근린상가는 필연적으로 경쟁이 요구되는 위치에 입지하는 것이 대부분이다. 특히 택지개발지구나 일반 대로변에 있는 경우에는 주변의 다른 상가와 경쟁해야 한다. 물론 업종에 따라서 달라지기는 하겠으나 좋은 입지가 곧 근린상가의 경쟁력이 된다는 사실은 바뀌지 않는다. 따라서 좋은 입지의 근린상가를 찾아야 하며, 근린상가에 있어서 좋은 입지란 결국 사람이 모이는 상권이 활성화된 곳이다. 상가 주변에 거주하는 인구가 많고 유동인구가 많아서 사람이 자주 다니는 곳이면 좋다. 또한 동선 역시 빼놓을 수 없는 요소이다. 최근에는 워낙 대중들의 부동산에 대한 관심이 높고, 일반적인 부동산 지식의 수준도 상승했기 때문에 부동산에서의 위치의 중요성에 대해서는 알고 있는 경우가 많다. 하지만 필자가 강단에서 대학생들을 가르치거나, 혹은 실무에서 투자자들을 만나보면 동선의 중요성에 대해서는 정확히 알고 있는 사람을 만나기가 쉽지 않다. 같은 지역이라도 주된 인구의 동선에 따라서 상가의 수익성은 극명하게 달라질 수 있다. 따라서 투자자들에게 동선을 파악하고 검토하라는 말을 해주고 싶다. 그럼 어떤 상가가 좋은 동선을 가진 상가일까? 쉽게 이야기해서 이동과정에서 무의식적으로 마주칠 확률이 높은 상가라면 동선이 좋은 상가이다. 동선을 파악하기 위해서는 현장에 나가 반복적으로 소비자의 입장에서 주변을 탐색해 보면 좋다. 가시성이 좋더라도 큰 길을 건너야 한다든가 진입통로를 찾기 어려운 경우에는 좋은 평가를 받기 어렵다. 또한 패스트푸드나 커피 전문점 등 프랜차이즈 업체가 입지한 곳 주변은, 회사 차원의 면밀한 입지 및 동선 분석에 의해 선택된 곳일 가능성이 높으므로 이러한 곳도 눈여겨보면 좋다.

또한 유동인구가 많은 곳을 노리는 것이 좋다. 지하철 역세권이나 대로변에 위치한 근린상가가 대표적이다. 물론 상식적인 내용이기는 하지만, 투자를 하다보면 오히려 이렇게 가장 기본적인 내용을 놓치는 투자자가 의외로 적지 않은 것을 볼 수 있다. 특히나 부동산 투자 경험이 적은 투자자들이라면 더욱 유동인구가 많은 곳에 투자하는 것이 안전하다. 물론 사람이 많이 오고가는 곳은 그만큼 가치가 높게 거래되기 때문에 매매가 역시 비싸 수익률은 낮아질 수밖에 없지만 초보자에게는 그 편이 안전하다. 투자자들에게 매번 조언하는 부분이 있는데 리스크도 적고 이익도 큰 투자는 존재하지 않는다는 것이다. 물론 만에 하나쯤 그런 기회가 찾아올 수도 있겠지만 그건 이미 투자라고 보기에는 너무 낮은 확률이다. 초심자라면 조금은 안전한 길을 택하는 것이 가장 확실하다. 차선책으로는 역세권 중에서 수익률이 높은 곳을 고를 수도 있다. 현재는 역세권이 아니나, 장래 역세권으로 형성될 것이 계획되어 있는 지역이 바로 여기에 해당한다. 아직 역세권 가치가 가격에 반영되어 있지 않기 때문에 상대적으로 낮은 가격으로 투자가 가능하다. 다만 구체적인 상황은 경우에 따라 다를 수 있다는 것을 명심해야 한다. 지하철 등이 개통된다는 사실이 이미 알려져 있더라도 아직 개통이 안 된 곳은 상가 값이 덜 오른 경우가 많다. 이런 곳을 공략하면 큰 수익을 올릴 수 있다. 하지만 간혹 논의 단계에서부터 가치 상승이 가격에 적극 반영된 지역이 존재하기도 한다. 이런 곳은 섣불리 투자했다가는 오히려 큰 낭패를 보기 쉬우므로, 각종 부동산 정보 사이트나 주변 공인중개사 사무실 등을 방문하여 부동산 가격 추이를 확인하면 실패를 방지할 수 있다.

앞서 언급했던 동선과도 일맥상통하는 이야기지만, 최근 부동산 전문가들 사이에서는 퇴근길 상권의 중요성이 강조되고 있다. 우리들의 일상생활을 생각해보자. 출근 등으로 바쁜 아침 시간보다는 학업이나 업무를 마치고 집에 귀가하게 되는 퇴근 시간대에 여러 가지 활동을 하기 마련이다. 따라서 출근 때보다 퇴근 시간대에 유동인구가 많고 사람들이 많이 모이는 지역이 상가의 입지로서는 좋다고 할 수 있다. 특히 이러한 곳에 위치한 근린상가의 가치는 높게 평가된다.

그리고 권리금이 붙어있는 상가를 무조건 피하는 자세는 지양하는 것이 좋다. 투자자들을 만나보면 권리금을 주고 상가를 넘겨받는 것을 아까워하는 경우가 적지 않다. 괜한 돈을 주는 것 같은 느낌이 든다는 것이다. 하지만 주변 시세와 비교했을 때, 그리고 자신이 염두에 두고 있는 업종을 고려했을 때 지나치게 높은 액수의 권리금을 지급하는 것이 아니라면 피할 일만은 아니라는 것이 필자의 의견이다. 적절한 권리금은 장사가 잘되는 곳에만 붙는 특징이 있고, 투자자는 권리금을 지급함으로써 이러한 곳의 영업권을 고스란히 넘겨받을 수 있기 때문이다. 장사가 안 되고 입지가 좋지 않으며 상권이 활성화 되어있지 않은 곳에 높은 권리금이 붙는 일은 없다. 상권이 좋아야만 큰 액수의 권리금이 붙는 것이다. 오히려 초기의 공실 우려나 영업 부진 등의 피해를 감수하는 것보다는 적절한 권리금을 지급하고, 좋은 상가를 구하는 것이 더 이득인 경우도 많다. 따라서 주변 임대료와 상가의 매출 등을 따져 권리금이 적절한 액수라면, 투자를 고려해보는 것이 낫다. 필자가 알고 지내는 투자자 중에는 오히려 이렇게 적절한 금액의 권리금이 붙어 있는 상가에만 투자하여 큰 수익을 거둔 사례도 있었다. 한편으로는 철저한 상권 및 입지 분석을 통하여 권리금이 붙어 있지 않은 상가를 노릴 수도 있을 것이다. 이 경우 정확한 분석에만 성공한다면 권리금의 지출을 아끼고, 높은 수익률을 확보할 수도 있다. 하지만 초보 투자자의 입장에서는 이러한 옥석 고르기가 쉽지만은 않기 때문에 먼저 전문가의 조언을 구할 것을 충고하는 바이다.

또 모든 부동산 상품에 있어서 해당되는 이야기지만, 필자가 특히 상가와 토지 투자에 있어 중요시하는 요소가 있다. 바로 부동산의 생김새이다. 소위 잘 생긴 상가, 혹은 토지라고 하는데, 상가이냐 토지냐에 따라서 구체적인 모양은 조금 다르다. 하지만 일단 상가의 경우에는 주된 동선에 가로로 길게 뻗어 있는 상가가 좋고, 안쪽이 지나치게 깊지 않은 상가가 더 높은 평가를 받을 수 있다. 일단 사람들의 출입이 많은 도로와 접하는 면이 넓은 상가가 가시성 및 접근성이 좋기 때문에 수익성이 좋다. 또한 상가를 분할하여 운영하는 경우에도 도로와 넓게 접하는 상가는 쪼개기가 쉽다. 이런 상가는 가격대가 보다 높게 형성되는 것이 사실이다. 하지만 필자는 30% 정도 비싸게 주더라도 도로와 넓게 접하고 있는 상가에 투자할 것을 조언하고 있다. 초기 비용은 많이 들더라도 이러한 상가가 장사가 잘되고, 따라서 임대료를 많이 받을 수 있기 때문이다. 그리고 더불어 공실이 발생하는 경우도 드물기 때문에, 추후에 매각할 때에도 높은 시세차익을 기대할 수 있다.

그리고 상가의 위치에 따라서, 또한 층수에 따라서 각각 특성에 맞는 업종을 유치하는 것도 중요하다. 주변 상가를 한번 둘러보자. 보통 은행이나 약국은 1층에 위치한 반면, 병원이 1층에 위치한 경우는 적다. 그만큼 구체적인 위치에 따라 적절한 업종이 다른 것이다. 1층은 편의점, 약국, 식당, 제과점 등이 가장 좋은 업종이다. 2층은 PC방 등이 좋은 업종으로 꼽힐 수 있고, 3층 이상인 경우에는 학원이나 병원 등이 적절한 업종이 된다.

경쟁력을 갖춘 대체제의 유무를 확인하고, 이를 투자에 반영하는 것도 중요하다. 특히나 상가투자의 경우에는 이러한 요소가 곧바로 수익성과 직결되기 때문에, 본인의 상가와 경쟁을 할 수 있는 요인을 반드시 분석해야 한다. 특히나 사이즈가 큰 대형 상가에 비해서 소형 상가는 이러한 분석을 더 꼼꼼히 해야 한다. 구조 변경 및 업종 선택의 폭이 좁을 수밖에 없기 때문이다. 주택가에 있는 근린상가는 이러한 점에서 조금 자유로울 수 있다. 하지만 상업 지구에 위치한다거나 신도시에 입지한 상가의 경우에는 주변에 경쟁력 갖춘 대체제가 많기 때문에 유의해야 한다. 따라서 백화점이나 대형 마트의 유무를 확인하고, 불가피하게 물건을 선택해야 한다면 그들과는 차별화된 업종을 선택할 수 있어야 한다. 따라서 백화점이나 할인점에 없는 업종이 들어선 상가가 안전하다고 할 수 있다. 또한 비슷한 유형의 상가들이 모여 있는 곳이라면 일정 수준 이상의 수익성을 담보하기 쉬우며, 해당 지역의 대표적인 상권에 위치한 상가의 경우 가격은 조금 높아지겠지만 투자의 측면에서는 안전하다.

마지막으로 상가를 분양받음에 있어서는 적절한 시기를 고르는 것 역시도 중요하다. 어떤 시기에 입주를 하는지, 혹은 임대를 놓는 지에 따라서 시세가 크게 달라질 수 있다. 기본적으로는 상권의 활성화시기에 맞추는 것이 추천된다. 괜히 서둘러 입주하는 경우에는 초기에 수익성이 좋지 않을 수 있다. 다만 임대인의 입장에서는 초기부터 세입자를 구하는 것이 좋다. 특히 마트나 프랜차이즈 업체를 입주시키는 경우, 안정적인 수익을 얻을 가능성이 높은데 이 같은 계약은 보통 초기에 이뤄지는 사례가 많으므로 발 빠르게 움직여야 한다. 이와는 달리 기존에 상권이 충분히 발달한 지역이라면, 최대한 시기를 앞당겨서 영업을 하거나 세입자를 구하는 것이 선택의 폭을 넓힐 수 있고 수익성을 극대화시킬 수 있다.

3. 안정적인 투자 수단, 단지 내 상가

　단지 내 상가는 아파트 등 공동주택의 단지 내부에 건축된 것으로서, 단지 입주민들의 생활편익 제공을 위한 상가임을 특징으로 한다. 따라서 입주민이 주된 고객이기 때문에 생활시설과 구매시설, 교육시설 위주로 입점하는 특성이 있다. 입주민이라는 고정 고객이 일정 부분 확보되어 있기 때문에, 여러 가지 상가 상품 중에서도 단지 내 상가의 수익은 안정적이라는 장점이 있다. 더불어 입지라는 측면에서 아파트 주민들을 대상으로 한 생활밀착형 업종이 중심이 되기 때문에 부동산 시장의 경기와는 크게 연동되지 않는다. 따라서 고정적인 수익창출이 가능하며, 공실의 위험이 적다는 것도 큰 장점으로 꼽힌다.

이처럼 높은 수익률을 기대할 수 있다거나 큰 시세차익을 노리기는 어렵다는 단점이 있기는 하나, 안정적인 투자가 가능하므로 부동산 투자 경험이 일천한 투자자들도 쉽게 접근해 볼만 한 상품이다. 근린상가 등 일반 상가에 비하여 분양가가 낮게 형성된다는 것 역시 단지 내 상가의 장점이 되는데, 수도권 신도시의 경우 상가의 절반 정도의 가격이면 단지 내 상가에 투자할 수 있는 곳도 많다.

하지만 일반 근린상가는 건축할 때 건축법의 적용을 받게 되지만 단지 내 상가는 주택법의 적용대상이 된다. 단지 내 상가의 경우, 공동주택 입주민들의 생활편익을 위한 부대시설 및 복리시설에 해당되기 때문이다. 따라서 단지 내 상가는 주택법의 적용을 받기 때문에, 일반 근린상가 등에 비해 법적인 규율이 보다 엄격하게 적용된다.

단지 내 상가, 장단점은 무엇인가?

이처럼 단지 내 상가는 안정적인 수익 창출이 가능하다는 측면에서 비교적 쉬운 투자종목이라는 것을 가장 큰 장점으로 한다. 반면 높은 수익을 기대하기는 어렵고 법적 규율이 까다로운 편이기 때문에 보다 자유로운 상품 운용은 힘들다는 것이 가장 큰 단점으로 꼽힌다. 하지만 단지 내 상가 투자를 고려함에 있어서는 검토해야 할 요소들이 이외에도 여러 가지가 있다. 장점과 단점으로 나누어 살펴보자.

먼저 반복해서 이야기하지만 단지 내 입주민이 기본 수요층으로서 매출이 안정적이라는 장점이 있다. 입지 자체가 아파트 단지 내이기 때문에, 대체제와의 충돌 가능성도 그만큼 적은 편이다. 하지만 이는 지역별로 조금 다른 양상으로 나타날 수도 있다. 가령 고가의 아파트 단지의 경우, 아파트 입주민들이 접근성에 우위에 있는 단지 내 상가보다는 접근성이나 편의성이 떨어지더라도 높은 품질을 갖춘 상업시설을 이용하는 경향이 크기 때문에 단지 내 상가의 이점이 상당 부분 희석될 수가 있다. 주변에 대형 상권이 발달한 지역 역시 마찬가지이다. 따라서 오히려 조금 가격대가 저렴한 아파트의 단지 내 상가가 매출은 오히려 더 우수한 사례도 많다. 하지만 이런 변수에도 불구하고 최소한의 안정적 수익이 보장된다는 점은 다른 부동산 종목과 비교하면 여전한 장점이다. 또한 단지 내 상가의 경우, 입점 업종이 제한되어 있는 경우가 많고, 업종의 독과점 역시 인정되기 때문에 매출 발생에 있어 보다 유리한 점을 가진다. 더불어 최근에는 단지 내 상가 역시 고급화 추세를 띠고 있다. 특히 고급 아울렛 등에서 보이는 것처럼 스트리트 형으로 구성된 단지 내 상가가 출현하고 있다. 이들 단지 내 상가들은 접근성과 가시성의 측면에서 우위에 있으며, 이를 통해 입주민이라는 고정 수요 이외에 외부 수요까지 노릴 수 있는 경쟁력을 확보하고 있다.

이와는 달리 역시 여전히 대부분의 단지 내 상가의 경우에는 수요층이 단지 내 입주민들로 제한될 수 있기 때문에 높은 수익을 기대하기는 어렵다는 단점이 가장 먼저 제기된다. 또한 앞서 언급한 것에서도 드러나는 것처럼, 고급 아파트 단지의 경우나 대형 아파트의 경우에는 단지 내 상가보다는 외부 상업시설 등을 이용하는 경향이 강하다는 것도 문제점이 될 여지가 있다. 그리고 주변에 상업시설이 발달한 경우라면, 외부 수요는 끌어올 수 없는 데에 비해서 내부 입주민들의 수요는 빼앗기는 현상이 나타날 가능성도 있다. 또 단지 내 상가의 공급면적에 있어서 민영 아파트와 공영 아파트는 큰 차이를 보이는데, 특히 민영 아파트의 경우에는 분양상가가 지나치게 많고 업종의 독점이 보장되지 않는 경우도 종종 있다. 이런 경우에는 단지 내 상가 고유의 경쟁력과 수익성을 확보하기 어렵게 된다. 또한 고정적인 내부 수요에도 불구하고, 입주민들이 이용하는 주된 동선에서 떨어져 있는 상가의 경우에는 접근성이 떨어지기 때문에 수익성이 하락할 수 있고, 최악의 경우에는 장기간 공실이 발생하여 아예 죽은 상가가 될 위험도 있다. 마지막으로 상가에 입점할 업종을 제한하는 단지 내 상가에 시기적으로 늦게 투자하는 것은 재고해 보아야 한다. 그만큼 이미 경쟁력이 있는 위치와 업종의 상가가 자리를 잡고 있을 가능성이 크며, 이 경우에는 새로운 세입자를 구하거나 수익성을 올리는 것이 어려운 상황이 발생할 수 있다.

스트리트형 단지 내 상가와 내부형 단지 내 상가

단지 내 상가는 원래 입주민이 이용할 수 있게끔 만들어진 상가였다. 하지만 내부 수요뿐만 아니라 외부 수요까지 공략할 수 있다면 투자자들은 수익성을 높일 수 있고, 입주민들의 입장에서도 상가가 활성화되어 그만큼 양질의 서비스를 기대할 수 있으니 장점이 있다. 이러한 이유로 최근에는 외부인도 유치할 수 있도록 노출되어 있는 스트리트형의 단지 내 상가가 늘어나고 있다. 이에 맞물려 고급화까지 이뤄진다면 주변 유동인구까지 끌어들일 수 있는 좋은 상가라고 할 수 있다. 반면 여전히 전통적인 단지 내 상가처럼 구성된 곳도 많다. 이러한 단지 내 상가는 입구에 주차 차단기가 설치되어 있는 경우가 많으며, 따라서 단지 내 주민들만 이용할 수 있는 상가이다. 이 경우에는 외부 수요를 기대하기가 어렵기 때문에 상가의 동선과 위치도 오롯이 입주민들의 이용 동선 측면에 집중하는 편이 낫다. 어설프게 외부와 맞닿아 있는 것보다는 오히려 내부 수요를 확실히 잡을 수 있는 상가가 낫다.

이렇듯 새로운 트렌드를 반영하여 외부 수요도 공략할 수 있는 단지 내 상가가 보다 공격적인 투자자에게는 적합하다고 할 것이다. 유동인구가 많은 단지 외부 방향에 위치하면서, 그 형태 역시 일반적인 근린 상가와 큰 차이를 보이지 않는다. 하지만 그만큼 분양가격도 높은 경우가 많고, 이러한 형태의 단지 내 상가가 들어서는 아파트 단지의 경우 내부 수요도 분산될 가능성이 높기 때문에, 단지 내 상가 본연의 장점인 투자의 안정성은 떨어지기 마련이다. 한편 종래의 단지 내 상가는 일정 세대 이상의 규모를 갖춘 공동주택의 입주민들에게 편의를 제공하기 위한 시설로서 의무적으로 만들어졌기에, 상가가 단지의 출입구 주변에 위치했고 단지 중앙에 위치한 경우도 있다. 이러한 단지 내 상가는 수익성의 확장 가능성은 적어도 투자 안정성만큼은 높은 경우가 대부분이므로 투자자 개인의 선호와 투자 여력에 따라서 결정하면 될 것이다.

단지 내 상가 투자, 이 점만은 고려하자!

단지 내 상가의 기본 가치는 투자의 안정성이다. 이를 위해서는 고정 수요가 필요하고 단지 내 상가가 위치한 아파트 단지의 세대수가 일정 수준 이상은 되어야 한다. 보통 단지 내 상가의 기본 매출이나 상권을 유지할 수 있는 기준으로 500세대 정도를 산정한다. 이 기준은 최소치에 가깝고 단지 내 상가에 투자를 고려할 때에는 1,000세대는 되어야 안정적인 수익 확보가 가능한 것으로 평가한다. 이보다 적으면 독자적인 고정 수요가 만들어진다고 보기 어려운 것이다. 그렇지만 충분한 세대수만이 단지 내 상가 투자의 충분조건은 아니다. 주민들의 동선을 고려하여 상가에의 접근성이 좋은지, 가시성은 어떠한지 등의 문제도 살펴야 하는 것이다. 단지 내 상가의 구체적인 위치에 따라 입주민들의 이용 빈도가 달라지므로, 위치적 요소를 고려하는 것이 좋다.

또한 단지 내 상가가 위치한 아파트의 종류와 특징에 따라서 상가의 수익성은 크게 달라진다. 앞서 언급한 것처럼 고급 아파트의 경우, 일반적인 인식과는 달리 수익성이 떨어질 수도 있는 것이다. 이러한 경향성은 구체적으로 살펴보는 것이 중요하기는 하나, 기본적으로 임대아파트와 일반 분양아파트, 그리고 공공 분양아파트와 민영 분양아파트 간에 뚜렷한 차이가 있다는 점을 기억하면 좋다. 아파트 입주민의 주 연령대와 소득 수준에 따라서 단지 내 상가에 입점이 가능한 업종이 달라지므로, 이를 고려해서 투자를 결정하는 것이 좋다. 보통 아파트 단지 입주민들의 연령대는 30대에서 40대의 분포가 많은 것이 상가의 수익성에는 긍정적이라고 본다. 어느 정도 경제력을 갖췄지만, 외부 수요를 노리기에는 불리한 연령대이기 때문이다. 또한 아파트 단지의 특성에 대하여 일반적인 기준에서 말하자면, 임대아파트보다는 일반 분양아파트의 단지 내 상가가 보다 수익성이 좋은 편이다. 아무래도 구매력이 높을 수밖에 없기 때문에 영업이 가능한 업종도 보다 다양하고 선택의 폭이 넓다. 이는 공공 분양아파트와 민영 분양아파트의 경우에도 마찬가지로서, 민영 분양아파트의 단지 내 상가가 보다 수익성이 높을 것으로 예상할 수 있다. 하지만 이보다 더 나아가서 고급 아파트 단지라거나, 대형 아파트 단지의 경우에는 앞서 언급한 것처럼 외부 상업시설에 의해 수요가 분산되는 폭이 크기 때문에, 수익성이 매우 떨어질 가능성이 크다.

상가의 전체 면적 역시 고려해볼만한 요소인데, 세대수는 한정되어 있는데 비하여 단지 내 상가의 면적이 지나치게 넓어 공급이 과다한 경우, 개별 투자자들의 수익성은 하락할 수밖에 없기 때문이다. 세입자를 구하기가 어려울 뿐만 아니라, 영업 수지도 좋지 않기 때문에 공실까지 발생할 수 있다. 이를 위해 세대수 별로 적정한 수준의 상가 면적을 산출하기도 하는데, 보통은 세대별 상가면적이 1㎡, 즉 0.3평 내외라면 적정한 수준으로 평가한다. 이보다 0.1평정도 작거나 큰 것은 문제가 되지 않겠지만, 그것보다 더 큰 수준이라면 공급과잉이라고 이야기할 수 있다. 이러한 경우에는 투자를 재고하는 편이 안전하며, 투자를 진행하는 경우에도 최대한 낮게 매입가격을 설정해야 한다.

4. 탄탄한 고정수요, 주상복합상가

　주상복합상가는 상층부에 위치한 주거시설 및 업무시설의 수요를 충족시키는 한편, 외부수요까지 노릴 수 있도록 건물의 하층부에 상업시설을 배치한 것이 특징이다. 건물에 함께 입주해 있는 입주민들이라는 고정수요 이외에 외부수요까지 고려할 수 있다는 점에서는 단지 내 상가와 유사한 측면이 있다. 하지만 단지 내 상가에 비하여 그 규모가 큰 경우가 많고, 전용률이 비교적 낮으며 주로 근린상업지역이나 일반상업지역에 공급된다는 점에서 단지 내 상가와는 구별된다.

주상복합시설을 건축하는 경우, 지방자치단체의 조례에 따라 구체적인 수치는 다르지만 보통 30% 정도가 상가로 배정되게 된다. 이에 따라서 1층만 상가로 두는 경우도 있지만, 보통은 지하 1층 및 지상 1층과 2층을 상가로 하는 경우가 많다. 동일한 건물 내에 위치한 주거 및 업무 시설이라는 탄탄한 고정수요 이외에 외부 집객효과도 기대할 수 있기 때문에 주상복합상가는 완벽한 투자처로 그려지는 경우가 많고, 실제로 분양업체들도 주상복합상가를 분양할 때 이 점을 강조하곤 한다. 하지만 주상복합상가 투자에도 유의할 점들은 존재한다. 따라서 장점과 단점을 정확히 분석한 후 투자에 나서야 한다.

주상복합상가 투자의 장점과 단점

역시 튼실한 고정수요가 존재한다는 점은 주상복합상가의 가장 큰 장점이다. 주로 상업용지에 공급되기 때문에, 주변에 기본적인 상권이 형성되어 있으며, 건물의 상층부에는 주거 및 업무 공간이 입주하여 있으므로 기본 수요가 매우 충실한 편이다. 이는 상가의 공실률을 크게 낮춰줄 수 있는 요소이며, 수익률에도 긍정적인 부분이다. 또한 주상복합상가가 입점한 건물의 입주민들이나 주변 상권의 잠재 고객들은 다른 상업지역에 비해서 비교적 구매력이 높은 경우가 많다. 또한 연령대도 상대적으로 낮기 때문에 입점할 수 있는 업종의 범위도 그만큼 폭넓게 형성된다. 이에 더하여 생활밀착형 업종이 입점하는 경우도 많기 때문에 주상복합상가를 임대하는 것은 상대적으로 쉽다. 세입자들 역시도 입주민이라는 고정수요를 매우 중요시하기 때문에 주상복합상가에 대한 수요는 끊이지 않는 편이다. 마지막으로 크게 드러나지는 않으나 가장 큰 장점이 될 수 있는 것으로 공급일정이 안정적이라는 장점을 들 수 있다. 근린상가에 대해 살펴보면서 설명했던 것처럼 근린상가의 경우, 입주 시기에 따라서는 상권의 활성화와 상당기간 시차가 벌어질 수 있어서 수익성이 악화되는 경우를 유념해야 했다. 하지만 이와 달리 주상복합상가는 상층부의 오피스텔 등의 공급일정과 발맞추어 공급되는 경우가 많다. 또한 그렇지 않은 경우에도 상당 수준으로 공사가 진척된 이후에 주상복합상가가 공급되는 것이 보통이다. 따라서 일반 근린상가의 경우처럼 활성화가 늦어져서 수익성이 하락할 염려를 하지 않아도 된다. 최소한의 배후수요를 확보할 수 있기 때문이다. 또한 주상복합건물 자체가 상업시설이 밀집한 지역에 위치하는 경우가 많다는 점을 고려하면, 영업 안정성의 측면에서 주상복합상가가 갖는 장점은 분명하다.

그러나 주상복합상가가 주로 상업지역에 위치한다는 점은 양날의 검이 될 수도 있다. 물론 외부 수요까지 유치하는 긍정적인 결과를 낳을 수 있겠으나, 경우에 따라서는 기존 입주민들의 수요까지 잠식당할 여지도 있다. 결국 상권이 활성화된 주변의 상가들과 경쟁관계에 놓이게 되고, 입주민들의 생활과 직접적으로 관련이 있는 일부 생활밀착형 업종 이외에는 주상복합상가의 상권이 고사할 여지도 있는 것이다. 이러한 현상은 주로 입지가 좋지 않거나, 관리가 부실한 주상복합시설의 경우에 자주 발생하게 된다. 주상복합시설 자체의 입지가 좋지 않아서 대로변에 위치하고 있지 않다거나, 상대적으로 후미진 곳에 들어서있다면 가시성과 접근성에서 큰 손해를 보게 된다. 그리고 이는 주상복합상가 투자자들의 수익성 약화와 직결되게 된다. 따라서 투자자로서는 주상복합시설이 주변 상업지역에서도 충분히 경쟁력을 가지는 위치에 입지해 있는지를 잘 분석해야 한다. 보통 지하철역과 직접 연결되어 있는 경우에는 대부분 높은 평가를 받을 수 있지만, 주 출입구와 지나치게 먼 경우에는 유동인구가 적은 사례도 많기 때문에 반드시 수차례에 걸쳐 현장답사를 하는 자세가 필요하다. 또한 관리업체의 운영이 부실한 경우, 즉 주상복합시설 자체의 관리가 잘되지 않아 외관이나 내부 환경이 쾌적하지 못한 때에는 영업성도 저해되는 일이 많다. 따라서 믿을만한 업체가 관리를 맡고 있는지를 확인하는 일도 중요하다. 다른 한편으로 전용률이 낮다는 점은 앞서 언급한 것처럼 다른 상가 상품과는 달리 주상복합상가가 가지는 약점이다. 실면적은 그리 넓지 않음에도 불구하고 전용률이 낮기 때문에 면적 대비 높은 분양가가 책정되는 일이 많고, 이는 곧 전반적인 수익성의 저하로 이어지게 된다. 전용률은 주상복합시설별로 차이가 나는 경우가 많기 때문에 투자자로서는 언제나 그렇듯이 직접 방문해보거나 도면 등을 꼼꼼히 확인하여 전용률이 너무 낮은 경우에는 투자를 재고하는 것이 낫다.

주상복합상가 투자, 어떻게 접근하는 것이 좋을까?

앞서 단지 내 상가에 대하여 살펴보면서 세대수 대비 상가의 면적 비율을 검토하는 것이 중요하다고 언급한 바 있다. 그에 따라서 단지 내 입주민이라는 고정수요를 얼마만큼 활용할 수 있을지가 결정되기 때문이다. 이는 동일하게 입주민이라는 요소를 가진 주상복합상가에서도 마찬가지이다. 입주민 수는 적은데 비해서 상가 면적이 지나치게 넓다면 투자 성공을 담보하기는 어렵다. 하지만 주상복합상가는 단지 내 상가에 비해서는 외부수요를 유인하는 것이 확실히 용이하기 때문에 훨씬 완화된 조건이 붙게 된다. 일반적으로는 전체 면적에 대비한 상가면적의 비율이 10% 이하라면 과잉공급의 문제에서는 안심할 수 있다고 평가된다. 물론 주변 상권과의 대비효과에 의해서 이러한 수치는 조정될 수 있기 때문에, 주상복합시설의 구체적인 입지를 함께 검토해야함은 당연하다.

주상복합상가의 구체적인 위치를 선택함에 있어서 대로변과의 접근성은 절대적인 요소이다. 따라서 건물의 후면부에 위치한 상가와 대로변과 접하고 있지 않은 소위 먹상가의 경우에는 투자를 피하는 것이 안전하다. 이들 상가는 온전히 입주민이라는 내부 수요에 의존할 수밖에 없기 때문이다. 실제로 이러한 상가들은 공실률도 상당히 높게 나타나는 것이 현실이다. 하지만 여기에도 물론 예외는 존재한다. 입주민들의 내부수요만 공략해도 충분한 생활밀착형 업종의 경우에는 오히려 이러한 상가가 분양가격도 낮고, 임대가도 저렴하게 형성되는 편이다. 또한 사무실 공간으로 이용하는 경우에도 후면부 상가와 먹상가가 오히려 이점을 가지기도 한다.

그리고 시공사의 브랜드만 믿고 투자를 결정하는 것도 피해야 한다. 물론 아파트와 주상복합시설 중에서도 오피스텔과 같은 상층부 주거시설의 경우에는 시공사의 브랜드를 바탕으로 투자를 하는 것도 좋은 전략 중 하나이다. 그만큼 주거환경의 질과 시공의 안전성이 보장되는 경우가 많기 때문이다. 하지만 상가의 경우에는 이러한 요소가 큰 장점이라고 보기는 어렵다. 상가의 위치와 상권의 활성화 정도 및 잠재고객층들의 주된 동선과의 관계가 더욱 중요한 요소이기 때문이다. 물론 브랜드 가치가 높은 시공사가 공급한 주상복합시설의 경우, 위치 역시 훌륭한 경우도 많으며 건물 자체가 일종의 랜드마크로서 기능하면서 집객효과도 큰 사례도 적지는 않다. 다만 필자가 경고하는 부분은 이러한 종합적인 고려 없이 단순히 브랜드만 믿고 주상복합상가에 투자하는 행위는 위험하다는 것이다. 더군다나 브랜드 가치가 높은 시공사의 주상복합시설의 경우, 분양가가 상당히 높게 책정되는 경우가 많다. 입지가 좋아서 영업성이 뛰어나다면 상쇄가 가능하겠지만, 그렇지 않은 경우에는 수익성에 치명적인 악영향을 끼치게 될 뿐이라는 점을 명심하자.

5. 상가투자, 돌다리도 두드려보고 건너자

　지금까지 근린상가와 단지 내 상가, 그리고 주상복합상가를 중심으로 상가 투자의 장단점과 각각의 상가에 대한 투자요령에 대해 살펴보았다. 이를 통해 상가 투자에 있어서 어떠한 점을 고려해야하는지 파악할 수 있을 것이다. 그러나 상가는 워낙 종목이 다양하기 때문에 보다 일반적으로 상가가 위치하는 상권에 대하여 분석하는 방법을 숙지한다면, 좀 더 현명한 투자자가 될 수 있다. 씨앗이 잘 싹을 틔울 수 있을만한 땅에 씨앗을 뿌리는 것이 큰 수확을 거둘 수 있는 첫걸음이 되기 때문이다.

　또 하나 투자자들에게 당부하고 싶은 것은 특히 상가 분양에 있어서 만연한 과장광고, 혹은 부당광고의 문제이다. 물론 다른 부동산 상품들도 이러한 문제에 있어서 자유로운 것은 아니다. 하지만 특히나 상가상품의 경우에는 높은 수익률 등을 미끼로 투자자를 현혹하는 사례가 많이 나타나고 있다. 당장 본인이 직접 앞으로 살 환경을 점검하고 내부 인테리어를 확인할 수 있는 아파트와는 달리, 상가 투자의 가장 중요한 요인이 되는 수익률과 상권 활성화의 문제는 일반 투자자가 쉽게 확인하기 어려운 부분이기 때문에 이러한 일이 발생하는 것이다. 이러한 사항을 잘 고려하여 상가 투자에 나섬으로써 여러분들 모두가 보다 성공적인 투자자로 거듭날 수 있기를 바라는 바이다.

가치가 높은 상권, 어떻게 찾을까?

　앞서 밝힌 바와 같이 상가 상품에 있어서 상권분석은 매우 중요하다. 모든 부동산 종목이 입지선정 및 분석을 필요로 하지만, 상가는 주변 상권의 활성화 정도 및 연계성, 잠재가치 등을 평가하게 된다는 점에서 특수성을 가진다. 그리고 주거지역이 가지는 시장에서의 가치 및 위상은 그리 급격하게 변하지 않는 데에 비해서, 상권이 발달한 상업지역의 경우 비교적 짧은 주기로 지형도가 바뀐다는 점에서도 상권 분석은 좀 더 면밀히 검토되어야 할 필요가 있다.

상가 임대료 순위
(단위: 천 원)

순위	중대형 상가	m²당 임대료	소형 상가	m²당 임대료
1	명동	270.4	명동	241.6
2	강남대로	139.7	신림역	123.6
3	신사역	85.8	서울대입구역	85.9
4	서울역	85.3	수원역	82.4
5	종로	84.0	혜화동	78.7
6	혜화동	73.2	수원 팔달문로터리	74.5
7	신림역	70.5	청담	71.8
8	부산 남포동	70.2	서울역	68.5
9	광화문	69.2	종로	66.8
10	청담	68.1	테헤란로	66.7

자료 : 한국감정원

　최근 서울 지역에서 떠오르는 상업지역으로는 연희동, 상수동 등이 가장 대표적으로 손꼽힌다. 특히 이들 지역의 경우에는 오랜 기간 투자가 이뤄지지 않다가 새로운 상업시설이 입점하기 시작하면서 지역 전체에 활력이 생기고, 이를 바탕으로 완전히 새로운 상권으로 거듭났다는 특징이 있다. 물론 이 과정에서 소위 젠트리피케이션이라는 문제가 불거지기도 했다. 상권이 급속도로 발달하는 과정에서 오히려 기존의 임차인이라든지 신규 세입자가 높은 월세 부담을 견디지 못하고 다른 지역으로 내몰리는 현상이 발생하는 것이다.

하지만 투자자의 입장에서는 상권 분석이 정확히 이뤄지기만 한다면, 남들보다 빨리 투자 타이밍을 잡을 수 있다는 교훈을 주는 사례이기도 하다. 그렇다면 어떠한 요소들을 살펴보면 현재의 가치뿐만 아니라 잠재 가치까지 높은 상업 지역을 선별할 수 있을까? 이러한 지역을 위주로 상권의 활성화 정도에 따라 상가 투자에 나선다면 투자의 성공확률은 크게 높아지기 마련이다.

돈이 모이는 상권의 특징

상권의 활성화 및 발달 여부를 전망함에 있어서 유동인구의 숫자는 매우 중요시 된다. 하지만 단순히 유동인구가 많다고 해서 좋은 상권이 되는 것은 아니다. 단적으로 서울 신도림역 주변은 출퇴근 시간을 중심으로 서울 및 인근 도시를 오고가는 사람으로 발 디딜 틈이 없을 만큼 유동인구가 많은 지역이다. 하지만 최근의 성장세에도 불구하고 신도림역 상권을 서울에서 가장 가치 있는 상권 중 하나로 손꼽는 이는 드물다. 왜냐하면 상권에 있어서 중요한 것은 단순한 유동인구의 수가 아니라 질이기 때문이다. 그러한 측면에서 주말 유동인구가 많은 상권에 주목해야 한다. 주말의 경우 출퇴근 수요가 적고, 따라서 특정 지역에서 관찰되는 유동인구는 대부분 그 지역에서 각종 수요를 해결하기 마련이다. 이는 곧 주말 유동인구는 매출과 직결된다는 말과도 같다. 이러한 지역은 주변에서 사람을 끌어모으는 집객효과를 발휘하는 광역적 상권으로 발전하고 있는 것으로 평가할 수 있다. 또한 이 같은 외부 수요는 해당 지역에 거주하는 상주인구와는 다르게 소비를 목적으로 유입되는 것이 보통이다. 증가하는 소비로 인해 매출이 증가하고, 이는 다시 상권의 발전을 낳는다. 따라서 주말 유동인구가 늘어나는 상권이라면 반드시 주목해야 하고, 주요 고객층의 연령대가 낮다면 투자가치는 더욱 높다고 할 수 있다.

한편 대형 상업시설의 입점 여부에 따라서 상권은 명운을 달리하기도 한다. 용산역과 영등포역 상권을 생각해 보자. 과거의 영화에도 불구하고 꽤나 오랜 기간 동안 용산역 및 영등포역 주변은 낙후하여 유해시설이 많이 들어선 쇠락한 상권에 머물러 있었다. 하지만 대형 상업시설이 들어서면서 기존에 갖추고 있던 위치적 이점과 접목하여 이들 상권은 다시금 부흥을 맞을 수 있게 되었다. 따라서 대형 상업시설의 유치가 예정되어 있는 지역이라면, 상가 투자의 성공가능성은 크게 높아진다고 할 수 있다. 특히 민자 역사가 들어서는 지하철 역세권이나, 철도역 주변은 종래 가치가 낮게 평가되어왔기 때문에 향후 잠재가치는 큰 편이라고 할 수 있다. 이 밖에도 대형 마트나 프랜차이즈 점포 등 집객효과가 뛰어난 시설이 들어서는 경우에는 투자에 보다 유리한 요소라고 봐도 좋다. 물론 모든 업종이 긍정적인 영향을 받는 것은 아니며, 오히려 경쟁력을 잠식당할 가능성이 있는 경우도 더러는 존재한다. 하지만 이들 시설은 뛰어난 집객효과를 가지기 때문에, 동일 상권 내라면 긍정적인 요소로 평가해도 된다.

또 한 가지 상권 분석 및 입지선정에서 강조하고 싶은 것은 지나치게 메인 상권만을 고집하지 말라는 것이다. 물론 메인 상권에 상가가 위치한다면 기본적으로 큰 변수가 없는 이상 장사는 잘되기 마련이다. 하지만 장사가 잘되는 것과 수익성이 높은 것은 전혀 다른 문제이다. 흔히들 많은 관객들을 끌어들인 영화가 손익분기점을 넘기지 못해 흥행 실패를 맛봤다는 기사를 접해보았을 것이다. 상가 투자 역시 마찬가지이다. 아무리 영업성이 좋아도 지나치게 많은 투자액을 요구한다면 수익성은 떨어질 수밖에 없다. 메인 상권이라면 임대료 역시 어마어마하기 때문이다. 따라서 서울 명동이나 강남대로 등 대한민국에서 손꼽히는 메인 상권의 경우, 입점점포들의 목적이 꼭 수익창출에 있지만은 않은 경우가 많다. 큰 수익을 내지 못하더라도 점포의 존재 자체가 마케팅의 역할을 하는 안테나 효과를 노리는 상가가 많은 것이다. 마찬가지 논리로 발전 가능성이 높은 상권에 투자를 하고 싶다면 메인 상권에서 조금 시선을 돌려 주변 지역을 살펴보는 것도 좋다. 상대적으로 접근성과 가시성은 떨어지지만 저렴한 임대료로 인해 충분히 경쟁력이 있을 수 있기 때문이다. 이들 지역은 또한 기존 상권에서 밀려난 세입자들이 자리를 잡을 가능성이 높다. 또한 새롭게 상권이 형성되는 과정에서는 상가로서의 가치가 기존에는 상대적으로 낮게 평가되었던 이면도로의 물건까지 상가로 탈바꿈하는 경우가 많으므로, 이러한 지역을 노리는 것도 현명한 투자가 될 수 있다.

상가분양, 억울한 피해를 당하지 않는 방법

상가분양에 참여하여 당첨된 투자자가 약정한 분양대금을 신탁사가 아닌 시행사가 지정한 계좌로 보내는 바람에 당첨이 취소되고 돈도 잃는 사기에 휘말리는 일이 종종 벌어지고 있다. 이는 부동산 투자 경험이 많지 않은 투자자들이 정보에 어두운 일이 많을 뿐만 아니라 시행사와 신탁사의 차이점을 정확히 알고 있지 못하고 있기 때문이기도 하다. 특히 상가분양의 경우에는 일반 투자자가 직접 뛰어다니며 정보를 취득하기 어려운 부분이 많기 때문에 이러한 일이 더욱 빈발하고 있다.

투자자가 이러한 분양사기를 피하기 위해서는 분양대금은 반드시 분양공고나 분양계약서에 명시된 계좌번호로 입금하는 것이 필요하다. 만약 다른 계좌로 분양대금을 입금했다면 큰 낭패를 볼 수도 있다. 최악의 경우에는 분양당첨은 취소되고 분양보증 기관인 주택도시보증공사로부터 피해 구제를 받을 수도 없게 되는 것이다. 이러한 경우 분양대금의 관리를 맡은 신탁사도 투자자에게 분양대금의 환불을 거부하는 것이 대부분이다. 계약서상에 수분양자가 지정된 계좌로만 입금해야 한다는 조항을 두는 경우가 많기 때문에, 신탁사의 책임을 인정하지 않는 것이다. 따라서 계좌번호를 다시 한 번 확인하는 것이 중요하고, 무통장입금을 하는 경우에는 동·호수 및 계약자의 이름을 기재하는 것이 좋다.

만약 수분양자가 분양 관계자를 사칭하는 사람으로부터 분양대금의 납입과 관련한 전화나 문자를 받았다면 사실 여부를 다시 한 번 확인해 보는 것이 좋다. 보통 전화나 문자 발송을 통하여 분양대금의 납부를 고지하지 않기 때문이다. 드물게는 중도금 납입 시부터 은행 계좌번호가 변경되는 경우가 있기는 하다. 하지만 이 경우에도 신탁사는 분양당첨자에게 우편을 발송하는 것이 보통이며, 이때에도 담당기관에 해당 사실을 확인한 후 입금하는 것이 안전한 방법이다. 투자자 본인의 주소가 당첨 이후 변경된 경우, 신탁사나 시행사 및 시공사에 대하여 변경 사실을 재빨리 서면으로 통지하는 것 역시 불필요한 다툼을 막을 수 있는 길이다.

상가 분양의 경우에는 투자자 본인이 언제나 직접 확인하고 투자를 진행하는 것 역시 중요한 요소이다. 아파트나 대단위 오피스텔의 경우, 믿을 만한 업체가 분양을 담당하는 경우가 많다. 또한 기본적으로 단위가 큰 경우가 많기 때문에 사업진행 자체에 신뢰성이 부여될 수 있으며, 예상하지 못했던 각종 피해에 대해서도 집단적으로 대처하여 보다 쉽게 보상을 받을 수 있다. 하지만 상가 분양은 영세한 업체가 맡는 경우도 많으며, 상대적으로 투자자에게는 제한된 정보만이 주어지는 경우가 많다. 따라서 지나치게 높은 수익률이나 좋은 조건을 제시하는 경우에는 더욱 주의를 하여 투자에 나서는 편이 좋다. 보통은 물건이 얼마 남지 않았다면서 빠른 결정을 독촉하면서 투자자를 유혹하는 일이 많은데, 부동산 투자에 있어서 가장 공격적인 투자는 곧 가장 안전한 투자를 하는 것이라고 조언하고 싶다. 항상 신중히 물건을 검토해야 하며, 직접 현장조사를 하여 투자의 타당성을 검토하는 작업은 백번 강조해도 모자라지 않는다.

투자자 본인이 상가 분양 등 부동산 개발사업에 대한 전반적인 이해를 높이는 것도 투자를 위한 좋은 준비가 된다. 상가 분양 등의 사업에 있어서는 다양한 이해관계자가 참여하기 때문에, 이들 간의 관계를 파악하고 보다 효과적으로 투자 타당성을 검토할 수 있다. 먼저 시행사, 시공사, 그리고 신탁사는 완전히 별개의 회사라는 점을 이해해야 한다. 아파트나 대단위 오피스텔의 분양 같은 경우에는, 파이 자체가 크기 때문에 대형 건설사가 직접 나서서 대지를 구입하고 시공하는 한편 분양까지 단독 진행하기도 한다. 하지만 상가 분양에 있어서는 시행사, 시공사, 신탁사 등의 서로 다른 3개 회사가 프로젝트 파이낸싱(PF) 방식으로 개발사업을 진행하는 경우가 많다. 보다 적은 비용으로 투자를 진행할 수 있고, 위험을 분산하는 효과를 노릴 수 있기 때문이다. 이러한 경우 먼저 시행사가 부동산 개발에 필요한 토지의 매입, 상품의 기획, 인허가, 분양공고 등을 맡는다. 그리고 시공사는 시행사로부터 도급을 받아 공사를 진행하게 된다. 한편 신탁사는 개발사업에 필요한 모든 비용 지출과 계약금, 중도금 수납을 관리하면서 자금 흐름이 투명하고 원활하게 진행되도록 한다. 이러한 신탁사는 종래 자금 여력이 부족한 시행사에서 부동산 개발사업에 나서서 투자자에게 여러 피해가 발생한 이후 이를 방지하기 위해 만들어졌다. 분양대금을 횡령하거나, 분양대금을 받은 이후 부도를 내는 경우를 막고 안전한 자금 관리를 할 수 있도록 한 것이다. 따라서 상가분양에 있어서 투자자가 가장 신뢰할 수 있는 대상은 바로 신탁사라는 점을 알아두면 좋다.

VII

부동산 투자전략 엿보기, 꼬마빌딩 및 토지 시장

이번 장에서 소개할 부동산 상품은 꼬마빌딩과 토지이다. 사실 이 두 상품은 그 특징과 필요한 투자요령 등에 있어서 그다지 큰 공통점이 있는 것은 아니다. 그럼에도 이 둘을 같은 장에서 다루는 것은 많은 투자자들이 꼬마빌딩과 토지 투자에 대해서 막연한 두려움을 가지고 있기 때문이다. 이러한 심리의 가장 큰 원인은 바로 이들 상품에 투자하는데 필요한 비용이 비교적 큰 액수라는데 있을 것이다. 물론 이러한 설명은 분명히 타당성을 가지고 있다. 꼬마빌딩과 토지의 평균 거래가액은 다른 상품들에 비해서 훨씬 고액인 것이 사실이다. 하지만 늘 그렇듯이 예외는 존재하기 마련이고, 따라서 일반 투자자들이 비교적 적은 금액만으로 꼬마빌딩과 토지에 투자할 수 있는 방법 역시 존재한다. 또한 필자 개인적으로 부동산 시장에서는 여전히 대마불사라는 말이 유효하다고 생각한다. 어느 정도 합리적인 가치평가를 거친 경우라면, 고액의 부동산은 그만큼의 힘을 발휘한다는 것이다. 그렇기 때문에 꼬마빌딩과 토지 투자에 관심이 있는 투자자들에게 과도한 걱정을 할 이유는 없다고 충고해주고 싶다. 꼬마빌딩과 토지는 분명히 그 가격만큼의 가치를 하는 상품이며, 사실 실제로는 그렇게 비싼 물건만 있는 것도 아니다.

물론 투자액수가 크고 고려해야할 요소가 적지 않기 때문에, 꼬마빌딩과 토지 투자는 가장 세련된 부동산 투자라고 할 수 있다. 그리고 많은 투자자들이 궁극적으로는 소위 건물주, 또는 땅 주인이 되기를 꿈꾸는 현실에서 부동산 투자의 종착역이라고 볼 수도 있다. 또 한편으로는 투자자의 선호와 의향에 따라서 꼬마빌딩과 토지의 투자방법 및 활용은 무궁무진하게 다양해질 수 있기 때문에 수익성을 극대화시킬 수 있는 여지도 있다. 어쨌든 이것만은 분명하다. 큰 수익을 노리는 투자자라면 꼬마빌딩과 토지를 빼놓아서는 안된다는 것이다. 물론 개별적인 투자방법은 달라질 수 있다. 하지만 꼬마빌딩과 토지가 투자자에게 가장 큰 수익을 안겨줄 수 있는 상품이라는 사실만은 명심해야 한다. 그렇다면 이들 상품에 대한 이해를 바탕으로 고수익으로 가는 길을 차근차근 개척하도록 하자.

1. 꼬마빌딩이란 무엇인가?

상당수의 부동산 상품이 그러하듯, 꼬마빌딩 역시도 어떤 것이 꼬마빌딩이라고 하는 뚜렷한 정의가 존재하는 것은 아니다. 다만 최근 들어 거래계에서 빌딩에 대한 수요가 늘어나는 과정에서 생겨난 용어인데, 특히나 금액대가 상대적으로 낮아 투자가 비교적 용이한 빌딩을 꼬마빌딩이라고 부르게 되었다. 부동산 시장에서는 대체로 금액이 50억 내외이거나, 그보다 저렴하고, 층수가 5층 미만인 빌딩을 꼬마빌딩의 범주에 포함시킨다. 그 형태나 유형도 매우 다양한데, 최근에는 상가주택이 가장 대표적인 꼬마빌딩으로 꼽히기는 하나, 일반 상가건물이나 오피스건물도 꼬마빌딩에 해당된다. 또한 다가구주택도 꼬마빌딩에 포함될 수 있고, 호수 전체가 동일인의 소유에 속하는 다세대주택도 포함되기도 한다. 그리고 꼬마빌딩의 연면적은 지역에 따라서 차이를 보이기는 하나 대체로 3,300㎡, 즉 1,000평 미만이라고 보면 된다.

꼬마빌딩 시장 활황의 원인, 저금리와 고령화

　이처럼 꼬마빌딩은 그 형태와 유형이 매우 다양한데, 그럼에도 불구하고 최근 시장에서 가장 각광받고 있다는 점에서는 모두 공통된다. 일단 규모가 비교적 작기 때문에 빌딩 상품 중에서는 투자의 부담이 적은 편이고, 수요가 많기 때문에 환금성도 크다. 그리고 합리적인 가격으로 자신만의 건물을 가질 수 있다는 것은 투자자에게 남모를 성취감을 주는 부분이다. 실제로 필자가 많은 투자자들에게 부동산에 투자하면서 가장 인상 깊었던 기억을 하나만 꼽아보라고 하면, 대부분은 본인이 처음 건물을 소유하게 되었을 때를 이야기한다. 최근에는 부동산 이외에도 여러 투자 수단이 있기는 하지만, 전통적으로 토지를 중요시 하는 농경사회였던 대한민국에서 토지나 건물의 소유라는 것은 남다른 의미를 가질 수밖에 없다.

　하지만 이러한 일반적인 원인 이외에도 앞으로 꼬마빌딩 시장의 활황이 지속적으로 유지될 것으로 예측하는 요소에는 다른 것들이 있다. 바로 저금리와 고령화라는 요인들이다. 먼저 저금리 현상은 꼬마빌딩의 가치를 지속적으로 상승시켜 왔으며, 이는 앞으로도 마찬가지일 것이다. 물론 대한민국을 비롯하여 전 세계적으로 금리 인상 기조가 강화될 것이라는 점은, 국내외 경제상황을 검토하면서 살펴봤던 부분이다. 하지만 지금보다 금리가 인상되는 것일 뿐, 그것이 결코 금리가 높다는 것을 의미하지는 않는다. 여전히 금리인상의 폭 자체는 그리 크지 않을 것이다. 그리고 더욱 중요한 부분은 그렇게 인상된 금리가 여전히 투자자들에게 매력적인 수준과는 거리가 멀다는 것이다. 시중은행의 예금금리는 여전히 턱없이 낮은 수준이다. 그렇기에 은행에 돈을 맡겨두는 것은 투자라는 관점에서는 전혀 의미가 없는 행동이 되었다. 반면에 꼬마빌딩의 경우, 투자자의 선택에 따라 구체적인 수익률은 조금씩 다르기는 하지만 적어도 5% 이상의 안정적인 수익을 보장한다. 더하여 향후 매각을 통한 시세차익을 기대할 수 있다는 점을 고려하면 실질적인 수익률은 더 상승한다. 뚜렷한 급등이 없는 꼬마빌딩과 같은 부동산 시장에서는 그만큼 거품도 없다고 할 수 있으며, 이는 점진적으로나마 꼬마빌딩 매매가격의 꾸준한 상승을 담보하는 부분이다.

한편으로 대한민국 사회가 고령화 사회로 접어들었으며, 앞으로 이러한 추세가 강화될 것이라는 점도 주목해야할 부분이다. 베이비붐 세대는 향후 몇 년에 걸쳐서 대거 은퇴를 맞이하게 될 것이다. 이들이 은퇴 이후 고정적인 수익을 기대하는 것이 그리 녹록하지만은 않다. 국민연금은 용돈 연금이라는 비아냥을 들을 정도로 그 혜택이 지나치게 낮은 형편이며, 저금리 시대로 인해서 저축을 통한 부의 축적은 먼 과거의 이야기가 되어 버렸다. 그렇다면 결국 투자를 통해 돈을 굴려서 수입원을 확보해야 하는데 그게 그리 쉬운 일인가? 요즘에도 퇴직금 등 지금껏 모은 돈을 모두 털어서 창업에 나섰다가 빈털터리가 되었다는 안타까운 사례가 계속해서 들리고 있다. 주식이나 채권 투자는 여전히 위험성이 크다. 결국 남은 것은 부동산인데, 은퇴를 앞둔 세대가 기대하는 고정적인 수익과 잠재적인 시세차익을 모두 만족시켜줄 만한 상품은 그리 많지 않다. 하지만 꼬마빌딩은 두 가지 모두를 충족할 수 있기 때문에 가치가 빛나는 것이다. 어디 그 뿐인가? 투자처를 잘 공략하기만 한다면 살던 집을 처분하여 자금을 마련하고, 꼬마빌딩을 매입하여 주거도 해결할 수가 있다.

뒤이어서 꼬마빌딩 투자에 있어서 유의해야 할 부분과 단점으로 지적될 만한 사항을 이야기하겠지만, 그럼에도 불구하고 꼬마빌딩은 특히 은퇴를 앞둔 세대에게는 너무나도 매력적인 투자처이다. 그렇기에 대다수의 부동산 전문가들이 꼬마빌딩 투자를 적극 추천하고 있고, 필자 역시 마찬가지이다. 그리고 꼬마빌딩의 강점을 만드는 요소인 고령화와 저금리의 상황은 앞으로도 한동안 지속될 것으로 보이기에, 꼬마빌딩의 강세가 꽤나 오랜 기간 계속될 것 역시도 당연해 보인다.

꼬마빌딩의 종류에는 어떤 것들이 있을까?

앞서 밝힌 것처럼 꼬마빌딩의 종류는 무척이나 다양하다. 상가주택, 일반 상가건물, 오피스 건물뿐만 아니라 다가구주택이나 다세대주택도 꼬마빌딩에 포함될 수 있다. 하지만 꼬마빌딩의 유형을 이렇게 구분하는 것은 꼬마빌딩 투자를 이해하고 요령을 익히는데 도움이 되지 않는다는 것이 필자의 생각이다. 꼬마빌딩에 있어서 투자방법론을 다르게 가져가는 기준이 되는 것은 구체적인 유형이 아니다. 꼬마빌딩에 투자하려는 목적이 되어야 한다. 그리고 더하여 구체적인 입지까지 고려해 준다면 꼬마빌딩의 실체와 바람직한 투자방법에 보다 더 접근할 수가 있다.

이러한 기준에 따라 꼬마빌딩의 유형을 나누면 크게 상가주택, 근린업무시설, 오피스 건물로 나눌 수 있다. 꼬마빌딩의 주된 고객층과 수익원에 따라서 이렇게 분류할 경우, 투자자의 입장에서 자신의 목적에 맞게 접근하기가 보다 쉬워진다. 우선 상가주택은 단독주택, 혹은 다가구주택이나 오피스텔이 밀집한 지역에 위치하고 있으며, 상가와 거주 기능을 접목한 꼬마빌딩을 말한다. 최근 부동산 시장에서 꼬마빌딩이라고 하면 보통은 이 상가주택을 의미하게 되며, 필자가 앞서 언급한 꼬마빌딩 투자의 강점 역시 대부분 상가주택의 그것에 해당한다. 그만큼 꼬마빌딩 투자에 있어 가장 핵심적인 상품이 되며 투자자들이 가장 관심을 기울여야할 종목이다. 상가주택은 주거시설인 동시에 상업시설의 역할을 수행할 수 있기 때문에, 어느 지역에 위치하더라도 일정 수준 이상의 수익성은 창출하는 경우가 대부분이다. 하지만 접근성이 뛰어나고 출퇴근 시간대에 유동인구가 많은 곳이라면, 특별히 상권이 발달한 지역이 아니라고 할지라도 높은 임대수익을 기대할 수 있다. 또한 이러한 입지에서는 향후 시세차익을 기대하는 것도 충분히 가능하다.

다음으로 근린업무시설은 상업시설이기는 하나 주거지역 인근에 위치하는 꼬마빌딩을 의미한다. 주거용으로 전용하는 사례가 아예 없는 것은 아니지만, 기본적인 목적은 상업시설로 활용하여 수익을 얻는 것이라는 점에서 상가주택과는 구별된다. 주거지역 인근 식당가나 유통업체 인근 상권에 위치하면 수익성이 높게 형성되는 사례가 많으며, 건물의 저층에 상가를 배치하고 고층에는 사무실이 입점하는 경우가 대부분이다. 저층에 입주가 가능한 종목은 구체적 입지에 따라서 다르기는 하나 요식업, 유흥업 등이고, 인근 거주민들을 대상으로 한 생활밀착형 업종의 경우 큰 수익을 기대하기는 어려우나 안정적인 고정수익을 낼 수는 있다. 또한 퇴근 시간 이후의 유동인구가 많은 곳이 상가 매출이 높게 나타나는 편이다.

한편 오피스 건물은 말 그대로 업무시설이 주로 들어서는 건물을 의미하며, 꼬마빌딩 중에서도 매매가격이 가장 높은 편이다. 사무실 등이 주로 입점하기 때문에 주로 기업이나 관공서가 밀집된 지역에 위치하게 된다. 또한 저층에는 입주한 사무실 등의 직장인 및 주변 유동인구를 유치하기 위한 상업시설이 입점하는 것이 보통이다. 오피스 건물을 통해 꾸준한 수익률을 올리기 위해서는 우수한 임차인을 유치하는 것이 가장 중요하다. 오피스 건물처럼 규모가 큰 부동산의 경우, 공실이 발생했을 때의 금융비용 등 기타 손해는 다른 부동산 종목과는 차원이 다른 수준이다. 따라서 공실을 최대한 줄이고 오랜 기간 꾸준히 임차할 수 있는 세입자를 구하는 것이 좋다. 또한 저층 상업시설의 활성화 수준에 따라 건물 전체의 투자 향방이 달라지기도 하므로 커피전문점 등 우량 세입자를 입점 시키는 것이 바람직하다. 그렇지만 서울 강남권의 오피스 건물의 경우 50억 원대 전후로 구할 수 있는 경우는 드물고, 아무래도 좀 더 많은 금액을 투자해야 하는 경우가 대부분이다. 따라서 일반적인 개인 투자자가 고려하기에는 어려움이 많은 종목이라고 할 수 있다.

잘 나가는 꼬마빌딩, 그러나 옥석 가리기는 필요하다

이렇듯 상가주택을 중심으로 해서 꼬마빌딩은 유망한 투자처로서 꾸준히 주목받아왔으며, 이는 가까운 미래에도 마찬가지일 것으로 예상된다. 꼬마빌딩 자체의 상품경쟁력이 뛰어나기도 하거니와, 투자대상을 찾지 못한 많은 자금 유동성들이 꼬마빌딩 시장으로 유입될 가능성이 크기 때문이다. 이러한 상황은 한편으로는 꼬마빌딩의 가격에 거품을 불러올 가능성도 있다. 필자의 개인적인 의견으로는 꼬마빌딩에 있어서 가격거품을 논의하는 것은 아직은 시기상조이다. 하지만 문재인 정부의 시각은 조금 다르다는 것이 문제이다.

문재인 정부의 부동산 정책은 아파트, 오피스텔뿐만 아니라 부동산 종목 전체를 대상으로 하고 있다. 문재인 정부의 가계부채 종합대책 후속 조치에 따라서 올해부터 부동산임대업의 여신심사를 할 때 임대소득 대비 이자비용을 토대로 산출하는 이자상환비율(RTI)이 도입되게 된다. 이러한 이자상환비율 제도에 따라서 비주택의 경우에는 RTI가 150%로 책정되어, 곧 임대소득이 이자비용보다 1.5배 더 많아야 대출이 가능하게끔 되었다. 장기적으로는 저금리 기조가 유지되겠으나 지금 당장은 금리가 오를 가능성이 높은 데다, 대출을 통한 레버리지 효과를 누리는 것도 어려워진 상황이기에 꼬마빌딩의 매수세가 하락할 수 있다. 그리고 이러한 배경 하에서 자금 여력이 좋지 않은 건물주들이 대규모로 물건을 내놓은 상황이 벌어질 우려가 있다. 결국 꼬마빌딩의 전반적인 가격이 하락세로 접어들게 되는 것이다. 꼬마빌딩의 경우에는 임대수익을 기대할 수도 있으나, 장기적인 시세차익을 노리고 투자에 나서는 사람들도 적지 않은 만큼, 이러한 2018년의 외부요인은 단기적으로는 꼬마빌딩 시장에 충격파를 안겨줄 여지도 있다.

하지만 그럼에도 불구하고 필자는 지금이 오히려 기회일 수 있다고 생각한다. 우선 외부 요인과는 무관하게 상품 자체의 경쟁력이 워낙 탄탄한 물건들은 강세를 유지할 것이다. 서울 강남권이 대표적이며, 특히 성동구나 강동구의 꼬마빌딩들은 상승세를 탈 것으로 보인다. 또한 일시적인 금리 인상이나 정부의 규제 정책은 시장의 판도를 근본적으로 바꾸기는 어렵다고 여겨진다. 시장의 자금 유동성은 풍부한 반면, 돈이 흘러들어갈 곳, 즉 마땅히 투자할 대상은 적은 상황이다. 그렇다면 꼬마빌딩의 인기가 쉽게 잦아들 것으로 예측하기는 어렵다. 마지막으로 꼬마빌딩 시장이 전반적으로 일시적 정체를 맞이한다면, 그것이야말로 호재가 될 수 있다. 대출 비율을 지나치게 늘리지 않는 한도에서는 공격적인 투자를 진행해볼만

하다. 한편 자금여력이 충분한 투자자들에게는 정말로 좋은 기회가 될 수 있다. 가격이 떨어진 시점을 노려서 합리적인 가격으로 꼬마빌딩을 매입한다면, 몇 년 지나지 않아서 큰 수익을 맛볼 수 있을 것이다. 외부요인으로 인한 일시적인 시장침체와 회복의 사이클에서 매수를 시도함으로써 큰 돈을 버는 것은 필자가 만난 성공한 부동산 투자자들이 언제나 애용해 온 필살의 방법이기도 하다. 따라서 시장의 변동에서 비교적 안정적인 강남권 꼬마빌딩을 중심으로 투자를 고려하되, 여력이 부족하다면 외곽 지역 꼬마빌딩에 투자하는 것도 추천하는 바이다. 상대적으로 투자자가 줄어들었을 때가 오히려 최적의 투자타이밍이 될 수 있다.

2. 꼬마빌딩의 꽃, 상가주택

앞에서 투자처로서 가지는 꼬마빌딩의 여러 가지 장점과 비교적 밝은 향후 전망에 대하여 분석해 보았다. 그리고 꼬마빌딩 중에서 이러한 설명에 가장 잘 부합하는 상품이 바로 상가주택이다. 무엇보다도 상가주택은 다른 어느 부동산 종목에 비교해도 범용성이 뛰어난 상품에 속하기 때문에, 시장변화에 유연한 대처가 가능하다. 그렇다면 상가주택에 대하여 보다 자세히 알아보고, 좋은 투자요령을 익힘으로써 본인만의 건물을 갖기 위한 첫걸음을 떼어보자.

상가주택은 1층과 2층을 상가로 활용하는 한편, 3층 이상은 주택으로 활용함으로써 거주 공간으로도 활용할 수 있다. 수익형 부동산이면서도 거주문제까지 해결할 수 있는 것이다. 따라서 노년층이나 은퇴를 준비하는 사람들이 가장 선호하는 부동산 상품 중 하나이다. 은퇴 후의 생활자금을 마련하는 것은 예나 지금이나 쉽지 않은 일인데, 금리 인상의 가능성이 엿보이기는 하나 그럼에도 불구하고 절대적인 저금리의 시대에서 예금을 굴리는 것보다는 수익성 부동산에 투자하는 게 낫기 때문이다. 하지만 상가주택은 매매단가가 높고 투자에 필요한 비용이 만만하지는 않다는 단점도 있다. 그렇다면 상가주택 투자의 장점과 단점에 대하여 먼저 알아보고 상가주택이 자신에게 적합한 투자처인지 검토해 보자.

상가주택 투자, 장점은 무엇일까?

상가주택은 주로 은퇴자들이 노후 재테크로 많이 고려되고 있다. 특히 상가주택을 소유하기 위해서 3층, 혹은 4층 정도의 규모로 상가 건물을 직접 건축하는 경우가 많고, 또한 이미 지어져 있는 상가주택을 매입하여 리모델링하는 사례도 많이 보이고 있다. 직접 거주하면서도 세입자를 받아서 임대수익을 확보할 수 있다는 점 때문에 연금 이외에는 고정적인 수익을 확보하기 어려운 노년층에게는 더없이 알맞은 투자수단이 된다. 하지만 투자규모가 작지 않기 때문에, 신중하지 않은 투자는 오히려 은퇴를 준비하는 사람들로서는 감당하기 어려운 손해로 다가오는 경우도 적지 않다. 필자가 만난 투자자들 중 일부도 주변의 말만 믿고 섣불리 퇴직금을 모으고, 추가 대출을 받는 등으로 자금을 마련하여 상가주택에 투자하였다가 낭패를 본 경험을 갖고 있었다. 이처럼 본인이 하려고 하는 투자의 특징과 장단점을 제대로 알지 못하고 무작정 뛰어드는 것은 투자라고 부르기 어렵다는 것을 명심해야 한다.

그렇다면 상가주택의 장점으로는 어떤 것들을 꼽을 수 있을까? 반복했듯이 주거 문제를 해결하면서도 고정수익의 확보가 가능하다는 점을 들수 있다. 주거기능과 상업기능을 동시에 수행할 수 있다는 이러한 상가주택이 장점은 적절히 활용한다면 더 큰 이익을 투자자에게 안겨줄 수 있다. 곧 주거시설과 상업시설이 섞여 있는 지역을 위주로 상가주택을 구하는 것이 좋은 투자요령이다. 상업지역, 또는 주거지역에 입지하는 상가주택의 경우, 상가주택의 장점을 온전히 발휘하기 어렵기 때문에 상대적으로 수익성은 낮아질 수밖에 없다. 따라서 주거와 상업의 기능을 모두 갖고 있는 준주거지역에 상가주택을 입지시키는 것이 좋다. 이 같은 준주거지역에서 주거기능과 상업기능을 적절하게 배치한 상가주택의 경우, 두 마리 토끼를 모두 잡을 수 있기 때문에 높은 임대수익을 기대할 수 있고, 또한 공실률도 적게 유지할 수 있다. 또한 상가주택을 통해서는 저층에는 상가를 배치하여 입점 시키고, 3층 이상의 경우에는 주거시설을 배치하여 세입자를 받음으로서 두 가지 종류의 임대사업을 동시에 할 수 있다는 장점도 있다. 이는 사실상 계란을 한 바구니에 담지 않는, 즉 투자위험을 분산시키는 효과를 기대할 수 있게 한다. 부동산 시장이 어느 정도 침체기에 접어들었다고 하더라도 상쇄효과로 인해 비교적 안정적인 운영이 가능하기 때문이다.

상가주택의 또 다른 장점으로 꼽히는 것은 바로 투자액수 부분과 환금성의 요소이다. 물론 다른 상가 종목에 비하면 상가주택에 많은 자본이 필요한 것은 사실이다. 하지만 아파트와 같은 상품에 비교하면 실제 가격에 비해서 상대적으로 적은 가격으로 상가주택에 투자할 수 있다. 대출과 보증금 등을 통하여 레버리지 효과를 기대할 수 있는 것이다. 물론 향후 금리 인상 기조가 지속될 것으로 관측되기는 하나, 총 투자금액의 50% 정도를 자기 자본으로 생각하고 투자한다면 비교적 쉽게 투자가 가능하다. 또한 보증금을 받음으로써 상당한 액수의 자본을 충당할 수 있기 때문에 이 점도 적극 이용하면 좋다. 그리고 상가주택은 두 가지 기능을 함께 수행할 수 있다는 점과 안정적인 고정수익을 창출한다는 점으로 인해 시장에서 꾸준히 관심을 가지고 있으므로, 가격 규모에 비해서는 매각이 쉬운 편으로 환금성이 좋다는 것도 장점이다. 토지 등 부동산에 비해서는 물건도 많고, 수요도 꾸준한 편으로서 매도하기로 결정한다면 비교적 쉽게 거래를 성사시킬 수 있으며 그 동안에도 꾸준히 임대수익은 받을 수 있으므로 환금성이 뛰어난 상품이다.

마지막으로 상가주택의 경우 토지 가격 상승에 따른 시세차익도 비교적 크게 기대할 수 있다는 것도 장점이다. 앞서 언급한 것처럼 상가주택이 위치한 곳은 주로 준주거지역으로서, 주거지역 보다는 상권의 발달 수준이 높고 지가가 높은 곳이 대부분이다. 따라서 향후 주변 지역의 개발 가능성이나 상권의 활성화 정도에 따라서는 매매가격이 상승하거나, 지가가 높아질 가능성이 충분하다. 실제로 서울시 성동구를 중심으로 필자의 조언을 듣고 상가주택을 매입한 다수의 투자자들이 매매가격의 상승에 따라서 큰 시세차익을 얻을 수 있었다. 이와는 달리 부동산 경기가 조금은 좋지 않은 지역의 경우에도, 상가주택 본연의 장점을 살려서 당분간은 임대수익을 확보하면서 분위기를 관망할 수 있는 가능성이 충분하다. 또한 적극적인 투자자의 경우에는 리모델링을 통해서 건물 가치를 크게 상승시키는 경우도 많다. 당장 공사비용이 들기는 하지만, 필자가 단언컨대 본인이 임차인이라든지 하는 예외적인 경우가 아닌 이상 적절한 수준의 리모델링은 언제나 남는 장사라고 보면 된다. 그만큼 세입자를 더 쉽게 유치할 수 있고, 시세차익의 실현에 있어서 무시하지 못할 차이를 만들기 때문이다. 이처럼 상가주택을 통해 장기적으로 시세차익까지 기대할 수 있다는 점은 은퇴 후의 노년생활을 준비하는 세대들에게는 매우 큰 장점이 되는 것이다.

상가주택 투자, 단점은 없을까?

위에서 소개한 것처럼 부동산 상품으로서 상가주택이 가지는 장점은 매우 많은 편이다. 또한 여러 가지 요소를 균형적으로 갖추고 있기 때문에, 일정 수준의 자금 여력이 있다면 필자의 경우에는 상가주택 투자는 적극적으로 고려해볼 것을 충고하는 바이다. 하지만 상가주택 투자에도 위험이 없는 것은 아니다. 비교적 적기는 하나 상가주택에 투자하는 것에도 단점은 있으며 이를 제대로 숙지하지 못하고 투자에 나서는 경우에는 성공을 장담하기 어렵다.

우선 상권의 활성화가 지나치게 미진한 곳에서는 상가임대를 통한 수익성의 확보가 어렵다는 점을 꼽을 수 있다. 특히나 신규 택지지구의 경우와 같이 아직 주변의 기반시설이 확보되지 않은 곳은 투자 타이밍을 지나치게 앞당기면 오랜 기간 공실이 발생할 우려가 있고, 이는 수익성에 치명적인 요소이다. 따라서 이런 곳에 투자를 할 경우에는 상권의 활성화 정도 및 시기에 대해 유의하고, 토지사용시기에 대하여 민감하게 검토해 보는 것이 좋다. 또한 신규 택지지구 이외에도 상권이 지나치게 쇠퇴하고 있는 곳에 투자하는 것은 당연히 지양해야 한다. 모든 부동산 상품이 마찬가지이지만, 상가주택도 입지가 대단히 중요하고 입지가 지나치게 좋지 않은 경우에는 다른 요소로 만회하기가 쉽지 않다.

상가주택 역시 상업시설로서 기능한다는 점에서 주변 상권의 변동에 따라서 영향을 받는다는 것을 유의해야 한다. 물론 주변 상권의 활성화를 통하여 기존에 보유한 상가주택의 수익성이 상승하는 사례도 적지 않다. 하지만 인근에 더 큰 대형 상권이 생기는 경우에는 장기적으로 수익률이 떨어지는 일이 많다는 점에서 항상 변화를 주시해야 한다. 빨대효과 등의 효과를 통해 큰 규모의 상권은 작은 규모의 상권을 약화시킬 수 있기 때문이다. 이는 단기적인 임대수요의 감소뿐만 아니라, 향후 시세차익의 실현에 있어서도 부정적인 영향을 주는 일이 많기 때문에 경우에 따라서는 자금회수 시점을 면밀히 검토하는 것이 좋다.

또한 상가주택의 경우, 주택부분과 상가부분의 면적의 비율에 따라서 각종 과세에 있어서 불리할 수 있다는 점도 고려해야 한다. 상가주택의 주택면적이 더 큰 경우에는 그 전체를 주택으로 간주하기 때문에 과세에 있어서 유리한 점이 있다. 하지만 이와 달리 상가부분의 면적이 더 크다면 주택부분과 상가부분의 세금을 분리해서 내야하기 때문에 꼼꼼히 검토하는 편이 좋다.

물건의 입지와 매입가격이 상가주택 투자의 핵심

상가주택 투자를 결정하는 데 있어서 가장 중점적으로 고려해야 할 부분은 바로 물건의 입지와 매입가격이다. 먼저 어떤 입지를 가진 상가주택이 투자 성공률을 높일 수 있을까? 도심권의 위치한 상가주택의 경우, 수익률은 제각기 다르지만 실패할 확률은 지극히 적다고 할 수 있다. 도심권 지역의 지가 및 매매가격이 하락하는 사례는 극히 드물기 때문이다. 따라서 도심 주변의 상가주택은 가장 안전한 투자처라고 말할 수 있다. 하지만 역시 비교적 높은 가격대가 문제가 된다. 서울 강남권에서 상가주택을 매입하기 위해서는 최소 20억 원에서 30억 원 정도가 소요된다. 대출이나 보증금 등을 통한 레버리지 효과를 기대하는 경우에도, 15억 원 내의 자금은 필요한 것이다.

따라서 필자는 자금여건이 매우 좋은 것이 아니라면 차라리 신도시의 점포겸용 택지를 노려서 상가주택에 투자하라고 투자자들에게 제안하곤 한다. 이러한 신도시나 택지지구 내의 점포겸용주택지는 대부분 LH 공사나 각 지방공사를 통해 전자입찰방식으로 공급되는 것이 보통이다. 이런 곳들은 가격대가 비교적 합리적인 것에 비하여 대부분 주거기능과 상업적 요소가 뛰어나기 때문에 향후 개발 가능성도 크다. 결국 은퇴를 맞이하는 세대를 위해서는 최적의 투자처라고 봐도 좋다. 따라서 각 공사의 인터넷 사이트 등을 꾸준히 확인하면서 지속적인 관심을 가지고 입찰 정보를 파악하는 노력이 필요하다.

한편 상가주택을 구입하는 경우 매매가격이 중요한 요소가 되기 마련이다. 이때에 기존 상가주택의 경우 건물의 가치보다는 토지분에 대한 가격이 매매가에 반영되는 경우가 대부분이다. 계약 이후 매수인이 리모델링을 하거나, 전면적인 개축 또는 신축을 검토하는 경우가 많기 때문이다. 따라서 토지 자체의 입지나 형태 등에 보다 유의하면서 매매가를 결정하는 것이 좋다.

3. 이것만 조심하면 꼬마빌딩 투자, 성공이 보인다

사실 계속 이야기하는 바와 같이 꼬마빌딩 투자는 그 유형만큼이나 방식도 투자자에 따라서 다르기 마련이다. 가장 기본적인 건물의 마련 단계부터 나대지를 구입한 후 건물을 신축하는 경우가 있는가 하면, 기존에 존재하는 건물을 그대로 매입하는 경우도 있다. 또한 기존 건물을 일단 매수한 후에, 전면적인 공사를 하거나 내부 인테리어 시공을 하는 등으로 리모델링을 거칠 수도 있으며, 투자자에 따라서는 기존 건물을 매수한 후 건물을 철거하고 대지상에 신축건물을 짓는 경우도 있다. 어떤 방식을 택할 것인지에 대해 정해진 답이 있는 것은 아니며, 투자자의 목적이나 개인 취향, 혹은 투자 여력에 따라서 투자방법은 천차만별로 달라질 수 있다. 그리고 투자에 있어서 이처럼 높은 자유도를 가진다는 것이 꼬마빌딩 투자의 장점이기도 하다. 하지만 투자자들이 본인의 상황에 맞게 꼬마빌딩 투자를 진행함에 있어서도 이것만큼은 좀 더 주의를 기울였으면 하는 부분은 있기 마련이다. 필자가 만나온 경험 많은 투자자들 역시도 종종 실수하는 부분이기도 하다. 이하에서 차례대로 살펴보자.

건물의 1층을 확인하라

빌딩 구입에 있어서 가장 먼저 확인해야 할 부분은 어디일까? 건물의 연면적, 혹은 대지면적, 또는 규모 등 다양한 대답이 나올 수 있다. 하지만 개인적으로 필자가 강조하고 싶은 것은 건물의 1층 부분이다. 1층은 건물의 얼굴일 뿐만 아니라, 접근성과 가시성을 절대적으로 좌우하는 부분이다. 또한 무엇보다도 상업시설로서 건물을 활용하는 경우, 1층 부분의 수익성이 건물 전체의 수익성을 결정한다. 단순히 근린상가나 단지 내 상가 등 상가 종목에 투자를 할 때도 필자는 가급적 1층 부분에 투자할 것을 주문한다. 물론 병원이나 학원 등 2층 이상이 적합한 경우도 있지만, 그렇지 않은 경우라면 1층 부분의 수익성은 다른 층의 수익성을 압도하기 때문이다. 따라서 가격적 차이가 크더라도 되도록 1층 상가에 투자하는 것이 바람직하다. 꼬마빌딩에 있어서도 이는 마찬가지이다. 꼬마빌딩도 상가주택을 비롯하여 모두 상업적 역할을 수행하고 있기 때문에, 1층 부분이 수익성을 상당부분 결정한다고 할 수 있다. 따라서 1층 부분이 도로와 넓게 접하고 있는지, 가시성이 좋고 주도로에서 접근하기가 용이한지에 대하여 꼼꼼히 살펴봐야 한다.

공적장부를 꼼꼼히 확인하라

사실 많은 투자자들이 부동산 투자에 있어서 어려워하는 부분이 바로 법적인 부분이다. 특히나 꼬마빌딩 투자에 있어서 기존 건물을 매입하는 경우라면, 건물에 결부된 여러 법적 부담 역시 인수하게 되는 경우가 많기 때문에 까다롭게 느껴질 수도 있다. 하지만 신뢰할 수 있는 공인중개사의 도움을 받아 등기부상 권리관계와 임대차계약 서류, 토지이용계획확인원 등의 다양한 공적 장부를 검토한다면 이 같은 염려에서 해방될 수 있다. 이들 자료를 통해서 건물의 현재 법적 상태를 파악할 수 있으며, 이러한 내용을 반영하여 매매계약서를 작성한다면 법적으로 안전하게 건물에 대한 권리를 취득할 수 있다. 물론 투자경험이 적은 일반 투자자로서는 생소한 일이겠지만, 공인중개사 몇 군데만 더 돌아다니며 발품을 팔아 해당 부동산에 대한 공적 장부를 제시하고 의견을 구하면 정확한 결론을 얻을 수 있다. 그래도 마음이 놓이지 않는다면, 대한법률구조공단 등 공적 법률서비스를 이용하도록 하자. 보다 가벼운 마음으로 투자에 임할 수 있을 것이다.

꼬마빌딩 투자의 성공가능성을 높이는 작은 요소들

여타의 부동산 상품과 마찬가지로 꼬마빌딩 역시 입지는 매우 중요한 요소이다. 물론 꼬마빌딩 시장 전반이 장기적으로는 긍정적인 방향으로 흘러갈 것이다. 하지만 단기적인 시장조정도 피해가는 경쟁력 높은 꼬마빌딩을 구하기 위해서는 입지 조건을 더욱 엄격히 고려해야 한다. 우선은 서울 강남권 및 성동구, 강동구 등 한강 라인 지역의 꼬마빌딩이라면 투자 성공가능성이 상당히 높다. 그렇지 않은 경우에는 역세권 주변의 꼬마빌딩을 공략하자. 혹은 지하철 노선의 개통이 검토되고 있거나, 새로이 교통망이 들어서는 곳을 노리는 것도 좋은 방법이다. 이들 지역에 위치한 꼬마빌딩의 상업시설로서 가치가 높아 임대수익이 비교적 높을 뿐만 아니라,

상권의 개발가능성이 크기 때문에 시세차익도 기대할 수 있다.

한편 투자를 검토하는 건물의 공실 상태를 점검하는 것은 기본이다. 이러한 사실들은 주변 공인중개사들을 찾아다니며 발품을 팔면 얻을 수 있다. 또한 최근의 공실 상황뿐만 아니라, 장기간의 공실 상태에 대해 파악하면 보다 정확한 투자를 진행할 수 있다. 그리고 주변 건물의 공실률 및 수익률까지 챙겨보면 투자 대상 물건의 합리적인 가격대를 구체화시킬 수 있을 것이다. 또한 본인이 잘 아는 지역에서 물건을 찾는다면 장기간 공인중개사 등을 통하여 정보를 수집한 후, 시세 대비 가격이 저렴하게 시장에 나온 급매물을 구하는 것도 좋은 방법이다. 하지만 이 경우에도 신중을 기해야함은 물론이다. 각종 공적 장부를 꼼꼼히 살펴야하며, 건물의 현재 상태에 대해서도 현장조사를 통해 정확히 알아야 한다.

더불어 매입한 후에 즉시 철거할 생각이 아니라면, 가격이 저렴하더라도 준공된 지 지나치게 오래된 건물이거나 벽돌 등 내구성이 약한 자재로 건축한 건물은 피하는 것이 좋다. 특히나 건물이 건축한 후 20년, 또는 30년 정도 지난 후에는 내부에서부터 누수 등의 문제가 빈발하기 마련이며, 안전상의 문제도 불거지는 경우가 많다. 또한 철근콘크리트로 골조를 올린 것이 아니라 벽돌 등으로 쌓은 건물은 내구도가 떨어지기 때문에 나중에 활용하기가 좋지 않다. 이런 경우에는 당장 활용도가 떨어질 뿐만 아니라 리모델링으로 가치를 재고하는 것도 쉽지 않다.

일반 투자자들의 입장에서 꼬마빌딩 투자로 고려해볼만한 물건은 자금 여력에 따라서 다르겠지만 보통은 20억 원 내외의 건물이다. 그 이상이 소요되게 되면 보유 자금이 어느 정도 있다하더라도 대출액수가 지나치게 커지는 경우가 많으며, 이는 금융비용의 증가로 이어져 장기적으로 수익성에 좋지 않다. 따라서 자금 상황에 맞는 물건을 위주로 살펴보되, 서울 시내 중심 상권에 위치한 꼬마빌딩의 경우 시세가 맞지 않는 경우가 많으므로 일단은 눈을 좀 낮출 것을 추천한다. 서울 시내라면 동네 상권의 경우에도, 지나치게 후미지거나 접근성이 떨어지지 않는다면 충분히 수익창출이 가능하다. 그리고 수도권이나 지방 중심 도시의 경우에는 역세권 등 교통이 편리한 지역이라면 투자를 고려해보는 것이 바람직하다.

구체적인 물건을 고를 때에는 자신의 투자방향과 맞는 물건을 선택하는 것이 중요하다. 건물을 매입한 이후 그대로 이용할 것인지, 혹은 철거 후 신축을 고려하고 있는지에 따라서 접근방법이 달라진다. 하지만 일반적으로는 건축된 지 15년 내외의 물건을 고르는 것이 안전한 투자요령이다. 그보다 지어진지 얼마 되지 않은 건물의 경우 매매가격이 높게 형성되는 경우가 많고, 그보다 오래된 건물의 경우는 리모델링 등 내·외관 공사를 거친 후에도 효율적인 활용을 담보하기 어렵다. 또한 이러한 물건을 구한 이후에 리모델링은 필수적으로 고려하라고 추천하고 싶다. 앞서도 언급한 것처럼 부동산 투자에 있어서 리모델링처럼 안전하고 확실한 투자수단은 없다고 봐도 좋다. 매매가격의 10% 내외 정도로 리모델링 비용을 지출한다면 당장의 임대수요를 늘릴 수 있을 뿐만 아니라, 임대료도 더 높게 받을 수 있고, 무엇보다 장래 시세차익의 상승을 훨씬 크게 기대할 수 있다. 따라서 어중간한 신축 건물, 또는 외관이 깔끔한 건물을 고르는 것보다는 밑바탕이 될 수 있는 건물을 구매한 후 리모델링을 통해 자신만의 그림을 그려나가는 것이 더 나은 투자요령일 수 있다.

마찬가지 관점에서 한 가지 더 조언하고 싶은 것은 굳이 신도시의 꼬마빌딩에만 집착하지 말라는 것이다. 일반적인 부동산 상품이라면 새 건물이나 신축 부동산이 가치가 더 높은 것은 당연하다. 하지만 위에서 이야기한 것처럼 꼬마빌딩 투자의 가장 큰 장점이 넓은 선택지인 이상, 신도시의 꼬마빌딩은 지나치게 협소한 투자 방향이 될 수도 있다. 대부분 신축 건물이 많기 때문에 당장 마음에는 끌릴 수 있지만 바로 임대하는 것 이외에는 다른 투자 방향을 고려하기 어렵다. 또한 주변에 대체제가 많기 때문에 경쟁도 치열하거니와 상권 활성화가 완료되지 않아 높은 임대수익을 기대하기 어려운 경우가 대부분이다. 따라서 이러한 지역 보다는 동네 상권 중에서 관공서 등이 가깝고 유동인구가 많은 곳이 좋으며, 오래된 건물이 많은 지역은 오히려 리모델링으로 차별화를 할 수 있기 때문에 좋은 선택지가 된다는 점을 유념해야 한다.

4. 알고 보면 쉬운 토지 투자

한 때는 토지가 곧 부동산이었던 시절이 있었고, 부동산 투자를 한다고 하면 땅 투자를 떠올리던 때도 있었다. 하지만 최근에는 부동산 상품이 워낙 다양해졌기 때문에 예전만큼 토지에 대한 투자 문의가 많지는 않은 것이 사실이다. 무엇보다도 토지에 투자하는 데에는 상당한 자금이 필요한 경우가 많다. 예전에는 부동산 투자가 소위 강남 복부인 등으로 대표되는 일부 부유층들의 전유물이었기에, 부동산 투자 중에서도 토지에 대한 투자열기가 높았다. 하지만 최근에는 상대적으로 적은 자본을 가지고 수익형 부동산 등을 통해 부동산 시장에 뛰어드는 젊은 부동산 투자자도 많기 때문에 예전만큼 토지가 인기 있는 부동산 종목으로 인식되지는 않고 있는 것이 사실이다.

그러나 부동산 투자 상품으로서 토지의 가치는 여전하다. 보통 시장전망을 정확히 분석하고 가격 상승 요인이 있는 지역에 투자하기만 한다면, 수익률이 가장 높은 종목이 토지라고 할 수 있다. 토지형질변경이나, 신도시 개발 등의 개발 호재가 있는 경우, 대상 토지의 매매 가격 상승폭은 다른 부동산 종목과는 비교하기 힘들 정도이다. 물론 정보를 선점하는 것이 쉬운 일만은 아니다. 하지만 자신이 관심 있는 지역의 관공서의 도시계획과 등을 직접 방문하거나, 인터넷을 이용하여 자료를 검색하는 방법 등을 이용하면 그리 어렵지 않게 유망한 토지를 추릴 수 있다.

또한 토지는 게으른 투자자들에게도 적합한 상품이다. 최근 촉망 받는 부동산 종목들은 각종 수익형 부동산이나 꼬마빌딩으로 일단 투자를 결정하여 운용을 시작한 뒤에도 세입자 관리 및 수익성 개선 등에 있어서 꾸준하게 관심과 노력을 기울여야 한다. 하지만 그에 비해서 토지는 정보를 취사선택하고 개발호재를 정확히 분석하여 투자에 이르고 나면, 비교적 지난한 기다림의 시간이 기다리고 있을 뿐이다. 물론 실제로는 꾸준히 시장조사를 거듭하고 동향을 파악해야 하기는 하나 세입자 관리 등의 문제는 발생하지 않기에 상대적으로 쉬운 것이 사실이다.

무엇보다 아직도 전통적인 농경사회의 문화가 잔존해있는 한국 사회에서 땅이 갖는 독특한 위상 역시도 무시할 수는 없다. 물론 오늘날 토지 투자를 통해 농사를 지으려는 투자자는 많지 않으나, 자신의 이름으로 된 땅을 갖는다는 것은 여전히 많은 사람들에게 로망이 되기도 한다. 따라서 지금 당장은 토지에 투자할 생각이 없는 투자자라고 할지라도, 토지라는 상품에 대하여 이해하고 투자요령을 익혀두는 것은 필요한 일이라고 생각한다. 실제로 필자가 접한 많은 투자자들이 공통적으로 하는 이야기가 있다. 부동산 투자는 타이밍이라는 것이다. 필자도 전적으로 동의하는 문구인데, 기회가 왔을 때 비로소 준비해서 투자에 나서면 이미 늦는 경우가 많다. 미리미리 준비해두어야 기회가 왔을 때 발 빠르게 토지 투자에 나설 수 있다. 이하에서는 부동산 상품으로서 토지의 유형 및 특징에 대하여 살펴보고, 일반 투자자들도 쉽게 익힐 수 있는 투자요령에 대하여 살펴본다.

토지의 종류, 어떠한 것들이 있나?

토지의 유형은 사실 매우 다양하다. 먼저 농지, 임야, 녹지, 그린벨트 등의 개념을 통하여 토지의 기본적인 현황을 파악할 수 있다. 하지만 부동산 종목으로서 토지의 종류와 가치를 파악하는데 있어서는, 용도지역, 용도지구, 용도구역, 지목 등의 개념을 이해하는 것이 선행되어야 한다. 이는 토지의 효율적인 개발과 이용을 위하여 정해 놓은 것으로서, 이러한 테두리 안에서 당해 토지를 활용할 수 있는 방법이 도출되기 때문에 토지의 가치를 결정하는데 매우 중요한 요소이다.

토지의 쓰임새 및 가치의 잣대, 용도지역

그럼 먼저 용도지역의 개념에 대하여 살펴보자. 건폐율, 용적률, 높이 등을 입지별로 제한하기 위해 책정해놓은 구역이 바로 용도지역이다. 이러한 용도지역은 크게는 4가지로 구분된다. 우선 도시지역을 들 수 있으며, 여기에는 주거지역, 상업지역, 공업지역, 녹지지역이 포함된다. 관리지역은 보전관리지역, 생산관리지역, 계획관리지역으로 구분된다. 그밖에 농림지역이 있으며, 자연환경보전구역도 존재한다. 종래 용도지역의 개념은 도시지역, 준도시지역, 농림지역, 준농림지역, 자연환경보전지역으로 나뉘었으나 2003년 경 법이 바뀌면서 4가지 종류로 변경되었다. 그리고 이렇게 토지를 그 용도와 가치를 기준으로 하여 4가지의 용도지역으로 구분한 법률이 흔히들 이야기하는 '국토의 계획 및 이용에 관한 법률'이다. 법은 도시지역을 다시금 4가지로 구분하는데, 주거지역, 상업지역, 공업지역, 녹지지역이 바로 그것으로 여기부터는 일반 투자자들이 자주 접하게 될 개념들이 많이 등장한다.

주거지역은 전용주거지역(1~2종), 일반주거지역(1~3종), 준주거지역으로 다시 나뉘는데, 이 때 그 기준은 주거기능 이외의 다른 기능을 인정할 수 있는지의 여부이다. 주거기능만을 위한 전용주거지역은 다세대 주택, 다가구 주택 등의 저층 주택만이 들어설 수 있는 토지이다. 이와는 달리 일반주거지역은 좀 더 편리한 주거환경을 조성하기 위해 지정된 땅으로서 주로 아파트가 입지하게 된다. 한편 준주거지역은 주거기능을 위주로 하면서도, 상업적 기능의 보완이 인정되는 토지로서 일반적으로 규제의 수준이 완화되어 있기 때문에 투자가치가 보다 높다. 일반 투자자들의 입장에서는 가장 주목할 토지 중 하나이다.

한편 상업지역은 그 역할에 따라서 중심상업지역, 일반상업지역, 근린상업지역, 유통상업지역 등으로 구분한다. 먼저 중심상업지역은 도심·부도심의 상업기능 및 업무기능의 확충을 위하여 필요한 지역을 의미한다. 다음으로 일반상업지역은 일반적인 상업기능 및 업무기능을 담당하기 위하여 필요한 지역을 말한다. 그리고 근린지역에서의 일용품 및 서비스의 공급을 위하여 필요한 지역으로서 근린상업지역이 등장하는데, 이는 주거지역과 가깝기 때문에 많은 고객의 유치가 가능하고 꾸준한 영업수익을 기대할 수 있다는 측면에서 투자자들이 눈여겨봐야 할 대상이다. 마지막으로 유통상업지역은 도시 내에서, 혹은 지역 간의 유통기능의 증진을 위하여 필요한 지역을 의미한다.

이밖에 공업지역은 전용공업지역, 일반공업지역, 준공업지역 등으로 구분되며, 녹지지역은 보전녹지지역, 생산녹지지역, 자연녹지지역 등으로 분류된다. 하지만 일반 투자자의 입장에서는 이들 토지가 가지는 매력이 크지 않은 편이다. 활용 방안이 녹록하지 않기 때문이다. 하지만 자연녹지지역에서는 개발이 제한적으로 허용되어 있는바 이 때문에 지가가 상대적으로 높게 형성되어 있다.

이처럼 도시지역은 주로 주거 및 상업, 업무 등의 용도로 사용되는 것이 보통이다. 이와는 달리 관리지역은 보다 엄격한 제한과 규율이 적용되는 토지로서 농업생산이나 녹지보전 등 사회적인 목적을 위하여 지정된 토지이다. 주로 주거, 상업, 업무 등으로 사용되는 도시지역과는 달리 관리지역은 농업생산, 녹지보전 등의 목적으로 지정된 땅을 말한다. 이 관리지역은 크게는 보전관리지역, 생산관리지역, 계획관리지역의 세 가지 개념으로 나뉜다. 이들 관리지역은 많은 부분에서 개발이 제한되므로 투자대상으로서의 가치는 낮은 편이라고 할 수 있다. 하지만 생산관리지역, 보전관리지역과는 달리 계획관리지역의 경우, 제한적으로 개발이 허용되고 있고 장래보다 큰 개발 가능성을 기대할 여지도 있기 때문에 주의를 기울여야 한다.

용도지역을 보완하는 용도지구, 용도구역

현행 대한민국의 법률 상 토지에 대한 구별개념에는 용도지역 이외에도 용도지구와 용도구역이라는 개념도 존재한다. 일반적으로는 이들은 서로 완전히 구별되는 개념이 아니며, 용도지역 상에 용도지구나 용도구역이 중첩된 형태로 지정된다.

우선 용도지구는 건축물의 용도, 건폐율, 용적률, 높이 등과 관련된 용도지역에 대한 기존의 제한을 추가적으로 강화하거나, 또는 완화할 필요가 있을 때 지정하게 된다. 일반적으로는 기존 용도지역의 미관이나 경관, 안전 등을 강화시킬 필요가 있다고 인정되는 경우에 별도로 용도지구를 추가 지정하게 되며, 그 종류에는 경관지구, 미관지구, 고도지구, 방화지구, 방재지구, 보존지구, 시설보호지구, 취락지구, 개발진흥지구, 특정용도제한지구 등이 있다.

한편 용도구역은 토지에 대한 이용형태의 규제에 보다 주안점을 두어 용도지역의 지정을 보완하게 된다. 보통 무질서한 시가지의 팽창 및 확산의 방지, 계획적인 토지의 이용, 토지이용의 종합적인 관리 등의 목적으로 정해놓은 지역을 의미하며, 여기에는 시가화조정구역, 흔히 그린벨트라고 부르는 개발제한구역, 그리고 수자원보호구역 등이 있다.

이렇게 지금까지 등장한 토지에 대한 용도지역, 용도지구, 용도구역의 개념 중에서 용도지역과 용도지구는 일반적으로 토지의 이용과 관련되어 있다고 이해하면 쉽다. 반면 용도구역은 토지의 이용에 대한 규제에 초점이 맞춰져 있다. 따라서 투자자들로서는 용도지역, 용도지구를 중심으로 본인의 투자목적, 관심사와 합치하는 토지를 고르되, 용도구역을 확인함으로써 해당 토지에 특별한 이용규제가 걸려있지는 않은지를 확인하여야 한다. 또한 용도지역과 용도지구는 보통 도시지역 내에 지정되지만, 용도구역은 도시 주변에 지정되는 경우가 많으므로 참고하는 것이 좋다.

토지의 현황을 나타내는 지목

토지에 대한 여러 부동산 관련 뉴스를 접하다 보면 지목이라는 개념도 심심치 않게 등장한다. 이쯤 되면 토지의 분류방법이 너무 많은 나머지 헷

갈릴 수도 있다. 하지만 지목은 그다지 어려운 개념이 아니다. 쉽게 이야기하면 현재 토지가 어떤 모습으로 어떻게 쓰이냐를 나타내는 것이 바로 지목이다. 이는 가장 기초적인 땅의 분류방법 중 하나라는 점에서 의의를 가지며, 또한 용도지역과는 달리 특별한 사정이 없으면 변경이 가능하다는 것이 큰 특징이다. 용도지역은 정책적인 필요성에 따라 지정되었기에 설령 토지 소유자라 할지라도 임의대로 변경하기가 어렵다. 반면에 지목은 소유자의 의사에 따라 지방자치단체의 허가를 얻는 등의 절차를 거쳐 변경할 수 있는 것이다. 이 때문에 투자자의 입장에서는 지목을 통하여 현재 토지의 현황을 파악하는 것도 중요하지만, 용도지역을 정확히 따져보는 것이 더 중요하다. 지목은 추후에 변경가능성이 존재하지만, 용도지역은 사실상 바꾸기가 어렵기 때문에 토지의 활용도를 제한할 수 있기 때문이다.

	지목	약자		지목	약자		지목	약자		지목	약자
1	전	전	8	대지	대	15	철도용지	철	22	공원	공
2	답	답	9	공장용지	장	16	제방	제	23	체육용지	체
3	과수원	과	10	학교용지	학	17	하천	천	24	유원지	원
4	목장용지	목	11	주차장	차	18	구거	구	25	종교용지	종
5	임야	임	12	주유소용지	주	19	유지	유	26	사적지	사
6	광천지	광	13	창고용지	창	20	양어장	양	27	묘지	묘
7	염전	염	14	도로	도	21	수도용지	수	28	잡종지	잡

현행 지적법상 지목에는 28가지가 있으며, 종류는 많지만 모두 토지의 이용현황을 나타내는 것들이기에 어렵게 생각할 필요는 없다. 지목에는 구체적으로 대지, 전, 답, 과수원, 목장용지, 임야, 온수나 약수가 나오는 땅을 의미하는 광천지, 염전, 공장용지, 주차장, 주유소용지, 창고용지, 도로, 철도용지, 제방, 하천, 용수나 배수를 위한 인공수로 또는 둑을 의미하

는 구거, 저수지나 호수 등을 의미하는 유지, 양어장, 수도용지, 공원, 체육용지, 유원지, 종교용지, 사적지, 묘지, 잡종지 등이 있다. 그리고 보다 폭넓게는 건물을 건축할 수 있는지의 여부를 기준으로 대지와 그 이외의 땅으로 구분하기도 하며, 이처럼 지목을 정할 때는 필지별로 각각 하나의 지목을 설정하는 것이 원칙적인 모습이다.

어떤 토지를 골라야 하는가?

그렇다면 투자자들이 투자를 고려할만한 토지는 어떻게 선택할 수 있을까? 우선 토지의 가치를 결정하는 기준에 대해서 파악하는 것이 중요하다. 토지도 위치에 따라서 그 가치와 가격이 결정된다. 하지만 다른 종목과는 달리 다양한 규율로 그 용도나 개발이 제한되는 경우가 많기 때문에, 이러한 제한이 적고 활용도가 높은 땅일수록 가치는 높게 인정된다.

그렇다면 토지의 용도와 활용도는 어떤 요소에 의해 정해지는가? 바로 용도지역 등에 의한 기본적인 활용방안과 이에 더하여 건축이 가능한 건물의 종류와 건폐율, 용적률 등에 의해서 정해지게 된다. 이에 따라 용도지역 중 도시지역은 관리지역에 비해서 활용도가 높기 때문에 지가도 더 높게 평가되고, 같은 도시지역이라고 할지라도 보다 규제가 덜한 토지가 가격이 높다. 주거지역 중에서도 다세대 주택이나 다가구 주택만 건축이 가능한 전용주거지역에 비해서는, 아파트가 들어설 수 있는 일반주거지역과 상업적 용도로 활용이 가능한 준주거지역이 훨씬 비싸게 거래되는 것이 현실이다.

이러한 토지의 가격 차이는 지목이 다른 경우에도 마찬가지로 나타난다. 건물을 지을 수 있는 대지의 가격은 다른 지목에 비해서 월등히 비싸며, 수요도 훨씬 많다. 하지만 지목은 변경이 가능하다는 측면에서 가격이 보다 유동적이라는 점은 숙지해야 한다. 일반적으로 전답을 대지로 지목 변경하는 경우가 많은데, 보통은 지목 변경에 소요되는 비용 이상으로 지가가 상승하는 일이 많다. 하지만 구체적인 사정에 따라 결과가 달라질 수 있으므로 우선 전문가와 협의하는 것이 안전하다.

구체적인 위치나, 각종 규제에 의한 활용도 이외에도 현재 토지가 가지고 있는 여러 현실적인 조건 역시 가격결정요인으로 작용한다. 가장 대표적인 것이 흔히들 이야기하는 맹지로서, 도로와 접하고 있지 않기 때문에 활용도가 지극히 떨어지고 가격대 역시 낮게 거래된다. 이밖에도 각종 혐오시설이나 위험시설과 근접한 토지나 저지대에 위치한 등으로 배수가 좋지 않은 땅, 폭이 지나치게 좁아 활용방안이 적은 땅, 경사가 심한 땅 등은 피하는 편이 안전하다. 이러한 악조건이 지가에 반영되어 가격은 싸기 마련이나, 활용방안이 마땅치 않은데다가 시세차익을 기대하기도 어렵기 때문이다.

토지에 투자할 때 유의해야 할 사항들

자 그럼 이러한 정보들을 바탕으로 직접 구체적인 토지를 구할 때 고려해야할 요소들은 어떤 것들이 있을까? 아무리 위치가 좋고, 활용도가 높으며, 각종 규제에서 자유로운 땅이라도 다음과 같은 요소를 추가적으로 고려할 것을 조언한다.

우선 토지의 지형과 방향을 확인해야 한다. 지나치게 경사도가 심하거나, 주변 지형이 험한 곳은 나중에 활용할 방법이 적고, 건물을 지어 이용하기도 어렵기 때문에 피하는 것이 좋다. 또한 설령 농지로 사용할 생각이 없다고 하더라도 햇볕이 충분히 드는 곳을 선택해야 한다. 일광이 충분하지 않은 곳은 습기 문제가 발생할 수 있고, 건물 등을 지었을 때에도 채광 문제가 발생할 가능성이 크다. 또 자갈이나 암반이 있는 곳은 건축공사를 진행할 때 공사의 난이도가 상승하고 추가적인 비용이 소요되기 때문에 피해야 한다. 그리고 자연재해를 예방하기 위하여 강이나 저수지, 하천과 너무 근접한 땅은 선택하지 않는 편이 좋다.

다음으로는 해당 토지에 대한 여러 가지 행정적 조건을 검토해야 한다. 토지이용계획확인원을 살펴보는 것은 가장 먼저 해야 할 일이다. 이를 통해 해당 토지에 별다른 공법상 제한사항은 없는지, 투자자 개인의 매입목적을 달성하는데 문제는 없는지 검토해야 한다. 이러한 검토 없이 만연히 토지를 매입하였다가, 각종 제한으로 인하여 매입목적을 달성하지 못하고 낭패를 보는 투자자들이 종종 있다는 점을 명심해야 한다. 더불어 도로에의 접근성은 가장 기본적인 요소이므로, 맹지라면 다른 조건이 좋더라고 재고해보는 것이 좋다. 해당 토지를 중심으로 하여 주변 지역의 개발계획을 확인해보는 것도 필요한데, 교통망 신설이나 신도시 건설 등의 개발호재가 있는 경우, 시세차익을 기대할 수 있기 때문에 매입가격을 조금 높이는 것도 고려해 볼만 하다.

그리고 해당 토지와 관련한 법률적인 문제는 없는지의 여부도 반드시 확인해야 한다. 이는 등기부를 확인함으로써 살펴볼 수 있는데, 등기부에 나타나있는 법률적 권리관계를 중심으로 해서 향후 위험요소를 파악하면 좋다. 근저당권의 설정여부나 채권최고액의 액수 등은 가장 기본적인 사항이 된다. 그러나 유치권이나 관습법 상 법정지상권과 일반 법정지상권, 특수지역권, 그리고 분묘기지권 등의 물권적 권리는 등기부에 나타나지 않기 때문에 유의가 필요하다. 문제되는 경우가 많지는 않아도 더러 있기 때문에, 관할 관공서에 방문하여 확인절차를 거친 후에 현장답사를 통해서 확인하는 편이 안전하다.

마지막으로 다른 부동산 종목에서도 마찬가지이나 땅 투자는 더욱 더 직접 발로 뛰는 것이 중요하다. 상대적으로 토지의 경우에는 정주공간으로서의 주위 여건 및 주변 상권의 확인 등이 요구되지 않기 때문에, 대리인을 통해 투자를 검토하고 거래를 진행하는 사례가 적지 않다. 하지만 본인이 스스로 신경 쓰지 않으면 아무래도 문제가 생길 확률이 높고, 이는 필자가 현업 생활을 하며 누누이 느낀 부분이다. 구체적인 입지나 환경 등 요소는 토지대장 등 서류를 통해서는 파악하기 어려운 부분이 존재하므로 반드시 현장답사를 거치는 편이 좋다. 또한 향후 토지의 구체적인 활용방안을 결정하는 데 있어서도 현장실사의 중요성을 강조할 수밖에 없다. 그리고 거래절차에 있어서 본인이 배제된 채 대리인이 거래를 주도하는 경우에는, 불필요한 분쟁이나 법률적인 문제가 발생하는 일이 생각보다 많다. 따라서 불가피하게 위임을 하는 경우에도 최소한의 업무는 본인이 직접 챙기는 것이 좋다. 이렇게 현장답사 등을 통해 노력을 기울여야 해당 토지를 통해 수익을 올릴 가능성도 커지고, 땅을 보는 안목이 생기기 때문에 추후에 다른 투자를 할 때도 소중한 경험으로 삼을 수 있다.

투자 관련 부동산 세제와
부동산 투자의 팁

부동산 투자를 함에 있어서 투자자들이 공통적으로 어려워하는 요소가 무엇일까? 바로 각종 세제이다. 각각의 부동산 상품에 따라 적용되는 법규가 다르고, 따라서 부과되는 세금도 다르기 때문이다. 그리고 전략을 어떻게 짜느냐에 따라서 큰 폭의 절세도 가능하지만, 반대로 과도하게 많은 세부담으로 인해 수익성이 크게 하락하는 사례도 많다. 필자가 많은 투자자들에 조언을 하면서, 전문가의 조언을 받을 것을 강조하는 부분 중 하나가 바로 부동산 관련 세제이다. 워낙 복잡하고 내용이 수시로 바뀌는 부분이기 때문에 일반적인 부동산 투자자가 완벽하게 숙지하기란 어려우며, 오히려 어설픈 접근이 화를 부르는 경우도 많이 보았다. 따라서 부동산 투자경험이 많지 않은 투자자라면 반드시 근처의 공인중개사 등 전문가와의 상담을 통하여, 본인이 진행하려는 투자와 관련된 세제를 알아보고 전략을 수립하는 것이 필요하다.

하지만 전문가의 손길이 요구된다고 해서 투자자 본인이 마냥 손 놓고 있어도 된다는 것은 아니다. 적어도 부동산과 관련한 세제의 개략적인 체계와 최소한의 구조는 알아두는 편이 낫다. 그래야 스스로 개괄적인 그림을 그릴 수도 있고, 전문가 앞에서 본인이 원하는 바를 설명할 수 있기 때문이다. 따라서 이하에서는 부동산의 거래 과정에 따른 대표적인 부동산 세제를 살펴보도록 한다. 투자자들이 알기 쉽게 접근하는 과정을 통해서 부동산 세제의 전반적인 구조를 확인하고, 절세를 할 수 있는 요긴한 팁들을 알아볼 수 있을 것이다.

더불어 투자자들이 부동산 투자를 함에 있어서 신경 쓰면 좋을 몇 가지 팁에 대해 조언해 보고자 한다. 투자경험이 쌓이면 당연한 것들이 이제 막 투자를 시작한 사람들에게는 잘 보이지 않기 마련이다. 실무와 이론을 넘나드는 필자의 오랜 경험을 바탕으로 했을 때 몇 가지 사항만 조심한다면 부동산 투자에서 큰 낭패를 보는 것은 피할 수 있다. 반드시 성공한다는 왕도는 투자에서는 존재하지 않는다. 다만 실패를 줄이고 성공 확률을 늘려 가다보면, 자연스럽게 성공적인 부동산 투자자로 거듭날 수 있을 것이다.

1. 부동산 세제, 이것만은 알고 투자하자

그렇다면 부동산과 관련한 세금에는 과연 어떤 것들이 있을까? 이는 거래의 순서대로 살펴보면 이해하기 좀 더 편한데, 크게는 부동산을 취득할 때 내야하는 세금과 부동산의 보유 시에 내야하는 세금, 그리고 부동산을 양도할 때 내야하는 세금으로 나뉜다.

먼저 취득하고 등기하면서 내야 하는 세금으로는 취득세가 있으며, 취득세에 덧붙여 내는 농어촌특별세와 지방교육세가 있다. 또한 그 액수는 적지만 매매계약서를 작성할 때 내야 하는 인지세도 있다. 이와 더불어, 타인으로부터 부동산을 증여받았거나 상속받았을 경우에는 증여세와 상속세를 내야하며, 이밖에 부동산을 취득할 때 소요된 자금출처를 소명하지 못할 경우에는 증여세를 추가로 납부해야 한다.

다음으로 부동산을 보유할 때 내야하는 세금에는, 종전에는 보유한 부동산에 대하여 건물은 재산세, 토지는 종합토지세가 과세된 바 있다. 그러나 2005년 이후부터는 주택은 건물과 토지를 통합하여 재산세와 일정 기준금액을 초과한 경우에 종합부동산세가 과세되고, 일반건물의 경우는 재산세만 과세되고 있다. 그리고 토지의 경우에는 종합합산대상 및 별도합산대상 토지로 나누어 재산세와 마찬가지로 일정 기준금액을 초과한 경우에 종합부동산세가 과세된다. 또한 재산세에는 지방교육세와 지역자원시설세, 그리고 종합부동산세에는 농어촌특별세가 더해져 부과되고 있다.

끝으로 기존에 보유하고 있던 부동산을 처분할 때는 국세인 양도소득세를 납부해야 한다. 그리고 이에 더하여 지방소득세도 같이 납부해야 한다.

부동산의 취득과 관련한 부동산 세제

부동산을 취득할 때 내야 하는 세금으로 가장 대표적인 것은 역시 취득세이다. 우선 부동산을 취득하게 되면 부동산 소재지를 관할하는 시청이나 군청, 구청에 취득세를 신고하고 납부해야 하는 것이다. 이러한 취득세는 부동산을 취득한 날부터 60일 이내에 농어촌특별세와 지방교육세를 포함하여 신고, 납부하여야 한다. 만약 이 기한을 넘기게 되는 경우에는 20%의 신고불성실가산세 및 일정 액수의 납부불성실가산세를 추가 부담하게 된다.

과세표준 및 세율

구분		취득세	농어촌특별세	지방교육세	합계세율
6억 이하 주택	85m² 이하	1%	비과세	0.1%	1.1%
	85m² 초과	1%	0.2%	0.1%	1.3%
6억 초과 9억 이하 주택	85m² 이하	2%	비과세	0.2%	2.2%
	85m² 초과	2%	0.2%	0.2%	2.4%
9억 초과 주택	85m² 이하	3%	비과세	0.3%	3.3%
	85m² 초과	3%	0.2%	0.3%	3.5%
주택 외 매매(토지, 건물 등)		4%	0.2%	0.4%	4.6%
원시취득, 상속(농지 외)		2.8%	0.2%	0.16%	3.16%
무상취득(증여)		3.5%	0.2%	0.3%	4%

그렇다면 취득세를 납부하기 위한 취득가액의 산정은 어떤 식으로 해야 할까? 취득세 계산 시의 취득가액은 취득자가 신고한 가액으로 하는 것이 원칙이다. 다만 신고를 하지 아니하거나 신고한 금액이 시가표준액에 미달하는 경우, 그리고 신고 가액의 표시가 따로 존재하지 않는 경우에는 시가표준액으로 계산하게 되므로 유의가 필요하다. 그리고 국가 또는 법인 등의 거래로서, 사실상 취득가액이 입증되는 거래인 경우에는 사실상의 취득가액에 의하여 산정하는 방법을 취하고 있다.

취득세의 납부에 있어서 투자자들이 고려해야 할 요소 중 하나가 또한 부동산 취득에 소요된 자금출처 조사이다. 특히나 현재 경제적인 소득이 없는 미성년자나 배우자 등의 명의로 소유권 이전등기를 하는 경우에는 증여세 문제를 고려해야 한다. 왜냐하면 직업이나 연령, 소득 및 재산상태 등의 조건을 감안하였을 때, 당해 부동산을 자신의 능력으로 취득하였다고 인정하기 어려운 경우에는 소요자금의 출처를 조사받게 되며, 이러한 조사의 결과 취득자금의 출처를 제시하지 못한 금액에 대해서는 증여세를 납부하게 될 가능성이 있기 때문이다. 특히나 미성년자 등에게 재산의 소유권을 이전하는 등 증여로 추정되는 경우에는 단순한 서면확인에서 나아가서 사실상의 자금 출처를 면밀하게 조사받는다. 그리고 재산을 증여받았음에도 불구하고, 증여세의 자진신고 및 납부를 하지 않았다면 정상 신고한 경우와 대비하여 30% 이상의 세금을 추가로 부담하게 된다. 따라서 이러한 자금출처 조사에 대하여 면밀히 숙지하는 것이 필요하며, 소득이 불분명한 자에게 재산을 이전하는 경우에는 성실히 신고 및 납세의무를 이행하는 것이 좋다.

부동산의 보유와 관련한 부동산 세제

다음으로 부동산의 보유에 대한 세금으로는 어떤 것들이 있을까? 우선은 종합부동산세를 잘 따져보아야 한다. 종합부동산세는 2005년부터 부과되었는데, 그 근본적인 목적은 부동산 보유에 대한 조세부담의 형평성을 제고하는 것이다. 이에 따라서 일정 금액 이상의 부동산 보유자에 대해서는 지방세인 재산세를 부과한 후 이에 더하여 국세인 종합부동산세가 과세된다. 종합부동산세는 과세기준일이 되는 매해 6월 1일을 기준으로 하여 주택 및 토지분 재산세의 납세의무자로서 국내에 소재한 재산세 과세대상인 주택 및 토지의 공시가격을 합산하여 그 공시가격의 합계액이 일정금액을 초과하는 경우에 그 초과분에 대하여 부과되는 세금이다. 이러한 구조에 의하면 1차로 부동산소재지 관할 지방자치단체에서 과세 유형별로 구분하여 재산세를 과세한다. 그리고 이어서 2차로 일정 공제금액 초과분에 대하여 주소지 관할 세무서에서 종합부동산세를 과세하게 된다.

그렇다면 종합부동산의 과세대상은 어떠할까? 먼저 부속 토지를 포함한 주택이 해당되며, 또한 나대지, 잡종지 등의 종합합산토지도 해당된다. 또한 일반 건축물의 부속 토지 등 별도합산토지도 해당되며, 이들 각각의 공시가격을 합산하여 일정 공제금액 초과 시 과세대상이 된다. 그리고 이러한 과세대상 부동산을 유형별로 구분하여 개인별로 전국 합산하여 산출한 공시가격이 아래의 공제금액을 초과하는 경우에만 종합부동산세가 과세된다.

과세대상 유형 및 과세단위의 구분		공제금액
주택	인별 전국 합산	6억원 (1세대 1주택자 * 9억원)
종합합산토지(나대지, 잡종지 등)		5억원
별도합산토지(일반건축물의 부속토지 등)		80억원

그리고 여기에서 1세대 1주택자라는 개념은 세대원 중에서 1명만이 주택분 재산세 과세대상인 1주택을 소유한 경우에 그 주택을 소유한 거주자를 말하는 것이다. 다만, 주택임대의 활성화를 위하여, 1주택 이외에 임대주택법 등에 따른 임대주택을 보유한 경우로 임대주택 외의 1주택에 주민등록이 되어 있고, 실제로 거주하는 경우에는 1세대 1주택으로 간주하고 있다.

한편 과세표준을 산정하는 방법을 보면, 우선 주택의 경우에는 건물 및 부속 토지를 통합하여 평가한 공시가격을 기준으로 인별로 전국합산한 후 일정금액을 공제한 금액에 공정시장가액비율을 곱하여 과세표준을 산정한다. 한편 토지의 경우에는 국내에 있는 종합합산토지와 별도합산토지의 공시가격, 즉 개별공시지가를 각각 인별로 전국합산한 후 일정금액을 공제하고 공정시장가액비율을 곱하여 과세표준을 정하게 된다. 이러한 기준에 의하여 종합부동산세를 계산하는 방법을 간단히 나타내면 다음과 같다.

납부할 종합부동산세 계산방법

{(인별 전국합산 공시가격 - 공제금액) X 공정시장가액비율} X 세율 - 법정 공제세액
⋮⋯⋯⋯⋯⋯⋯⋯⋯⋯⋯⋯⋯⋯⋯⋯⋯⋯⋯ (종합부동산세 과세표준)

■ 법정 공제세액은?

① 재산세액 중 종합부동산세 과세표준에 대한 재산세상당액

② 1세대 1주택 세액공제액

③ 세부담상한액을 초과하는 금액

한편 종합부동산세 역시 여러 가지 공제혜택이 있으므로, 이를 잘 활용할 필요가 있다. 대표적인 것이 1세대 1주택자 세액공제이다. 이는 1세대 1주택자에 해당하는 고령자 및 장기보유자에 대해 세액공제를 제공하는 것으로서, 고령자에 대해서는 60세 이상의 경우 10%, 65세 이상의 경우에는 20%, 그리고 70세 이상인 경우에는 30%를 공제해 준다. 또한 장기보유자에 대해서도 세액공제가 적용되어 5년 이상 보유자인 경우에는 20%, 10년 이상인 경우에는 40%의 세액공제를 받을 수 있다. 그리고 이들 혜택의 경우 중복적용이 가능하므로 해당 여부를 잘 확인하면 좋다.

부동산의 양도와 관련한 부동산 세제

부동산에 투자하려는 사람이 가장 부담스럽게 생각하는 부분이 바로 부동산을 양도할 때 과세되는 세금이다. 시세차익 등에 부과하기 때문에 액수도 상당할 뿐만 아니라, 복잡한 경우가 많다. 여러 가지 세금이 부동산 양도 시에 부과되기는 하지만, 투자자의 입장에서 가장 신경써야하는 것은 역시 양도소득세이다. 왜냐하면 그만큼 절세의 포인트도 다른 세금에 비해서 많기 때문이다.

양도소득세란 부동산을 양도하는 경우 과세되는 세금을 의미한다. 하지만 조세 정책적으로 양도소득세를 비과세하거나 감면하는 경우도 많이 있다. 납세자의 성실납부를 촉진하기 위한 혜택인 것이다. 따라서 양도소득세의 비과세 및 감면요건을 잘 숙지하고 그 요건에 맞추어 양도를 하면 절세가 가능하다.

주택에 대한 양도소득세

우선 가장 기본적인 내용으로서 1세대 1주택에 대한 양도소득세는 비과세 대상이 된다. 양도소득세가 과세되지 않는 1세대 1주택이란 그럼 무엇을 의미할까? 기본적으로는 1세대가 양도일을 기준으로 2년 이상 보유한 국내의 1주택을 양도할 때에는 비과세 대상인 것이다. 그러나 양도하는 1주택의 실거래가액이 9억 원을 초과하는 경우는 비과세 대상에서 제외된다. 우선 거주요건의 경우, 종전에는 2년 이상 거주요건을 요구하는 사례가 있었다. 하지만 2011년 이후 요건이 폐지되어, 현재에는 장기임대주택을 소유한 경우가 아닌 이상 거주요건은 필요하지 않다. 그리고 보유기간은 주택을 취득한 날부터 양도한 날까지의 기간을 의미하며, 2년 이상의 보유기간이 요구된다. 또한 이때의 취득한 날 및 양도한 날이란 계약일이 아니며, 잔금일과 등기접수일 중 빠른 날을 의미한다.

한편 보유기간의 제한이 적용되지 않는 경우도 있다. 우선 취학, 1년 이상의 질병 치료 및 요양, 근무 상 사정이나 학교 폭력의 피해로 전학하여 1년 이상 살던 주택을 팔고 세대원 모두가 다른 시·군 지역으로 이사를 할 경우에는 보유기간의 제한이 적용되지 않는다. 그리고 해외이주법에 따른 해외이주로 세대전원이 출국하는 경우에도 출국 이후 2년 이내에 양도한다면 보유기간의 제한이 없다. 이는 1년 이상 계속하여 국외거주를 필요로 하는 취학 또는 근무상의 형편으로 세대전원이 출국하는 경우에도 마찬가지이다. 그리고 재개발·재건축사업에 참여한 조합원이 사업시행 기간 중에 일시 취득하여 1년 이상 살던 집을 재개발·재건축된 주택으로 세대전원이 완공 이후 2년 이내에 이사하게 되어 팔게 될 경우에도 보유기간 제한의 적용을 받지 않는다. 다만, 이 경우에는 재개발·재건축주택의 완공 전 또는 완공 후 2년 이내에 양도하고, 완공된 주택에서 1년 이상 계속하여 거주하여야 한다는 요건이 추가된다. 그리고 임대주택법에 따른 건설임대주택을 분양받아 매도하는 경우로서 당해주택의 임차일로부터 양도일까지 세대전원의 거주기간이 5년 이상인 경우에도 마찬가지로 보유기간이 필요하지 않다. 따라서 본인이 위와 같은 사례에 해당되는지 확인해보고, 해당된다면 양도소득세 비과세에 있어서 보유기간의 제한을 걱정하지 않아도 좋다.

그렇지만 이와는 반대로 1세대 1주택에 해당하는 경우에도 양도소득세과 과세되는 때도 있기 때문에 주의가 필요하다. 우선 취득등기를 하지 않고 매도하는 미등기 전매의 경우에는 양도소득세가 부과되며, 액수 역시도 시세차익의 70% 정도에 해당하는 고액을 부담해야 하므로 유의해야한다. 또한 1세대 1주택이라도 고가주택에 해당되면 양도소득세를 부담하는데, 고가주택이란 주택과 그 부수토지의 양도 당시의 실지거래가액의 합계액이 9억 원을 초과하는 경우를 의미한다. 다만 고가주택이 1세대 1주택의 비과세 요건을 갖추었다면 양도차익 전체에 대하여 양도소득세가 과세되는 것은 아니고, 9억 원을 초과하는 부분에 대해서만 양도소득세가 과세된다.

그리고 1세대 2주택이라도 양도소득세를 과세하지 않는 경우도 존재한다. 우선 일시적으로 두 채의 주택을 갖게 될 경우가 이에 해당하며, 한 채의 종전 주택을 가지고 있던 1세대가 그 집을 구입한 날부터 1년 이상이 지난 후 새로운 주택 1개를 추가 구입하여 일시적으로 2주택이 된 경우, 새로운 주택을 구입한 날부터 3년 내에 2년 이상 보유한 종전의 주택을 팔게 되면 비과세된다. 그러나 수도권소재 기업, 공공기관의 지방이전에 따라 종사자가 이사하는 경우에는 2년 이상 보유한 종전의 주택을 5년 내에 팔게 되면 양도소득세가 과세 되지 않는다. 또한 상속을 받아 두 채의 주택을 갖게 될 경우에도 양도소득세가 따로 과세되지 않는데, 1주택 보유자가 별도 세대원으로부터 1주택을 상속받아 1세대 2주택이 된 경우이다. 이 경우 상속개시 당시 상속인 세대가 소유한 1주택을 먼저 팔 때에는 상속받은 주택에 무관하게 국내에 1개의 주택을 소유한 것으로 보아 비과세 여부를 판단하게 된다. 그러나 이와 달리 상속받은 주택을 먼저 팔 때에는 양도소득세가 과세되므로, 투자자로서는 눈여겨봐야할 부분이 된다. 이 밖에 한 울타리 안에 두 채의 집이 있는 경우와 집을 매수한 사람이 등기 이전을 하지 않은 관계로 2주택이 될 경우, 직계존속을 모시기 위하여 세대를 합쳐 두 개의 집을 갖게 될 경우에도 양도소득세가 과세되지 않는다. 그리고 혼인으로 인해 두 채의 집을 소유하게 되는 경우 및 농어촌 주택을 포함하여 2주택이 된 경우, 취학 등 사유로 수도권 밖에 소재하는 주택을 취득하여 두 개를 소유한 경우도 마찬가지로 양도소득세의 과세대상이 아니다.

그리고 장기저당담보주택의 비과세 특례와 임대주택사업자의 거주주택 비과세 특례를 눈여겨보면 좋다. 우선 장기저당담보주택의 비과세 특례는 장기저당담보대출계약을 체결하고 장기저당담보로 제공된 1주택, 즉 장기저당담보주택을 소유한 60세 이상의 직계존속과 세대를 합침으로써 1세대 2주택이 된 경우 먼저 양도하는 주택은 1세대 1주택 양도로 간주하고 있다. 따라서 세대를 합친 날로부터 5년이 지나서 매도하는 경우에도 먼저 양도하는 주택이 비과세 요건을 갖춘 경우에는 양도소득세가 과세되지 않는다. 다만 장기저당담보주택을 담보대출 계약기간만료 이전에 양도하면 위 특례규정이 적용되지 않는다는 것을 유의해야 할 것이다.

한편 임대주택사업자의 거주주택 비과세 특례는 일반적으로 거주기간이 2년 이상일 것과 양도일 현재 장기임대주택을 「소득세법」에 따른 사업자등록 및 「민간임대주택에 관한 특별법」에 따른 임대주택으로 등록하여 임대하고 있을 것을 요한다. 이 경우에 장기임대주택 임대기간요건인 5년 이상의 임대 요건을 충족하기 전에 거주주택을 양도하는 경우에도 거주주택 비과세 특례는 적용된다. 다만, 1세대가 거주주택 비과세 특례를 적용받은 후 장기임대주택의 임대기간요건을 충족하지 못하게 된 때에는 그 사유가 발생한 날이 속하는 달의 말일부터 2개월 이내에 양도소득세를 신고 및 납부하여야 한다는 점도 기억해야 한다.

이 밖에 양도소득세가 과세되지 않는 경우도 있다. 먼저 점포가 딸린 건물에서 주택부분이 점포보다 클 경우에 양도소득세가 과세되지 않는데, 이 점을 잘 활용하면 효율적으로 절세를 할 수 있다. 즉, 1세대 1주택자가 비과세 요건을 갖춘 점포가 딸린 주택을 팔았을 때에는 주택면적이 점포면적보다 큰 경우 점포도 주택으로 보아 양도소득세를 과세하지 않는 것이다. 이와는 달리 주택면적이 점포면적보다 작거나 같은 경우에는 주택부분은 비과세 되는 것으로 차이가 없지만, 점포부분은 과세대상이 되므로 유의해야 한다.

재개발 또는 재건축 조합원이 취득한 아파트를 팔았을 경우에도 양도소득세가 과세되지 않는 경우가 있다. 보유하던 주택이 재개발 또는 재건축 사업에 따라 철거된 후, 당초 조합원으로서 분양받은 아파트가 완공되어 이를 팔게 되면 기간을 통산하여 비과세 요건을 갖춘 경우 양도소득세를 과세하지 않는 것이다. 이 때 보유기간은 종전주택의 보유기간, 공사기간, 완공주택의 보유기간을 통산하여 정한다.

그리고 재개발 또는 재건축에 있어서 조합원입주권을 팔았을 경우에도 마찬가지이다. 이 경우 종전주택이 관리처분계획인가일과 주택의 철거일 중 빠른 날 현재 1세대 1주택 비과세 요건을 충족하고, 이에 더하여 양도일 현재 다른 주택이 없거나 양도일 현재 당해 조합원입주권 외에 1주택을 소유한 경우로서 1주택을 취득한 날로부터 3년 이내에 조합원입주권을 양도하는 경우에는 양도소득세가 부과되지 않는다.

농지에 대한 양도소득세

농지에 대해서도 여러 가지 양도소득세 감면 및 비과세 혜택이 주어지므로 숙지하면 좋다. 우선 양도소득세가 감면될 수 있는 경우들을 살펴보자. 먼저 자경농지를 양도하는 경우가 여기에 해당한다. 농지소재지에 거주하면서 원칙적으로 8년 이상 자기가 경작한 사실이 있는 농지를 양도하는 경우에는 양도소득세가 감면된다. 이 경우 감면한도액은 자경농지 대토 감면과 합산하여 5년간 3억 원이 된다.

다만 시 지역의 주거지역, 상업지역, 공업지역 안에 있는 농지로서 이들 지역에 편입된 날로부터 3년이 지난 농지와 농지 외의 토지로 환지예정지의 지정이 있는 경우 그 환지예정지 지정일로부터 3년이 지난 농지, 상속인이 상속받은 농지를 경작하지 않는 경우 상속받은 후 3년이 지난 농지 등의 경우에는 이러한 혜택을 받을 수 없다는 점을 유념해야 한다.

또한 자경농지의 대토라 하여, 경작 상의 필요에 따라 농지를 팔고 다른 농지를 샀을 때에도 양도소득세가 감면된다. 이러한 농지의 대토감면을 받기 위해서는 4년 이상 종전의 농지소재지에 거주하면서 경작한 자여야 하며, 종전의 농지의 양도일부터 1년, 협의매수·수용 시에는 2년 내에 새로운 농지를 취득하거나 또는 새로운 농지 취득일부터 1년 내에 종전의 농지를 양도하는 경우여야 한다. 그리고 종전 농지를 먼저 양도하고 새로운 농지를 나중에 취득한 경우에는 그 취득한 날부터 1년 내에 새로운 농지소재지에 거주하면서 경작을 개시해야하고, 새로운 농지를 먼저 취득하고 종전 농지를 나중에 양도한 경우에는 종전 농지의양도일부터 1년 내에 새로운 농지소재지에 거주하면서 경작을 개시하여야 한다. 또한 새로운 농지에 거주하며 계속 경작한 기간과 종전의 농지에서 경작한 기간은 합산하여 8년 이상이어야 하며, 새로 취득하는 농지의 면적은 양도하는 농지 면적의 3분의 2 이상이거나 새로 취득하는 농지의 가액이 양도하는 농지 가액의 2분의 1 이상일 것을 요한다.

그리고 자경농지를 환매하는 경우에도 양도소득세 환급의 혜택을 받을 수 있다. 「농지법」에 따른 농업인에 해당하는 자가 직접 경작한 농지 등을 한국농어촌공사에 양도한 후 임차하여 직접 경작한 경우로서 해당 농지 등을 임차기간 내에 환매한 경우 해당 농지 등의

양도소득에 대하여 납부한 양도소득세를 환급받을 수 있는 것이다. 이

경우 양도소득세를 환급받은 농업인이 환매한 해당 농지 등을 다시 양도하는 경우 그 취득시기 및 취득가액은 한국농어촌공사에 양도하기 전의 취득일 및 취득가액으로 하게 된다.

더불어 농지에 대해서도 양도소득세가 비과세되는 경우가 있다. 경작상 필요에 따라서 교환하는 쌍방 토지가액의 차액이 큰 편의 1/4 이하이고, 교환으로 취득한 농지를 3년 이상 그 농지 소재지에 거주하면서 경작하는 농지를 교환하는 경우라면 양도소득세가 과세되지 않는 것이다.

양도소득세 감면을 받을 수 있는 사례와 받을 수 없는 사례

장기임대주택에 대해서는 양도소득세가 감면되기 때문에, 임대주택을 5호 이상 임대하는 거주자가 국민주택 규모의 주택을 2000년 12월 31일 이전에 임대 개시하여 5년 이상 임대한 후 양도하는 경우에는 임대기간과 주택의 유형에 따라 양도소득세의 50% 또는 100%를 감면해준다.

또한 준공공임대주택 등에 대한 양도소득세 세액감면도 확인해야 한다. 「민간임대주택에 관한 특별법」 따른 기업형임대주택이나 준공공임대주택 등을 양도하는 경우에는 임대기간 중 발생한 양도소득세의 100%를 감면해주기 때문이다. 다만 여기에 해당하기 위해서는 취득일로부터 3개월 이내에 「민간임대주택에 관한 특별법」 에 따라 준공공임대주택 등으로 등록할 것이 요구되고, 또한 등록한 후 10년 이상 계속하여 준공공임대주택 등으로 임대한 후 양도한 경우여야 하며, 임대보증금 또는 임대료의 연 증가율이 5% 이하여야만 한다. 그리고 이 같은 규정에 의한 양도소득세의 세액감면은 장기보유특별공제 특례와 중복하여 적용되지는 않는다.

공익사업용 토지 등에 대한 양도소득세 감면 내용도 확인해 두면 좋다. 우선은 「공익사업을 위한 토지 등의 취득 및 보상에 관한 법률」이 적용되는 공익사업에 필요한 토지 등을 해당 공익사업의 시행자에게 양도함으로써 발생하는 소득과, 「도시 및 주거환경정비법」에 의한 정비구역 안의 토지 등을 동법에 따른 사업시행자에게 양도함으로써 발생하는 소득, 그리고 「공익사업을 위한 토지 등의 취득 및 보상에 관한 법률」 및 기타 법률에 따른 토지 등의 수용으로 인하여 발생하는 소득에 대하여 양도소득세가 감면될 수 있다. 그리고 이때 사업 지역에 대한 사업인정고시일부터 소급하여 2년 이전에 취득한 해당 토지 등이 속한 토지를 2018년 12월 31일 까지 양도하고 그 대금을 현금으로 받는 경우에는 양도소득세의 10%를 감면한다. 이 외에 보상채권으로 받는 경우에는 15%, 3년 만기 보상채권으로 받는 경우에는 30%, 5년 만기 보상채권으로 받는 경우에는 40%를 감면하게 된다.

그렇다면 양도소득세 감면 혜택을 받을 수 없는 사례에는 어떤 것들이 있을까? 우선 토지 또는 건물 등을 미등기로 양도하는 경우에는 비과세·감면을 적용받지 못한다. 또한, 토지 또는 건물 등을 매매하는 거래당사자가 매매계약서의 거래가액을 실지거래가액과 다르게 적은 경우에는 해당 자산에 대하여 양도소득세의 비과세 또는 감면에 관한 규정을 적용할 때, 비과세 또는 감면을 받았거나 받을 세액에서 일정한 금액을 제외한 세액만 비과세 또는 감면하는 불이익을 받게 된다.

그밖에 양도소득세와 관련하여 알아두어야 할 사항들

장기보유특별공제는 토지 또는 건물을 양도하는 경우에만 적용되며, 미등기 양도자산의 경우에는 공제 대상에서 제외된다.

장기보유특별 공제율　　　　　　　　　　　　　　　　(2012.1.1. 이후)

공제율	3년 이상	4년 이상	5년 이상	6년 이상	7년 이상	8년 이상	9년 이상	10년 이상
토지·건물	10%	12%	15%	18%	21%	24%	27%	30%
1세대 1주택	24%	32%	40%	48%	56%	64%	72%	80%

※ 비사업용 토지의 경우 2016년 12월 31일 양도분 까지는 적용하지 않다가, 2017년 1월부터 적용함
※ 주택의 경우 비과세 여부와 상관없이 양도 당시 1세대 1주택이면 최고 80% 까지 적용. 다만, 비거주자는 1세대 1주택이라도 최고 30%까지 공제함
*비과세요건 갖춘 고가주택으로 9억원 초과 과세되는 주택

준공공임대주택 등에 대해서는 장기보유특별공제가 적용된다. 따라서 「민간임대주택에 관한 특별법」에 따른 기업형임대주택 또는 준공공임대주택을 같은 법에 따라 임대사업자등록 하는 경우 장기보유특별공제를 받을 수 있다. 이를 위해서는 임대보증금 또는 임대료는 연 5% 이내 인상하여야 하며, 전용면적은 85㎡ 이하여야 한다. 그리고 이는 다가구 주택인 경우에는 가구당 전용면적을 기준으로 한다. 이러한 주택을 양도함으로써 발생하는 소득에 대해서는 장기보유 특별공제액을 계산할 때 8년 이상 계속하여 임대 후 양도하는 경우 50%의 공제율을 적용하게 된다.

장기임대주택에 대해서도 장기보유특별공제가 적용되는데, 「민간임대주택에 관한 특별법」에 따른 장기임대주택을 6년 이상 임대한 후 양도할

때에는 일반 장기보유특별공제율에 임대기간에 따라 추가공제율을 더하여 적용하게 된다. 이 경우 「소득세법」에 따른 사업자등록과 「민간임대주택에 관한 특별법」에 따른 임대사업자등록을 하여 임대하는 날부터 임대를 개시한 것으로 본다.

장기임대주택

- 민간매입임대주택: 1호 이상, 임대개시일 당시 주택의 기준시가 6억원(수도권밖 3억원 이하)
- 건설임대주택: 2호 이상, 대지면적 298m² 이하&주택의 연면적(공동주택은 전용)이 149m² 이하

임대기간	추가공제율
6년 이상 7년 미만	2%
7년 이상 8년 미만	4%
8년 이상 9년 미만	6%
9년 이상 10년 미만	8%
10년 이상	10%

양도소득의 기본공제는 우선 부동산, 부동산에 관한 권리, 기타자산과 주식, 출자지분과 파생상품의 소득별로 각각 연간 250만 원을 공제한다. 그리고 위의 동일한 소득별 자산을 연 2회 이상 양도하는 경우 먼저 양도하는 양도소득금액에서 순차로 공제하게 된다.

또한 양도소득세의 세율은 연간 양도소득을 모두 합하여 소득의 다소에 따라서 차등 세율을 적용하여 산정한다.

한편 양도소득세를 신고하려면 관할 세무서에 우편 발송을 하거나, 또는 방문신고, 혹은 전자신고를 하면 된다. 전자신고의 경우 국세청 홈택스(www.hometax.go.kr) 또는 모바일을 통해 할 수 있고, 부동산의 경우에

는 전자신고를 하면 미리채움 서비스를 이용하면 편리하게 신고할 수 있으므로 알아두면 좋다. 그리고 양도소득에 종합안내 포털을 이용하면, 전자신고 이외에도 양도소득세를 미리 계산해 볼 수 있는 한편, 세금관련 법령과 사례 등 다양한 정보를 볼 수 있어서 활용하면 도움이 된다. 그리고 양도소득세의 납부방법은 은행 등을 이용할 수도 있지만 전자납부를 하면 편리하다.

그리고 양도소득세를 신고할 때 제출할 서류는 다음과 같다. 우선 세무서에 비치된 양도소득세과세표준 신고 및 납부계산서, 양도소득금액 계산명세서를 작성하여야 한다. 그리고 해당 자산의 양도·취득에 관한 계약서 사본 등 신고인 제출대상 서류를 함께 관할세무서에 제출하면 된다.

그밖에 부동산의 양도와 관련한 부동산 세제

우선 양도소득세가 감면되는 경우에는 감면되는 양도소득세액의 20%에 상당하는 농어촌특별세를 납부하여야 한다. 그리고 양도소득세가 과세되는 경우에는 양도소득세액의 10%에 상당하는 개인지방소득세를 납부하여야 한다.

한편 임대용 건물의 양도에 있어 부가가치세의 문제에 대해서는 보다 꼼꼼히 살펴야할 필요가 있다. 빌딩, 상가, 사무실, 공장, 여관 등의 사업용 건물을 임대하거나 사업장으로 사용하다가 양도하는 경우에는 양도소득세뿐만 아니라 부가가치세도 부담하여야 하는 것이다.

특히 포괄적 양도·양수가 이뤄지는 경우에 대해서는 알아두는 것이 좋다. 사업의 포괄적 양도·양수란 사업장별로 그 사업용 자산과 함께 해당 사업에 관한 모든 권리·의무를 포괄적으로 승계하여 양도하는 것을 의미하며, 실제 거래에서는 빈번히 발생하고 있다. 사업용 건물이 이와 같은 포괄적 양도에 해당되는 경우에는 재화의 공급으로 보지 않으므로, 부가가치세가 과세되지 않는다. 다만 임대용 건물이 양도되는 경우, 포괄적 양도·양수가 되기 위해서는 이하의 요건을 갖추어야 한다. 우선 포괄적 양도·양수의 내용이 확인되어야 하며, 따라서 포괄적 양도·양수 계약서 등에 근거해서 사업의 포괄적 양도 사실이 확인되어야 한다. 다음으로는 양도자 및 양수자가 과세사업자에 해당되어야 하며, 따라서 사업양수 후에 양수자가 면세사업으로 전용하는 경우에는 사업양도·양수가 인정되지 않는다. 마지막으로 사업양도 후 사업양도 신고서를 제출해야 한다. 이러한 요건을 갖추지 못하여 포괄적 양도·양수에 해당되지 않는 경우 양도자는 세금계산서를 발급하고, 양수자로부터 거래징수한 부가가치세를 신고·납부하여야 하므로 주의가 필요하다.

부동산의 투자와 관련하여 투자자들에게 당부하는 또 한 가지 사항은 바로 부동산 실거래가격 신고의무 제도를 명심하라는 것이다. 부동산 거래 신고의무 제도란 이중계약서 작성 등의 잘못된 관행을 없애고 부동산 거래를 투명하게 만들기 위한 제도로서, 이에 따르면 부동산을 매매한 경우 계약체결일로부터 60일 이내에 실제거래가격으로 부동산 소재지의 관할 시·군·구청에 신고하여야 한다. 그리고 신고된 부동산 거래가격은 허위 신고 여부 등에 대해 가격 검증을 거치게 된다. 이러한 신고의무를 제대로 이행하지 아니하여 무신고, 허위신고, 지연신고 등으로 신고의무를 위반한 경우에는 다양한 불이익을 감수해야 한다. 거래당사자는 고액의 과태료 처분을 받게 되며, 공인중개사 역시도 중개업 등록 취소 또는 6개월 이내의 자격정지 처분을 받게 된다. 따라서 잘못된 유혹에 흔들리지 말고 실제거래가격을 제대로 신고하는 것이 안전하고 바람직한 투자자의 자세라고 할 것이다.

2. 부동산 거래 과정에서 절세하는 요령

　부동산 투자자가 아니더라도 대부분의 사람들은 살아가면서 한번쯤은 부동산을 구입하고, 보유하고, 파는 과정을 거치게 된다. 그리고 이 과정에서 절대 피할 수 없는 것이 세금이다. 다만 현명하게 준비하면 절세를 할 수는 있다. 탈세는 합법적인 행위가 아니지만, 절세는 그렇지 않다. 위에서 부동산에 관련한 각종 세제를 개략적으로 숙지하였다면, 이제는 실제로 이를 활용하여 투자의 수익성을 높이는 방법을 알아봐야 한다. 부동산 투자로서 수익을 올린 후 정당하게 세금을 내되, 현명한 절세로 수익성도 놓치지 않는 투자자가 되어보자.

절세방법 - 취득세

　부동산 투자과정에서 투자자가 취득세를 내야하는 경우는 다음과 같다. 우선 부동산을 매매나 교환의 형태로 거래한 때에는 취득세가 부과된다. 또한 타인에게 상속이나 증여 등의 형태로 대가 없이 부동산을 수여받는 경우에도 취득세를 내야한다. 이와 더불어 건물을 신축한 때에도 취득세의 부과대상이 되며, 기존 건물을 증축한 경우에도 전용면적이 85㎡ 이하이면서, 가격이 9억 이하인 주택이 아닌 이상 취득세를 내야만 한다.

이와 같이 취득세가 부과되는 다양한 경우에 적용되는 세율은 대체로 1%에서 4% 정도라고 보면 된다. 아파트의 경우에는, 가격대 별로 취득세의 세율이 다르게 적용된다. 6억 원 이하의 집은 1.1%(전용면적 85㎡ 초과는 1.3%), 9억 원 이하의 집은 2.2%(전용면적 85㎡ 초과는 2.4%), 9억 원을 초과하는 아파트의 경우에는 3.3%(전용면적 85㎡ 초과는 3.5%)의 세율이 적용된다. 한편 주택이 아닌 상가나 오피스텔, 토지의 경우에는 취득세율이 4.6%로 더 높게 적용된다. 5억 원짜리 상가를 구입한다고 할 때, 취득세로 내야하는 금액은 2,300만 원 정도로 적은 금액은 아니다. 따라서 투자 목적으로 부동산을 구할 때에는 취득세율을 미리 고려하여 자금 계획을 세워야 한다.

하지만 취득세를 절세하는 방법도 없는 것은 아니다. 우선 무주택자의 경우, 주택을 상속받을 때에 기존의 취득세율 3%중에서 2%를 감면해주므로 1%만 내면 된다. 또한 공동주택이나 오피스텔의 경우에 있어서 임대사업자 등록을 하면, 60㎡ 이하의 공동주택이나 오피스텔은 취득세를 전액 면제받을 수 있다.

절세방법 - 재산세와 종합부동산세

부동산을 보유할 때 납부해야 할 세금으로 가장 먼저 고려해야 할 것은 재산세이다. 부동산을 보유하게 되면 매년 6월 1일을 기준으로 부동산을 사실상 보유한 자가 재산세를 납부해야 하는 것이다. 재산세는 매년 두 번에 걸쳐서 나눠서 납부하며, 1차에 절반을, 그리고 2차에 나머지 절반을 납부하면 된다. 한편 재산세는 지방세이므로 관할 지방자치단체에서 고지서가 오며 고지서에 따라서 납부하면 된다. 그리고 토지와 건물을 구분하여, 토지에 대해서는 9월에, 건물에 대해서는 7월에 고지서가 발부된다는 사실도 유의해야 한다.

한편, 아파트 및 주택 등의 부동산을 취득하는 경우, 재산세를 절세할 수 있는 방법도 존재한다. 부동산을 취득한 첫 해의 재산세를 절세하는 방법이 바로 그것이다. 우선 매매를 통해서 소유권을 이전받는 경우, 6월 1일을 기준으로 잔금을 치르면 절세효과를 누릴 수 있다. 즉, 매도인은 6월 1일 전에 양도하고, 매수인은 6월 1일 후에 양수를 받는 것이다. 보통 계약 당시 당사자 간에 조율이 필요한 사항이므로 미리부터 신경써두는 편이 좋다. 그리고 분양을 통해서 아파트 등을 취득하는 경우에도 6월 1일 후에 잔금을 치르면 시행사 측에서 재산세를 부담하게 되어 해당 연도의 재산세는 부담하지 않을 수 있다. 마찬가지로 단독주택 등을 직접 건축하는 경우에도 6월 1일 이후에 준공을 하면 당해 연도의 재산세는 절감할 수 있게 된다.

종합부동산세는 주택의 경우에는 공시 가격이 6억 원 이상인 경우 종합부동산세가 과세된다. 다만 1세대 1주택인 경우에는 3억 원을 기초 공제해주므로, 9억 원까지는 납세의무가 부과되지 않는다고 봐도 좋다. 따라서 사실 종합부동산세를 염려해야 할 투자자가 그리 많지만은 않다.

종부세의 과세에 있어서 부부 간에는 10년 동안 6억 원 한도까지는 세금 부담 없이 증여가 가능하기 때문에, 공시 가격이 9억 원 이상인 주택의 경우 부부가 공동 소유하게 되면 1인당 3억 원씩 기초 공제를 받을 수 있다는 사실도 유념해야 한다. 결국 공시 가격이 12억 원에 달하지 않으면 종부세를 부담하지 않아도 되는 것이다. 그러나 부부 사이에 증여를 할 경우에는 6억 원 한도까지는 증여세는 없으나, 부동산 취득세는 부담해야 한다는 것도 참고하면 좋다. 이처럼 종합부동산세와 취득세 중 어떤 세금의 부담을 피하는 것이 좋을지는 투자자 별로 검토가 필요한 부분이다.

한편 종합부동산세의 과세대상은 주택과 토지이다. 따라서 상가나 오피스 빌딩 같은 일반 건축물과 분리과세대산 토지는 가액을 불문하고 과세 대상에서 제외된다는 사실을 유념해야 한다. 또한 임대주택, 미분양주택, 가정 어린이집용 주택 등 일정 요건을 갖추면 과세 대상에서 제외된다.

절세방법 - 양도소득세

양도소득세를 부과하는 경우에는 연간 3%씩, 최대 30% 한도로 장기보유특별공제를 해준다는 사실을 알고 있는 것이 좋고, 이는 1세대 1주택의 경우에는 연간 8%씩, 최대 80%를 한도로 공제되므로, 활용하는 것이 좋다. 매각으로 얻은 시세차익을 100이라고 본다면, 경우에 따라 30이나 80을 제하고 나머지에 대해서만 양도세를 부과하는 것이기 때문에 절세효과는 매우 크다고 할 수 있다. 다만 소득세법의 개정을 통해서 2018년 4월 1일부터는 조정대상지역 내의 다주택자들이 주택을 매각하는 경우, 기존에는 3년 이상 주택을 가지고 있으면 장기보유특별공제 혜택을 받을 수 있었던 것과는 달리 더 이상 혜택을 받을 수 없게 되었다. 또한 양도소득세도 중과되는 등 다주택자들의 세금 부담이 크게 늘어났다는 점은 참고해야 한다. 조정지역은 앞서 살펴본 것처럼 서울시 25개구 전 지역이 해당되며, 경기도 역시 과천, 성남, 하남, 고양, 광명, 남양주, 동탄 2신도시 등이 해당된다. 부산 지역에서는 해운대구, 연제구, 동래구, 부산진구, 남구, 수영구와 기장군이 해당되며, 그 외 세종시도 마찬가지로 공제혜택을 받을 수 없게 되었다.

부동산 관련 과세제도 보완

분양권 양도시 중과 적용이 배제되는 무주택세대 범위

양도 당시에 ①다른 분양권이 없고 ②30세 이상인 자(30세 미만으로서 배우자 있는 자 포함)로서 무주택자

다주택자 조정대상지역 내 주택 양도시 중과되지 않는 주택 범위

3주택 이상의 중과 제외 주택

- 수도권·광역시·세종시 외 지역의 3억원 이하 주택
- 장기임대주택
- 10년 이상 운영한 장기 사원용 주택
- 상속받은 주택(5년 이내 양도시)
- 조특법상 감면대상 미분양·신축주택 등

2주택 보유자의 중과 제외 주택

- 취학·근무상 형편, 질병 요양 등으로 취득한 수도권 밖 다른 시·군 소재 주택 등
- 혼인합가일로부터 5년 이내, 동거봉양 합가일로 부터 10년 이내 양도주택
- 소송 진행 중인 주택 또는 소송 결과로 취득한 주택(확정판결일로부터 3년 이내 양도)
- 일시적 2주택인 경우 종전주택 등

임대주택에 대한 종부세 합산배제 요건 강화

올해 4월1일 이후 준공공임대주택 등으로 등록해 8년 이상 임대하면 종부세 합산 배제 (3월31일까지는 5년 이상)

한편 다주택자에 대해서는 양도소득세가 중과되어, 양도세는 투기 과열을 막으려는 가장 간편한 정부대책으로 활용되고 있다. 이에 2주택자의 경우에는 기본세율에 10%가 중과되고, 3주택 이상자의 경우에는 기본세율에 20%가 중과되게 된다. 더불어 상기한 조정대상지역 내에서 분양권을 전매하는 경우에도 양도소득세가 중과되기 때문에 유의해야 한다. 따라서 사실상 문재인 정부 기간 내에 조정대상지역에서 분양권 투자를 진

행함에 있어서는 각별한 검토가 필요하게 되었다. 이에 따르면 조정대상
지역 내 주택의 입주자로 선정된 지위, 즉 분양권에 대한 양도소득세율은
보유기간과는 상관없이 50% 추가 부담해야 한다.

또한 장기보유특별공제율 역시 공제율을 합리화한다는 명목 하에 일반
적으로 변경된다. 이에 따라 3년 이상 4년 미만의 보유기간을 가진 사람의
경우 6%의 공제율을 적용받게 되는 등, 연간 공제율이 하향 조정되었으
며, 적용기간도 이전보다 연장되었다. 이러한 부동산 장기보유특별공제
율은 1세대 2주택 이상, 그리고 상가와 사업용 토지의 경우에 해당된다.

절세방법 - 증여세와 상속세

대한민국 법체계 상 모든 사람은 사망하기 전에 자신이 생전에 축적한
재산을 타인에게 증여하거나, 유증을 통해 사망 후에 이전시킬 수 있다.
또한 자녀 및 배우자 등 특정 범위의 친족에게 상속을 할 수도 있다. 그리
고 이러한 경우 대상이 되는 재산의 가액은 적지 않은 경우도 많기 때문에
국가는 과세를 함으로써, 사회의 부의 분배를 추구하고자 한다. 하지만 종
부세의 경우처럼 증여세와 상속세도 일반적인 사람이 걱정을 해야 할 일
은 별로 없다고 할 수 있다. 종부세처럼 일정액이 공제되기 때문이다.

하지만 증여세 및 상속세도 절세를 할 수 있다. 우선 증여세의 경우 상
속세와는 달리 재산을 물려주는 사람이 기준이 되는 것이 아니라, 재산을
물려받는 수증자를 기준으로 세금을 계산하기 때문에, 자녀가 많은 경우
에게는 이들을 대상으로 골고루 재산을 증여하는 편이 좋다. 또한 상속세
와 증여세의 경우 10년 치를 합산하여 과세하기 때문에, 10년여의 기간 동

안의 지가 및 물가 상승분을 고려하면 미리미리 재산 증여계획을 세우고 해결해두는 편이 경제적으로 훨씬 이익이다. 그리고 상속이나 증여에 있어서만큼은 현금을 수단으로 하는 것보다 부동산으로 하는 것이 훨씬 낫다. 부동산으로 상속이나 증여를 하는 경우, 기준이 되는 공시지가 등과 실제 가격 사이의 차이 때문에 자연스럽게 차익만큼의 절세효과를 누릴 수 있다. 또한 부동산을 매각하는 경우에는 양도세도 부담해야하기 때문에 부동산으로 상속이나 증여를 할 것을 고려할 것을 조언하는 바이다.

주택임대사업자 등록, 어떻게 접근해야 할까?

문재인 정부가 야심차게 내놓은 8·2 부동산 대책을 통하여, 주택임대사업자 등록을 장려하기 위한 여러 가지 당근과 채찍이 제시되었다. 이에 따라서 주택임대사업자 등록 여부를 놓고 고민하는 투자자들이 늘어나고 있는 상황이다. 여기에서는 주택임대사업자 등록과 관련한 여러 가지 혜택을 알아보면서, 투자자들이 본인의 상황을 고려하여 어떤 결정을 내리면 좋을지 살펴보도록 한다.

우선 임대사업자는 주택임대사업자와 일반임대사업자로 나뉘는데, 이는 임대 목적물을 기준으로 분류하는 것이다. 일반 주택이나 주거용 오피스텔을 임대하는 경우에는 주택임대사업자에 해당하고, 이와 달리 상가나 업무용 오피스텔 등의 업무시설이나 근린시설을 임대하는 경우에는 일반임대사업자에 해당한다. 주택임대사업자의 경우, 사업자등록여부가 사업자의 자의에 달려있다. 즉, 사업자등록을 해도 되고 하지 않아도 된다. 그러나 일반임대사업자의 경우에는 강제적으로 사업자등록을 하여야 한다.

다만 오피스텔의 경우에는 좀 더 세분화된다. 주거용 오피스텔은 임대사업자로 등록하지 않아도 되는 반면, 업무용 오피스텔의 경우에는 임대를 줄 경우에는 일반임대사업자로 등록해야 하는 것이다. 그리고 오피스텔이 주택법 개정으로 준주택으로 분류할 수 있게 되면서, 종전에는 일반임대사업자 등록만 가능했던 것과는 달리 이제는 주택임대사업자 등록도 가능하게 되었다.

그렇다면 강제적인 사항도 아닌 주택임대사업자등록을 왜 고려해야 하는 걸까? 왜냐하면 주택임대사업자등록을 통해 다양한 세제 혜택을 누릴 수 있기 때문이다.

우선 취득 시부터 혜택이 주어져 취득세가 감면된다. 이에 따라서 공동주택의 건축·분양 또는 주거용 오피스텔의 분양 시 임대사업자로 등록하면 2021년까지 한시적으로 취득세를 감면받을 수 있다. 전용면적이 60㎡ 이하인 경우에는 면제가 가능하고, 전용면적이 60㎡에서 85㎡에 해당하는 경우, 조건에 따라 50%까지 감면받을 수 있다.

그리고 보유할 때에도 혜택이 주어지는데, 우선 재산세의 경우 2세대 이상의 임대목적 공동주택의 건축·매입 또는 주거용 오피스텔의 매입 시 전용면적에 따라 차등하여 2021년까지 한시적으로 재산세를 감면받을 수 있다. 이에 따라 전용면적이 40㎡ 이하인 경우에는 면제대상이 되며, 2019년부터 8년 이상 장기 임대하는 경우에는 1호만 임대하는 경우에도 재산세 감면 혜택이 주어지는 것으로 예정되어 있다. 또한 2019년부터 서민이 주로 거주하는 다가구주택에 대해서도 장기 임대하는 경우에는 재산세 감면혜택이 예정되어 있다.

임대소득세에 있어서도 혜택이 주어진다. 3호 이상 준공공 임대주택은 75%가 감면되고, 3호 이상의 일반임대주택은 30%의 감면을 받는다. 단, 전용면적 기준으로 85㎡ 이하여야 하고, 공시가격 6억 원 이하여야 혜택을 받을 수 있다. 또한, 2018년부터 감면 기준도 현재의 3가구 이상에서 1가구 이상으로 확대될 예정이다. 그리고 연 2천만 원을 초과하는 주택 임대소득은 종합과세, 2천만 원 이하의 주택임대소득은 분리과세의 대상이 되는데, 2019년부터 분리과세의 경우 적용하는 필요경비율이 등록사업자는 70%, 미등록사업자는 50%로 차등 조정된다.

또한 종합부동산세에 있어서도 좀 더 혜택을 받을 수 있게 되어, 일정 규모의 임대주택의 경우 종합부동산세의 과세표준 합산의 대상이 되는 주택의 범위에 포함되지 않는 것으로 본다. 이에 따라 공시가격이 수도권 6억 원, 지방 3억 원이하 이고, 5년 이상 임대요건을 충족하는 임대주택에 대해서는 종합부동산세 합산배제 신청을 할 수 있다. 단, 2018년 4월 1일부터 8년 이상 임대 시 적용받을 수 있다는 점은 부담이 될 여지도 존재한다.

부동산을 양도할 때에도 양도소득세에 있어서 혜택이 주어진다. 위에서도 언급한 것처럼 거주자가 준공공임대주택을 등록하여 일정 요건을 모두 충족하는 경우 그 주택을 양도함으로써 발생하는 소득에 대해서는 장기보유특별공제를 받을 수 있는 것이다. 또한 임대주택 장기보유특별공제율 적용에 있어서도 특례가 인정되어, 8년 이상 임대사업자의 경우 임대 시에 양도세 장기보유특별공제 비율이 기존 50%에서 70%로 상향된다. 이 밖에도 거주자 또는 비거주자가 민간건설임대주택, 민간매입임대주택, 공공건설임대주택, 공공매입임대주택을 6년 이상 임대 후 해당 주택을 양도하는 경우 임대기간에 따라 매년 2% 추가공제를 받을 수도 있다.

그러면 주택임대사업자 등록을 원하는 투자자는 어떻게 등록을 할 수 있을까? 임대주택 구입 이후 60일 이내, 또는 준공의 경우에는 90일 이내에 관할 지방자치단체 주택과에 방문하거나 정부24를 통해 임대사업자 등록을 하고, 관할 세무서에 주택임대업 사업자등록을 하면 된다.

이상에서 살펴본 것처럼, 정부는 주택임대사업자등록을 적극적으로 장려하고 있으며 이에 따라 많은 세제 혜택을 주고 있다. 하지만 많은 사람들이 여전히 사업자등록을 주저하고 있는 것도 사실이다. 주로 소득이 노출되는 것을 우려하거나, 건강보험료의 상승을 걱정하는 경우가 많으며, 장기의 임대기간을 요구한다는 것도 투자자들로서는 썩 내키지 않는 부분이었던 것이 사실이다. 하지만 2018년까지 임대소득세가 2천만 원 이하인 경우에는 소득세를 내지 않도록 유예 중에 있기 때문에 주택임대사업자등록을 긍정적으로 고려해보는 것을 추천하고 싶다. 또한 건강보험료 산정 기준 역시 변경될 예정으로 주택임대사업자등록의 긍정적인 요소가 될 것이다. 그리고 무엇보다도 향후 정부정책에 따라서는 등록 자체가 강제화될 가능성을 배제할 수 없는 바, 이러한 상황이라면 미리 주택임대사업자 등록을 하여 각종 세제 혜택을 누리는 한편, 불필요한 위험요인을 줄이는 것도 현명한 투자자의 자세가 될 수 있다.

3. 초보 부동산 투자자가 알아야 할 여러 가지 부동산 투자의 팁

슈퍼마켓에 가기 전에 걱정부터 하는 사람은 찾기 어려울 것이다. 이와는 달리 부동산 투자를 고려하는 사람들을 만나보면 대다수가 부동산을 지나치게 어렵게 생각하고 그 결과 쉬운 투자에도 망설이는 태도를 보이는 경우가 많다. 그 이유는 무엇일까? 어찌 보면 당연한 일이다. 부동산 상품은 아무리 투자액수가 적은 종목이라고 해도 상당한 액수의 자금을 필요로 한다. 또한 대부분의 사람들에게 부동산 거래는 인생을 살면서 자주 경험할 일이 없는 낯선 분야이다. 그렇기에 투자자들이 투자를 주저하고, 투자를 하면서도 노심초사하는 심정을 이해하지 못하는 바는 아니다.

그러나 오랜 현장 경험을 통해 투자자들을 만나본 경험을 바탕으로 이야기하자면, 어느 정도는 마음을 비우고 결과에 초연한 투자자들이 성공을 거두는 경우가 더 많다. 물론 만연히 투자를 하라는 것은 절대 아니다. 투자를 준비하고 실제 실행에 옮김에 있어서는 누구보다도 많이 공부하고, 현장답사를 통해 직접 경험을 해보되, 일단 투자를 결정한 이후에는 우직하게 밀고 나가라는 것이다. 부동산 거래에서 필수적으로 마주치게 되는 세부적인 계약사항도 마찬가지이다. 계약서를 작성할 때에는 신중을 기하여 자신에게 가장 유리한 방향을 택해야 하지만, 일단 완성된 계약 내용에 대하여 왈가왈부하는 것은 투자의 성공에 아무런 도움이 되지 않는다.

그래서 이제 막 부동산에 입문한 투자자들을 위하여, 불필요한 걱정거리는 덜어 주면서도 정말 필요한 내용만 짚을 수 있도록 도움이 되는 사항들을 준비하였다. 물론 이하의 내용들이 부동산 투자 성공을 보장하는 충분조건이 될 수는 없다. 하지만 다음의 팁을 바탕으로 투자를 준비하고 임한다면, 성공가능성을 높이는데 조금은 도움이 되리라고 자신한다. 이제까지 본서를 통하여 익힌 부동산 투자에 대한 기본적인 방법론과 더불어 다음의 원칙들을 잘 활용한다면 여러분도 성공적인 투자자로 거듭날 수 있을 것이다.

언제나 현장 답사를 하라

필자는 대학 강단에서 부동산학을 강의하고 있으며, 한편으로는 현업에서 부동산 투자를 진행하고, 투자자들에게 조언을 해주는 일을 하고 있다. 결국 부동산은 필자의 직업 그 자체라고 할 수 있다. 그렇기에 필자는 시간이 날 때마다, 유망한 투자처를 찾아 전국을 유람하곤 한다. 특별한 목적이나 물건이 없는 경우에도, 여러 지역을 돌아다니며 부동산 시장을 파악하고 물건 현황을 점검하다보면, 돈이 될 만한 부동산이 언제나 눈에 들어온다. 필자는 부동산 투자에 나서려는 일반 투자자들에게도 이 같은 자세를 요구하고 싶다. 물론 모든 투자자가 필자와 같은 정도로 현장답사에 나서기는 어렵다. 하지만 투자 성공을 위한 최소한의 현장답사는 필수이다. 모든 투자에서 공짜는 없으며, 발로 현장을 뛰다 보면 정도의 차이는 있어도 언제나 수확은 있기 마련이다.

따라서 투자를 준비하는 투자자로서는, 본인이 관심 있는 지역에서 관심이 있는 종목을 중심으로 현장에 나가 주변을 둘러보고, 여러 부동산 중개업소를 방문해가면서 정보를 수집하는 것이 좋다. 물론 각자의 집에서 인터넷이나 대중 매체 등을 통해 정보를 구할 수도 있으나, 직접 나가 구하는 정보와는 질이 다를 수밖에 없다. 더하여 상가 등 수익형 부동산에 투자하려는 투자자는 퇴근시간 등 영업이 가장 활발한 시간대에 현장을 방문하여, 유동인구의 규모와 주된 동선 등을 파악하면 투자 성공에 보다 더 다가갈 수 있다.

가급적이면 동행하라

　필자는 부동산을 다룬지 20년이 되었고, 따라서 현업 분야에서 그 누구에게도 뒤지지 않을 감각을 갖췄다고 자신한다. 하지만 지금도 필자가 항상 지키려 노력하는 것이 있다. 바로 부동산에 투자를 결정할 때에는 가급적이면 다른 사람의 의견을 구하고 그 사람에게 도움을 빌리라는 것이다. 필자의 경우는 어떠한 전문적인 지식을 추가로 구하기 위해 다른 사람에게 의견을 묻는 것은 아니다. 오히려 그 과정에서 투자의 타당성 및 합리성을 다시 한 번 확인하고 스스로 재점검하기 위한 목적이 크다.

　마찬가지로 일반 투자자들 역시도 다른 사람의 조언을 듣는 과정을 통해서, 투자의 전망과 성공 가능성에 대해서 객관적으로 검토하는 기회를 가질 수 있다. 이 때 의견을 구해야 할 사람은 부동산 시장에 밝은 전문가라면 더 좋겠지만, 그렇지 않은 경우라고 해도 큰 상관은 없다. 어쨌든 한 사람의 의견보다는 여러 사람의 의견을 모은 것이 더 낫기 때문이다.

　또한 적어도 부동산 투자의 핵심적인 부분, 더욱 한정하자면 적어도 부동산 상품의 매입 및 매각에 대한 계약 단계에 있어서만큼은 다른 사람과 함께 참여하는 것이 바람직하다. 계약 과정에서는 보통 매도인이나 매수인 뿐만 아니라, 양측 각각의 중개인과 기타 이해 관계자가 모두 나타나는 경우가 많기 때문에, 매우 복잡하고 산만한 분위기에서 진행되는 일이 잦다. 그렇기 때문에 경험이 많은 필자의 경우에도 간혹 일부 지엽적인 내용은 누락하는 실수를 저지르곤 한다. 하물며 부동산 투자 경험이 적은 경우에는 더욱 더 실수에 빠지기 쉽다. 따라서 계약 과정 및 내용을 객관적으로 바라보고, 투자자 본인의 의도치 않은 실수를 바로잡아 줄 누군가의 역할이 중요하다고 생각한다.

항상 문서화하고, 수집하는 습관을 가져라

사실 앞서서 밝혔던 것처럼 부동산 투자 과정에서 법률적인 분쟁과 마주치는 것은 그리 흔한 일은 아니다. 하지만 그 가능성만큼은 부정할 수 없는 것도 사실이고, 만에 하나라도 본인의 투자과정에서 그러한 상황이 발생한 경우 부담해야 할 정신적, 경제적인 손실은 절대 가벼이 볼만한 것이 아니다.

필자 역시도 이러한 사정을 누구보다도 잘 알고 있기 때문에, 부동산 투자 과정에서 만나는 모든 자료 및 상황정보를 수집하고, 가급적이면 문서화하며, 때에 따라서는 계약 전반의 상황을 녹음하기도 한다. 물론 상대방의 동의를 얻는 것이 바람직하며, 오히려 동의를 구하는 과정에서 상대방에게 계약상 의무의 이행을 촉구하는 무언의 압력을 줄 수도 있기 때문에 나쁘지 않은 방법이다. 무엇보다도 이러한 습관을 가지면 혹시라도 모를 법률적인 문제가 발생했을 때에도 최대한 손실을 막을 수 있다. 필자도 이러한 사전 준비를 바탕으로 여러 문제를 큰 탈 없이 해결한 경험이 수도 없이 많다.

필승의 투자처를 기대하지는 말자

사람들은 언제나 안전하면서도, 높은 수익을 올릴 수 있는 투자처를 찾아다니곤 한다. 그렇지만 기본적인 수요와 공급의 관계만 살펴보아도 이러한 투자처는 존재하지 않는 것이 너무나도 당연하다. 혹시라도 그러한 조건의 투자처가 있다면, 다수의 투자자들이 투자를 시작할 것이고, 조금만 시간이 지나면 수익성은 평균에 수렴하게 될 것이다. 따라서 보통 투자의 안정성과 수익률은 공존하기 어려운 개념이며, 만약에 공존한다면 양자 모두 평균치에 가까운 형태가 될 것이다.

부동산 투자에서도 마찬가지이다. 지금의 시장상황에서 조금 더 유망하고, 투자자가 처해 있는 구체적인 여건에서 조금 더 적합한 부동산 상품은 분명히 있다. 하지만 절대 실패하지 않으리라고 보장할 수 있는 상품은 존재하지 않는다고 봐야한다. 만약 그런 상품이 존재한다면 부동산 시장은 더 이상 투자의 장이 아닌 투기판이라고 봐야할 것이다. 따라서 단순히 빠른 수익을 올릴 욕심에 과도한 목표를 설정하고 투자에 나서는 것보다는, 여러 가지 조건들을 면밀히 분석한 후 가장 적절한 종목을 골라 투자하는 것이 바람직하다. 지나친 기대는 조급증을 불러일으키고, 부동산 투자만큼 성급한 심리가 위험한 투자 분야도 드물다는 것을 명심하자.

함께 나눠 가지자

이 역시도 앞에서 잠깐 언급한 내용인데, 부동산 시장은 유동적이고, 모든 상품의 가격은 시간에 따라 변동하는 양상을 보인다. 이는 당신이 투자한 부동산 상품 역시도 마찬가지이다. 따라서 바람직한 매수시점을 잡아서 투자에 뛰어들고, 적절한 매각시점을 잡아 손을 떼는 일은 매우 중요하다. 대부분의 투자자들은 언제가 좋은 투자시기이냐에 관심을 가질 뿐, 투자에서 철수할 때에 대해서는 큰 관심을 기울이지 않는 경향이 있다. 하지만 필자는 철수시점의 중요성은 몇 번을 강조해도 지나치지 않는다고 생각한다. 투자에 뛰어들 기회를 놓친 경우에는, 장래의 실현되지 않은 이익을 상실한 것에 불과하다. 이 과정에서 금융비용이 발생했을 가능성도 있지만, 그래도 투자원금 자체가 손실을 입을 가능성은 적다. 하지만 투자에서 철수할 시점을 놓친 경우에는 어떠한가? 당장 지금껏 올린 수익을 까먹는 것은 당연하고 원금마저 고스란히 날릴 가능성도 배제할 수 없다. 그렇기 때문에 필자가 적절한 철수 시점의 중요성을 강조하는 것이다.

그렇다면 언제가 적절한 철수시점일까? 바로 내가 부동산을 매각할 때에 나뿐만 아니라 매수인 역시 합리적인 이득을 본다면 바로 매각시점을 잘 잡았다고 평가할 수 있다. 매도하는 사람과 매수하는 사람 모두가 즐거워야 부동산 시장 전체가 활성화되고 다시금 부동산 투자에 나설 수가 있다. 그리고 무엇보다도 매수자도 만족하는 거래가 이뤄졌다는 것은 가격이 최고점을 찍기 이전에 철수했다는 의미가 된다. 물론 지나치게 이른 철수는 수익성을 떨어뜨리겠지만, 투자 경험이 부족한 일반적인 부동산 투자자라면 과욕을 부리기보다는 합리적인 결정으로 현명한 투자를 하는 것이 낮다. 수익성이 조금 떨어지더라도 원금이 남아있다면 언제든지 다시 투자에 나설 수 있다. 또한 소액이나마 한 번 투자에 성공했던 경험은 이어지는 투자에도 큰 자양분이 된다. 반면 수익성만을 좇다가 손실이라도 발생한다면? 원금을 회수하기 어려울 뿐만 아니라, 앞으로의 투자도 큰 난항을 겪게 될 가능성이 크다. 이 점을 명심하여 투자에 임한다면, 실패의 확률을 줄이고 성공적인 투자자가 될 수 있을 것이다.

문재인 정부
부동산
트렌드
대전망

ⓒ 서정흥, 2018

초판 1쇄 발행 2018년 4월 6일

지은이   서정흥
펴낸이   이기봉
편집   좋은땅 편집팀
펴낸곳   도서출판 좋은땅
주소   경기도 고양시 덕양구 통일로 140 B동 442호(동산동, 삼송테크노밸리)
전화   02)374-8616~7
팩스   02)374-8614
이메일   so20s@naver.com
홈페이지   www.g-world.co.kr

ISBN   979-11-6222-357-4 (03320)

이 도서의 국립중앙도서관 출판시 도서목록(CIP)은 서지정보유통지원시스템 홈페이지(http://seoji.nl.go.kr)와 국가
자료공동목록시스템(http://www.nl.go.kr/kolisnet)에서 이용하실 수 있습니다. (CIP제어번호 : CIP2018009654)